职业教育课程改革的基本走势与启示

贾光宏　著

北京工业大学出版社

图书在版编目（CIP）数据

职业教育课程改革的基本走势与启示 / 贾光宏著
. — 北京 ：北京工业大学出版社，2021.10 重印
ISBN 978-7-5639-6942-5

Ⅰ. ①职… Ⅱ. ①贾… Ⅲ. ①职业教育－课程改革－研究－中国 Ⅳ. ①G719.2

中国版本图书馆 CIP 数据核字（2019）第 185286 号

职业教育课程改革的基本走势与启示

著　　者：贾光宏
责任编辑：张　贤
封面设计：陈家兴
出版发行：北京工业大学出版社
（北京市朝阳区平乐园 100 号　邮编：100124）
010-67391722（传真）　bgdcbs@sina.com
经销单位：全国各地新华书店
承印单位：三河市元兴印务有限公司
开　　本：710 毫米 ×1000 毫米　1/16
印　　张：12.75
字　　数：290 千字
版　　次：2021 年10月第 1 版
印　　次：2021 年 10 月第 2 次印刷
标准书号：ISBN 978-7-5639-6942-5
定　　价：45.00 元

前　言

现阶段，中国特色社会主义经济体系的构建和现代化建设，对职业教育课程改革提出新的要求。课程为学校实现其教育目的的基石。以就业为导向的改革可以稳定社会协调发展，现已逐渐成为职业教育课程改革的基本走势。实行提高受教育者诸多方面素质的教育模式，确定培养目的，为中国经济社会发展奠定基础。课程改革是职业教育改革的关键环节，其职责是开展现代课程模式的探索和实验，构建适宜市场经济建设、社会发展和个人发展需求的课程体制。

全书共由六章组成。第一章为职业教育课程改革概论；第二章主要分析了国外的职业教育课程改革经验；第三章主要论述了基于服务领域的职业教育课程改革基本走势；第四章主要分析了基于经济领域的职业教育课程改革基本走势；第五章主要论述了基于智慧农业领域的职业教育课程改革基本走势；第六章主要阐述了基于职业教育课程综合化改革的总结与启示。

笔者希望通过本书的讲解，使读者了解到职业教育改革的基本走势与启示，为我国职业教育的长久稳定发展添砖加瓦，希望此书能够为我国职业教育课程改革提供一些参考。由于笔者水平有限，研究的深度尚浅，粗陋之处在所难免，恳请读者多加指正。

目录

第一章　职业教育课程改革概论

第一节　课程概论及我国中等职业教育课程改革的背景

从世界各国的经验来看，不进入课程改革的层面，任何教育改革都难以取得实质性成效。自20世纪80年代以来，课程改革也始终是我国职业教育改革的一个关键问题。为推动职业教育课程改革的发展，笔者将对我国职业教育课程改革做深入的探讨。

一、课程概论

（一）课程概念

课程作为实现各级各类学校教育目的的手段在学校教育中始终居于核心地位。因而，以课程为题的研究被当代教育理论工作者公认为教育研究的核心，正如泰勒和理查兹在其《课程研究入门》一书中所言：课程是“教育事业的核心，是教育运行的手段，没有课程，教育就没有了用以传达信息、表达意义、说明价值的媒介。正因为课程在教育活动中起着决定性作用，因而课程也就具有了研究的价值”。然而尽管课程是人们经常使用的概念，但对于课程是什么却没有达成能够得到人们公认的结果。广义的课程被理解为学生在学校所经历的所有影响的总和。狭义的课程被理解为某一学科内容甚至某一类型的课或某一节课。甚至有人将其理解为功课的进程、顺序和过程，也有人将其理解为学生实际达到的学习结果，等等。例如，顾明远主编的《教育大词典》中将课程理解为，对为实现学校教育目标而选择的教育内容的称谓；联合国教育科学及文化组织编写的《教育技术用语词汇》中指出“课程即指在某一特定学科或层次的学习组织”；经济合作与发展组织则把课程定义为“囊括儿童在校学习期间应具备的全部经验，并包含教育目标、教育目的、课程、教学活动、师生关系、人力物力资源以及所有影响学校师生关系的调查”。

课程，英语为“curriculum”，源于拉丁语的“跑道”一词，后被转意为教育上的术语，意为“学生学习的路线、学习的进程”，因而课程有时又被称为“学程”。我国“课程”一词始见于唐宋年间，唐代孔颖达在《五经正义》里为《诗经·小雅》中“奕奕寝庙，君子作之”一句注疏：“教护课程，必君子监之，乃得依法制也”，但这并不是人们今天所理解的课程概念。南宋朱熹在《朱子全书·论学》中有“宽着期限，紧着课程”“小立课程，大做功夫”等句提及课程，这里所说的课程是指学习的范围、期限、进程的意思，基本接近于人们今天所理解的课程概念。

人们对于课程概念的理解是多样的。我国学者施良方归纳出6种典型的课程定义，如下所示。

①课程即教学科目。

②课程即有计划的教学活动。

③课程即预期的学习结果。

④课程即学习经验。

⑤课程即社会文化的再生产。

⑥课程即社会改造。

国外学者康纳利和兰茨归纳了9种有代表性的定义，如下所示。

①课程是在学校建立的一系列具有潜力的经验，目的是训练儿童和青年以群体方式思考和行动。

②课程是学生在学校的指导下所学得的全部经验。

③课程是学校传授给学生的，旨在使他们取得毕业、获得证书或进入职业领域的资格的教学内容和具体教材的总计划。

④课程是一种对教师、学生和环境等教材组成部分的范围的方法论的探究。

⑤课程是学校的生活和计划，是一种指导生活的事业，是构成一代又一代人生活的生气勃勃的活动流。

⑥课程是一种学习计划。

⑦课程是通过有组织地重建知识和经验而得到系统阐述的有计划的、有指导的学习经验丰富和预期的学习结果，在学校的帮助下，学生个人的社会能力不断地、有目的地向前发展。

⑧课程必须基本上由5种大范围的学科学习组成，它们分别是母语语法、文学和写作，数学，科学，历史，外国语。

⑨课程被看作有关人类经验的范畴。

通过概括国内外对课程概念的界定，人们大致可从广义和狭义两个方面来理解课程的概念。从广义上来说，课程是指学生在学校获得的全部经验。从狭义上来说，课程是指各级各类学校为了实现培养目标而开设的学科及其目的、内容、范围、活动、进程的总和，它主要体现在教学计划、教学大纲和教科书之中。本书所涉及的课程概念是广义概念，即课程改革与课程设置的内容主要是针对广义的概念而言的。

（二）课程本质

课程是历史发展的产物，它的内容、实施、管理与评价等，既受课程决策者主体需要的影响，又有着坚实的客观基础，具有不同于其他的本质属性。课程的本质主要表现在以下四个方面。

1. 课程是国家对未来人才要求的意志体现

课程的实质内容是由社会的政治、经济制度和办学宗旨等规定的，学校要根据国家需要来规定所教的内容。学校对课程目标的确定，对课程内容的选择与组织等绝不只是一个技术性的问题，而是阶级意志和各种社会权利相互作用的结果，受国家意志制约。

2. 课程是科技文化发展和人类经验的结晶

课程的主要内容都是人类科技文化知识和经验的结晶，它反映了人类科技文化发展的基本成果。科学的学科门类是学校课程选择内容的最基本依据。随着科学由综合化先向分化方向发展再向整体综合转换的发展趋势，也出现了从综合到分化再到整体化的交叉边缘学科、综合学科。科技的分化与整体化要求设置广域课程、核心课程等，以不断拓宽课程的范围，以及促进相互交叉与渗透。

文化是指人类社会所创造的一切物质和精神财富的总和。课程的产生和发展都处在人类文化的不断变化之中。文化变迁不仅为课程的思想和实践提供了主要的社会背景，为人们研究课程的理论与实践提供一定的思维方式、价值观念，而且文化中的部分内容还直接构成了课程的教育思想、教育内容的内部要素。课程还包含着人类经验的总结。现代课程很大程度上体现了人类在实践活动中积累的经验。

3. 课程是衡量社会国民素质的重要标准

由于课程是时代的产物，产生于社会变化发展过程中的客观需要和人们受教育的客观需求，课程内容与形式也成为社会发展进程的标志。从课程本身的发展水平中可以看出社会和人们受教育的发展水平，尤其是国民素质提高的水平。一个国家课程发展的程度和水平是衡量一个国家整个教育系统、整个社会科学文化发展水平和国民素质的重要标准。

4. 课程是学生在自我定位基础上的自主选择

课程不仅要反映社会的要求，更要适应学生的身心发展。学校最根本的任务就是培养人，课程的最大价值在于促进学生的身心发展。学校的课程无论在教学科目的设置上，还是在内容的选择与组织上，都要适应每个学生在身心发展上的特点和水平，并不失时机地促进他们的发展。

（三）课程的类别

由于课程受教学目的的制约，以及会因人们教育观和学习观的差异而不同，人们可从不同的角度来区分课程的种类。纵观课程的发展和改革实践，最具代表性的分类有：学科课程和经验课程；学问中心课程和人本主义课程；学生中心课程、社会中心课程和学科中心课程；多学科并列课程、相关型课程；融合型课程、广域型课程和核心课程；显性课程和隐性课程；必修课程和选修课程。

从现代课程论看，课程形态主要用以说明课程体现的教育思想和理论基础。学科课程和活动课程是两种最基本的课程形态。随着社会进步和教育科学的发展，教育界出现了一种介于学科课程和活动课程之间的课程形态——核心课程。它既不以学科为中心，也不以儿童为中心，而是以人类的基本活动为中心。这种课程适应了工业化社会大生产的需要，对职业教育产生了重大影响。现今被人们强调的职业分析，就是以人类职业的实际需要为中心组织教学内容的基础，是核心课程理论在职业教领域中一种体现。在工业经济后期向知识经济转化的过程中，许多国家职业教育课程发生了质的变化，多元整合课程作为一种新型的课程形态应运而生。多元整合课程是指取多种课程形态之所长，经取舍、重组而成的现代职教课程形态。这种课程形态与工业化社会诞生的核心课程相比，不仅强调基础观，而且重视整合的能力观。核心课程的能力观是“能力是属于任务本位或行为主义的”，而多元整合课程的能力观认为，“一般素质对于有效的操作行为至关重要”，强调“一般素质为迁移或养成特殊素质提供了基础”。这种能力观与我国强调的素质教育对“能力”的要求不谋而合。

（四）课程作用

学校是培养人才的摇篮，办一所学校首先要设计人才培养的蓝图，制定相应的教育目标和培养目标，规定相应的教学任务，而课程是人才培养蓝图的具体体现，是实现教育目的与培养目标的基础，它规定了学校教什么和学什么这个基本的问题。课程及其顺序构成了学生达到教育目标与培养目标所应学习的基本内容体系。

1. 课程是教师从事教育活动的基本依据

课程主要体现在教学计划、教学大纲和教材上，它们是课程的具体化。在教学过程中，教师的教学活动必须以教学大纲和教材的要求为准绳。课程是教师教的主要手段和依据，它直接关系到教学质量的高低和学校教育的成败。

2. 课程是学生吸取知识的主要来源

学生在校学习的时间是有限的，不可能掌握人类千百年来所有的间接知识，因而，学校只能根据人才培养的实际需要，根据培养目标的实际要求，使有关间接知识经过加工、改造、浓缩、结晶，通过课程以教材形式呈现给学生，再通过一系列精心组织的教学活动，使学生吸取知识。所以课程是学生吸取知识的主要来源，也是学生学的主要根据。

3. 合理的课程设置对学生的全面发展起着决定作用

人才培养主要是通过教学来实现的，而在教学活动中，课程的设置又占有核心地位。合理的课程设置对于学生身心的发展起着决定性的作用。

4. 课程是评估教学质量的主要依据和标准

教学质量的评估是整个教学过程的有机组成部分。教学质量的评估可从多方位、多层次进行，但其中最主要的途径是对学生学业成绩进行考评。考核的依据及其标准主要是所开设的课程的教学目标，从命题到评分都必须体现该课程既定的教学目标，较全面地体现该课程的基础知识，测量出学生的稳定知识水平与学生的智能差异。课程是衡量教学质量的重要“尺度”，离开这个“尺度”就无法评定教学质量的优劣。

（五）课程研究

1. 教育目标研究

教育目标问题是课程研究要解决的重要问题。教育目标是教育者在教育活动之前预先设想和确定的关于教育活动最终期望达成的结果，体现了主体性与客体性、阶段性与终结性的统一。要实现学校的教育目标，需要将其具体化，多层次地设定目标，并且选择、组织实现这些目标的手段课程。课程作为教学的基本要素，集中体现了一定的教育、教学目标。

2. 课程设置研究

教育目标被确定后，课程研究的核心就是课程的设置问题。在《简明国际教育百科全书·课程》一书里，课程设计是指拟定一门课程的组织形式和组织结构，它取决于两种不同层次的课程编制的决策。广义的层次包括基本的价值选择，具体的层次包括技术上的安排和课程要素的实施。宏观的课程设计工作应当解决课程的一些基本理念问题，包括课程的价值、课程的根本目的、课程的主要任务、课程的基本结构等。当设计是针对某个教育阶段的较大的课程结构时，课程设计人员还必须进一步解决课程结构内，各类课程应当有什么样的比例关系、具体的课程门类、开设顺序、时间分配等。

3. 课程评价与课程质量保障体系研究

课程评价的研究包括课程评价基本原理的研究、课程计划评价（其中包括培养目标的评价、课程设置与培养目标一致性评价、课程结构评价等）的研究、课程标准与教材评价研究；课程质量标准保障体系的研究、课程效果（如学生学业成绩评价等）研究等。

二、国外的职业教育的主要课程模式与课程改革

（一）国外职业教育主要课程模式

核心课程是从活动课程衍生出来的一种课程类型，它有 5 个基本特点：一是以社会问题、生活问题为中心；二是围绕解决问题的逻辑系统组织教学内容，只学与解决问题有关的知识和技能；三是强调培养参与社会生活的意识；四是重视学生的需要；五是以学生活动作为课程基础，跨越学科界线。发达国家以核心课程为原型，衍生出了多种职教课程模式，影响较大的有以下 5 种。

1. 模块能组合课程

模块技能组合课程是国际劳工组织于 20 世纪 70 年代开发出来的，最主要的特点有以下 3 个。

①课程模块化。整个课程由众多模块组成，每一个模块相对独立，有明确的起点和终点，即教学目标明确、教学内容完整、考核标准具体化。

②以职业分析为依据，以工作步骤为内容。职业分析由职业领域分析、工

作范围分析、工作分析、工作步骤分析等一系列分析组成。每一个模块对应一组由工作步骤组成的“工作”。

③模块组合课程强调技能训练，能用最短时间和最有效的方法，让学习者掌握技能，特别适用于短期培训。

2. 能力本位模块课程

能力本位模块课程是加拿大温哥华社区学院开发的以能力形成为中心的课程模式。它也由模块组成，也以职业分析为依据，但职业分析不是针对工作步骤，而是针对职业能力。它运用 DACUM 表（一种职业教育课程开发方法）将职业能力分解为综合能力，再将综合能力分解为专项能力，每一种专项能力对应一个模块。

相关人员在运用 DACUM 表确定课程目标时，强调行业导向，即不以学科为中心，而以满足企业对培养对象的要求为依据。一般情况下，行业有实践经验的工人、技术人员和管理人员利用工作分析、职业分析或任务分析来决定课程内容。他们会先将一个职业或工作分成若干部分，再分析每部分的工作任务，及完成每一部分的任务所需要的知识与操作技术，然后将这些知识与技能按难易程度及逻辑关系，以及它们在实际工作中出现的频率及重要性，加以系统地组织编排，以获得一个完整的课程。分析结果会以表格形式出现，即 DACUM 表。

3. 核心阶梯型课程

核心阶梯型课程是德国“双元制”课程所使用的课程模式。它属于核心课程，核心是专业实践活动，课程结构分为基础培训、专业培训和专长培训三个阶梯。在理论与技能的关系上，以技能为主，理论围绕技能展开。

4. 职业群集课程

职业群集课程是美国开发的一种课程模式，是将工作相近的职业并为一群，借助职业分析的方法，确定职业群所需的共通性知识和技能，以及各职业的入门资格。学生在学完职业群共同的基础知识和技能后，可以有三种方式选择，其中，第一种方式较为广泛但不够专精，第二种方式较为专精，第三种方式则介于两者之间。

5. 事业发展型课程

事业发展型课程也是美国开发的一种课程模式，又被称为生计发展型课程，它特别重视终身教育。它把一个人从业的生涯过程分为入门性、技术性、专门性、行政性和研究性五个层次的职业阶梯，并安排了与五个职业阶梯相对应的课程。学生可以根据个人的能力和需要，在结束某一层次的课程后就业，也可学习高一层次的课程。

（二）国外职业教育课程改革

1. 英国国家证书与文凭课程

英国国家证书与文凭（BTEC）课程是一种国际上具有较大影响的职业教育课程模式，证书由英国爱德克斯国际教育基金会颁发。BTEC 课程教学的主要特点：以综合职业能力为本位，真正体现职业教育的特色；以学生为中心，强调学校的一切都为学生服务，强调学生自主学习；给予课业以举足轻重的地位；以学生“成果”为教学评价的依据；采用严格的内部审核与外部审核相结合的质量监控方式；教学过程中注意培养学生的个性和创新能力，学生在获得全面的职业能力的同时，培养了通用能力。

（1）课业是 BTEC 课程教学的核心

我国中专专业课程实习教学普遍采用课程设计的形式，按百分制评定成绩。BTEC 课程教学采用等级制的课业形式。课程设计与课业的区别除了评定成绩方式不同外，还有 4 点不同。一是分量不同。课程设计是对一门课程内容的综合训练，一般被安排在一门课程结束时，而课业是的对一门课程的阶段性训练，一般一门课程要安排两个以上的课业。二是时间安排的不同。针对课程设计，学校一般会安排专周来进行，而针对课业，则不会安排专周来进行。三是指导的过程不同。课程设计体现的是教师如何教，要求教师为学生会提供一份尽可能详尽的指导书，选题一般是虚拟的，学生只要按指导书提供的要求和方法再参阅少量参考就可完成设计任务；而课业的设计体现的是学生如何学，要求教师为学生提供自主学习的机会，选题真实，一般都有工程背景，只有任务书而无指导书，学生需要收集大量的信息并进行归纳、分析才能完成课业，同时学生要在收集信息时使用多种交流手段（如社会调查、到图书馆和网上查阅有关资料、请教教师或身边任何人等）。四是训练目标不同。课程设计的训练目标是掌握该门课程的专业技术要求和技能，而课业的训练目标则是在完成大纲规定的课程教学目标的同时，还要培养学生的通用能力，使学生学会分析自己的能力以及发展领域，以便适应其一生中需要不断进行自我提高的要求。

（2）内审是 BTEC 课程教学的质量保证体系的重要制度

BTEC 课程教学的内审制度非常严谨，既体现了目标管理又体现了过程管理。它既有教务管理的职责，即宏观控制全校 BTEC 课程教学、审理学生和教师的意见并向有关方面反映等；又有教研室管理的职责，即研究课程大纲、教学方法，审查每位教师的工作手册、课业样本，抽查学生课业，提出改进意见，等等。BTEC 课程教学的质量评定构架是全方位的，其质量的评定十分强调证据，若内审员不能严格履行职责，就会在外审时显现出问题且不予通过。

（3）以学生为中心的 BTEC 课程教学的宗旨

BTEC 课程教学以学生为中心的宗旨主要体现在以下三个方面。

其一，体现在课堂教学活动中。学生成为课堂教学活动的中心，要为自己的学习负责；而教师是教学活动的组织者和指导者。

其二，体现在完成课业时。课业的完成体现了学生自主学习的过程，学生要自己安排学习时间，自己决定通过什么方式来完成课业。

其三，体现在教学质量评价上。对教师教学水平的评价主要通过学生的学习成果来体现。

（4）通用能力培养是 BTEC 课程教学的突出特点

通用能力作为 BTEC 课程的核心体现在有计划、有步骤地培养学生在所有课程的教学活动中。学生在完成学业时要有两个方面的成绩，一是专业技能成绩，二是通用能力成绩。二者有一项不通过的学生都不能获得 BTEC 课程证书。

（5）教学计划制订是 BTEC 课程教学的关键

BTEC 课程为非学科化模式，充分体现了以能力为本位的教育思想，职业教育的色彩浓重，每门课程常包含从技术基础到专业技能的若干门课程内容，课程设置体现了综合化和能力化的特点。BTEC 课程结构是横向的、分级的，学生每学完一门核心课就可具备某个层次的专业技能。BTEC 课程教学强调的能力培养是多方面的，既有职业技能又有通用能力，学生适应工作岗位的能力较强。

（6）成果是 BTEC 课程教学评价的主要依据

成果指学生学习的成果，其表现形式是多样化的，如课业、报告、论文、案例分析、产品制作等。BTEC 课程教学对学生的每一项成果都给出成绩等级，等级的评定要有可靠的证据。BTEC 课程模式表明可以通过下列渠道获得证据：首先是学习过程的表现；其次是来自社会、学校各方面的反映；最后是学习总结、自我评价、笔记等。

2. 德国的双元制课程

双元制职业教育是德国职业教育发展的主体模式。朱勃、王承绪、顾明远主编的《比较教育》是国内较早评介双元制职业教育的著作，该书中将“双元制”译为“双重职业训练制度”“即在企业里学习实际操作和在部分时间制职业学校里学习理论知识平行进行，使学校教育与企业训练密切合作起来”。1996 年，德国的《职业教育法》被颁布后，双元制职业教育体系就形成了。双元制形成的两个决定性因素，一个是根据自由市场经济规则构成了培训体系，另一个是国家颁布的职业教育法律，在《联邦职业教育法》中得到了统一。双元制是一种费用合理、效益极高的培训体系。其优点如下所示。

①完全统一的职业社会化培训模式，把学习与劳动结合起来；

②在培训过程中，培训机构根据新的技能需求迅速发展或调整培训内容；

③有相对有利的过渡机制，学校培训和就业培训能够顺利过渡；

④通过企业的合作和社会各方面的合作增强了社会和政治组织的合作性与协调性；

⑤这种个体经济形式对国民经济的财政体系有利；

⑥培训者的技能水平高于就业平均程度。

同优点明显相对应的是双元制职业教育的缺点，概括起来主要有以下几点。

①固定的职业培训方式在日益增强的社会经济国际化过程中缺乏世界开放性；

②决策管理层反应迟缓，缺少灵活性；

③职业变动缺乏灵活性，培训瓶颈特征明显；

④受培训者缺乏独立性和个人创造性，在培训过程中缺乏对个性发展的考虑；

⑤依赖于单个企业的费用提供培训岗位，经济景气状况不稳定，培训企业情况也因地区不同经常变动；

⑥缺乏高级能力的培训，在中级技能层面和高级技能层面间缺乏渗透。

近年来，德国职业教育改革的步伐越来越快，双元制职业教育也在改变，主要表现在教学方式的重组上，在教学过程中强调以下四个方面。

第一，学习和工作紧密结合。双元制本身就是一种学习和工作相结合的教育模式。现在，德国人认为应将学习和工作更多、更紧密地结合起来，要将学习看成一个工作过程，或把工作变成一个学习过程。因此，在教育过程中，学校要将学生送到车间，使学生在实际工作中直接受到锻炼，而不是像过去那样把车间的师傅叫到课堂来给学生演示。

第二，按企业要求安排培训和学习内容。在双元制职业教育中，企业的价值取向一直起着决定性作用，体现了国家和政府意志的职业学校起着协调作用。近年来的德国职业教育改革进一步强调了企业的需要在职业培训中的地位，要求职业学校在安排学习内容和训练科目时要体现企业需要的价值优先性。

第三，对过程的广泛了解。在过去的双元制职业教育中，有很多的“实际训练”采用模拟形式。现在强调在真实的实际接触中提炼、总结和消化理论知识，如让学生在真实的销售过程中学习销售，在实际的管理过程中学习管理，等等。

第四，缩短从实习到正式上岗的时间。在双元制职业教育中，学生在企业的实习时间占学习时间的大部分。但总体上，无论是作为“学生”还是作为“学徒”，其基调仍是“教育”。在近年来的德国职业教育改革中，有一种基本思想就是缩短从实习到正式上岗的时间，缩短从“学徒”角色到“企业职工”角色的转换时间，甚至将理论知识的学习也搬到企业里来。

三、当前我国中等职业教育课程改革的背景

（一）当前我国中等职业教育课程改革的宏观背景

1. 中等职业教育课程改革是实施人才战略、提升综合国力的重要途径

新中国成立后的第一次人才工作会议在北京召开。在这次具有全局指导意义的重要会议上，中共中央总书记胡锦涛强调指出：人才问题是关系党和国家事业发展的关键问题；全党全局必须从全局和战略的高度，以高度的政治责任感和历史使命感，把实施人才强国战略作为党和国家一项重大而紧迫的任务抓紧抓好，努力造就数以亿计的高素质劳动者、数以千万计的专门人才和一大批拔尖创新人才；大力提升国家核心竞争力和综合国力，为全面建设小康社会和实现中华民族的伟大复兴提供重要保证。温家宝也在这次会议上指出：国家兴盛，人才为本；人才培养，教育为本；开发人才资源必须优先发展教育；要通过发展各级各类教育，把巨大的人口压力转化为丰富的人力资源，努力构建人人享有学习和成才机会的学习型社会。可以说，党和国家的人才战略为我国当前的课程改革奠定了思想基础和实践基础，提供了政策保障。而《中华人民共和国职业教育法》明确提出，“职业教育是国家教育事业的重要组成部分，是促进经济社会发展和劳动就业的重要途径”，《中国教育改革和发展纲要》也提出，“职业教育是现代教育的重要组成部分，是工业化、社会化和现代化的重要支柱”。由此可见，职业教育是提升国家竞争力最宽厚的基础和最坚实的支撑，在新形势下，正承担着为提高国民素质和劳动者素质服务，直接有效地

为经济建设服务和为每位学生的成长成才发展服务的三项重任。因此中等职业教育课程改革是实施人才战略、提升我国综合国力的重要途径。中等职业教育课程改革的本质特征就是增强课程的适应性，让不同的学生选择不同的课程，用不同的课程支撑不同学生的发展，最终创造一种使学生脱颖而出的课程机制。

2. 中等职业教育课程改革是知识经济时代的挑战

所谓知识经济就是以知识为基础的经济，这种经济直接依赖于知识和信息的生产、分配和使用，它最大的特点是使人才的需求发生了质的飞跃。如果以前的农业经济、工业经济时代，社会财富主要蕴藏在自然资源之中，那么知识经济时代的财富主要蕴藏在人的大脑中。因此，如果投资于工厂是传统工业时代最好的投资，那么投资于人脑则是知识经济时代最好的投资。在知识经济时代，知识是支撑这一经济形态的关键性因素，而支撑知识这一关键因素的是教育，所以可以说，谁掌握了教育，谁就掌握了发展的主动权。中等职业教育是国民教育的重要组成部分，理应在知识经济时代发挥其应有的特殊作用。知识经济的核心问题是知识的创新与应用，知识创新需要有创新意识和创新能力的新型人才。这对人才需求的质的飞跃实质上带来了对职业教育的挑战。笔者认为，创新的源泉在于深厚的知识底蕴和全面的能力结构，要实现这种人才培养目标就得对传统的课程进行改革，通过课程改革，实现中等职业教育培养目标由“薄基础，单一型”向“宽基础，复合型”的转变。

3. 中等职业教育课程改革是市场经济的必然要求

我国现存的职业教育课程结构大体上可分为三种，即“以学科为中心的结构”“以实践为中心的结构”和介于两者之间的“探索型结构”。无论哪一种结构，都已经经过了实践的检验，都需要改革和发展。即使是探索型结构课程也必须继续改革，这是不容置疑的。其一，市场经济的深入发展要求职业教育与之相适应，以培养出在新的经济形势下有文化、有技术、有道德的高素质的劳动者。尤其是在社会经济走向开放化、国际化的今天，重视培养和开发职业学校学生的品德素质、智能素质、身体素质、劳动素质、审美素质和心理素质就显得更为重要。其二，我国在确立市场经济的同时，也确立了人的主体地位，这就要求劳动者诸方面素质都能得到生动、活泼的自由发展。或者说，市场经济需要的人才既要有一技之长，又要是一个各种素质和谐发展的劳动者。其三，市场经济是与竞争相伴而行的，这就要求劳动者具有竞争意识和进取精神，需要劳动者自主、自立、自信、自强的品格。这一切要求中等职业教育课程必须以职业素质培养为核心，更加重视学生的职业道德教育，教育学生诚实守信，培养学生的社会责任感。

4. 新经济时代发展对人的发展提出了新的挑战

新经济时代是以现代科技为核心的，建立在知识的生产、处理、传播和应用基础上的经济。它一方面引起了产业结构和就业结构的变化，产业结构和就业结构的变化又需要更多的中高级人才，这就要求人的科学文化水平要大大提高，否则就会失业。另一方面，新经济的主要推动力是人的知识、智慧、技术、能力和管理策略等，它特别要求人们要具备获取知识和信息的能力、变革和创新的能力、适应快速变化的社会的能力。首先，一个人如果不能学会发展自己，学会开发和利用自己的智能，那么他必将被新的经济社会所淘汰。其次，从人自身发展完善的角度看来，当今社会已进入了以人为中心的发展时代。人自身的发展受到了前所未有的关注。联合国教科文组织总干事费德里科·马约尔曾指出“人既是发展的第一主角，又是发展的终极目标”。可见，在这个时代，人的发展既是社会对人的要求，又是人自身完善的需要。虽然社会为个人的发展提供了良好的条件，但每个人的发展与完善程度还取决于他自己有没有学会发展。所以，现代化社会要求人学会发展。现代人的核心素质是人的主体性，是人的主体意识和主体能力。学会发展是现代人自我发展、自我完善的重要因素。再次，从社会发展观看，当代社会提出了可持续发展的观念。1992 年，联合国环境与发展大会通过的《里约环境与发展宣言》，提出了“可持续发展”的新战略和新观念，即“人类应与自然和谐一致，可持续地发展并为后代提供良好的生存发展空间，人类应珍惜共有的资源环境，有偿地向大自然索取”。可见，可持续发展战略就是社会发展既要满足当代人自下而上的发展的需要，又要有利于后代人生存和发展，它要求现代人放弃那种为了自己的发展而破坏生态环境，损害他人和子孙后代利益的发展方式，同时要具有全新的发展理念、科学的发展方式和手段。可持续发展战略的核心还是人的发展，如果人没有学会发展，自己不能很好地发展，社会的发展就不可能实现，社会的可持续发展就更是空话。而促进学生主动发展，是职业教育的终极目标。教会学生学习、教会学生积极主动发展是世界各国教育的共同目标。

因此，职业教育的课程目标不仅要关注学生知识和技能的获得，更要关注学生态度的形成、品德的提升、情感的陶冶，这三者将比知识和技能的获得更为重要。特别是，在人类进入信息时代的新世纪，人们将面临知识不断更新，工种频繁更换的考验，学习成为贯穿人一生的事情，课程目标不仅要关注学生素质的全面完善发展以及个性的健康和谐发展，而且要使学生愿意学习，学会学习，掌握学习的方法、技能和对学习应持有的态度，使其能够积极主动的学习。国际21世纪教育委员会向联合国教科文组织提交的报告《教育——财富蕴藏其中》提出，在新世纪，“为了与其整个使命相适应，教育应围绕四种基本学习加以安排。可以说，这四种学习将是每个人一生中的知识支柱”。这四种学习即学会求知、学会做事、学会共同生活、学会发展。这就是说，新世纪课程改革和发展的目标必须指向学生的积极主动发展，指向学生每一方面的完善发展，这种指向是新世纪社会发展和人的发展的客观要求。基于此，职业教育应担负起双重责任，既要为学生的就业负责——培养学生的从业能力，更要为学生的发展负责——培养和提高学生发展能力，这就要求职业教育的课程目标必须以人为本，将促进学生学会主动发展作为自己的终极目的。

5. 良好的生源素质是中等职业教育课程改革的现实需要

20世纪80年代到90年代初，由于经济高速发展，社会迫切需要各级各类人才，受过系统专业教育的中等职业教育毕业生深受企业界、服务行业及行政机关的欢迎，中专技校转户口“吃皇粮”、就业不愁的优势，更是相当一部分初中生选择的热点。那时中等职业学校招收的都是优等生。但是，自20世纪90年代中期以来，随着产业结构的大幅调整，市场经济基本确立，经济增长逐年减缓，劳动力市场需求疲软，就业制度的变革——中专生的就业由“统包统分”转向“双向选择”的“自主就业”，由于学历低，技能水平也低，中专生在竞争激烈的就业市场上，成为“弱势群体”；另外，加上高等教育大众化和普通高等学校扩招等因素的影响，“普高热”持续升温，中等职业学校提前招生和登记入学的学生比例迅速增大，中等职业教育生源素质下降已成为不争的事实。总体说来，中等职业教育学生的“双基”和学习品质都较薄弱，个体差异也较大，参差不齐。如果中等职业学校还老门老路办学，对学生高标准、严要求，学生必然难于接受；如果中等职业学校还按照统一的要求对待差异悬殊的他们，必然造成好的学生“吃不饱”，差的学生“吃不了”的局面，进而使学生质量普遍下降，这样，中等职业教育就会在困境中难于自拔。当然我们说中等职业学校的学生整体水平下降，并不是说他们不可救药。根据多元智力理论，中等职业学校的学生学习基础差并不等于他们什么都差，学校教育不应该存在“全面的差生”，因此，中等职业学校要树立“让每一位学生学有所获”的育人观，相信每个学生都能在某个方面取得成功，通过课程改革，充分挖掘学生的潜能，根据他们的不同需求，为他们提供适合他们的教育。

总之，无论是社会经济的发展，还是人自身的发展需求，都对职业教育提出了新的要求。归纳起来，一是人才素质的高标准。学生不仅应具有丰富的专业技术知识、熟练的职业技能，还要具有良好的思想品质、高尚的职业道德、扎实的文化基础、适应社会的能力和完善的人格，以及具有较强的岗位应变能力和开拓创新的精神。同时，知识经济时代和学习化社会对人们提出了继续学习的要求。在知识经济时代，知识更新的速度不断加快，新技术、新工艺、新方法不断产生，人们在学校接受的教育已不能终身受用。只有学会学习、具备学习能力的人，才能不断地继续学习，不断地接受新技术、掌握新技能，满足知识经济对人才的需求，才能在知识经济社会中生存和发展。因此，构建和完善终身教育体系是新时代的必然要求。二是人才规格的多样化。职业教育培养应能满足各行各业需要的有个性特长的多规格多样化的人才，改变过去专业人才培养千人一面、培养规格单一、培养模式单一的状况，改变“统一计划、统一大纲、统一教材、统一考核”的状况。三是产业结构调整升级。行业热点层出不穷，这要求职业学校的专业设置应更加灵活，并具有前瞻性。四是随着学校招生就业制度的改革，学生在入学和就业上的自主意识和竞争观念日益增强，在学什么和怎么学上希望有更大的自主权，以提高对社会的适应性和竞争能力，因此要求学校充分尊重学生的愿望，满足学生个性发展的需要。职业学校只有改革教学管理制度，才能尽快解决与经济建设和社会发展要求不相适应的矛盾，提高学校的办学活力和水平。五是随着学校招生就业制度的改革，学生缴费上学和自主择业创业，已逐渐取代了统招统配，这要求学校充分尊重学生的愿望，满足学生个性发展的需要。这些新情况、新问题、新要求都将会对处于滑坡状态的职业教育带来新的机遇与挑战。职业学校只有通过改革（核心是课程改革），才能尽快解决与经济建设和社会发展要求不相适应的矛盾，从而提高学校的办学活力和水平。反之，如果职业学校墨守成规，不求进取，不看需求，不求创新，日子就不会好过，甚至成为淘汰的对象。

笔者认为，课程改革最根本的一条就是要解放思想，更新观念，牢固树立以人为本的思想和以能力为本位的教育理念，为不同潜能的人提供平等的求知学技平台，真正让学生学会求知，学会做事，学会与他人共同生活，学会发展，帮助每个学生获得成功。课程改革最重要的任务就是构建新的课程结构，将传统的学科本位转变为能力本位，以职业需求为导向，以能力开发为核心，发掘“专业能力、方法能力、社会能力”三大能力要素，突出理论够用，技能有用，应知会用，全面培养和提高学生的职业素质。

（二）中等职业教育课程改革的微观背景

中等职业教育本身的发展构成了中等职业教育课程改革的微观背景。我国职业教育界长期存在着的以学科体系为中心的“三段式”课程结构，文化基础课为专业基础课服务，专业基础课为专业课服务。该结构的课程有其合理的内核，且先后有序，遵循着循序渐进的认识规律和学习顺序，其最大优点是“逻辑性、系统性和简约性”，便于教学，有利于学生掌握系统的理论知识。但是这种承袭了大中专院校课程结构的传统课程，学术性强，越来越不合中等职业教育学生的实际，背离了职业学校的培养目标。笔者认为，应用性应成为职业教育的第一特质，成为制约中等职业教育自身发展的羁绊。

1. 课程培养目标“划一性”要求使中等职业教育学生“出口”面窄

首先，课程培养目标过于强调单一专业技能的训练而非立足于职业群需求和学生综合素质的培养，毕业生只能基本满足单一工种的顶岗实习就业需求，缺乏职业群内相关工种的转岗能力，而且学生普遍存在“基础学历”不扎实，没有后续学习能力。随着社会经济的迅猛发展，企业对所需人才规格、质量的要求不断提高，这些学生只能望洋兴叹，在充满竞争的就业市场上败下阵来。其次，长期以来，由于受计划经济体制的影响，我国的职业学校普遍实行整齐划一、“一把尺度”的课程目标，往往采用“一种目标、一种模式，一种方式来规划和制造职业教育产品的标准件”，而不能立足于不同人群对职业性发展需要的差异，进行因势利导，因材施教。换句话说，职业学校在用大一统的课程使所有整齐划一，用大批量生产的方法，把学生“模压”成某一领域的“精密工具”,并把他们安装到一定社会“机器”的某一部分上。在这样的教学中，“学生的脑子习惯了只是在别人的脑子走过的路上活动”。这种“同一尺度”遮蔽了活生生的人。差异悬殊的他们要共同学习，最终好的学生学有余力“吃不饱”，感到乏味；差的学生如鲠在喉“吃不下”，许多学生渐生厌学之念，由厌而弃，成为流生。学生不能受到适合自身发展的教育，更谈不上享受自主教育的权利了。这种“千人一面”的培养方式和结果，只能让学生在充满竞争的就业市场上变成“弱势群体”。

2. 传统中等职业教育课程结构存在缺陷

传统中等职业教育课程结构中存在很多缺陷，主要有以下几个。

第一，学科课程过分强调学科的系统性。课程内容的编制严密而系统，条理而规范，规范着教师和学生在教学活动中的行为。尤其是专业技术课，不能越雷池半步，不符合应用型人才的职能结构要求，与职业教育课程的定向要求相距甚远。例如，对于某一旅游胜地的介绍，学生要像背台词一样，一字不差，不能增加，也不能减少。课程内容的设计没有预设的空间，教师没有施展才华的余地，学生无法在体验中生成新的知识和技能。此外，课程建设往往滞后于现代科技的发展和职业岗位的新要求，就更谈不上及时编制反映新知识、新技术、新工艺、新方法的课程和教材了，学生所学知识陈旧冗余而不能派上实际用场，有悖于职业教育“学以致用”的要义。

第二，学科课程过分强调学科的理论性，其内容以抽象的概念、原理、定律为主，以间接经验为主，与职业教育课程的应用性的要求相距甚远。教材上似乎遍布“知识点”，尤其是专业基础课，从理论到理论的学科体系，无视学生将要从事职业工作的实际需要和他们基础学历不够及不同学习需求的现实，以至于使学生觉得，进了职业学校就要进行专业理论研究，可以说，理论教学偏多偏深，学生难于接受和掌握，于是，学生只有在考试前“死记硬背”那些原理和结论，至于背的是什么、记的是什么，压根就没有引起人们的关注，说不定一些要背记的知识在本质意义上是垃圾知识，而且在考试结束后，学生能留下的记忆的痕迹的多少，恐怕是不能乐观的。结果是学生理论知识没学好，专业技能没学到，职业教育的“职业”特色荡然无存。

第三，学科课程过分强调各自学科的独立性，从而造成和加深了各门学科间的分离，割裂了不同学科内容上的一些固有的联系，与职业教育整体性的要求相距甚远，不利于学生把握职业的整体发展规律，学生在学习期间综合运用各种知识解决问题的训练机会又少，从而导致学生在综合运用理论知识解决生产实际问题的能力方面比较差。

第四，课程内容过多关注了客观需要，忽视了人的发展。课程内容及目的单一地指向某专业、某工种应该达到的职业要求，以便于教师在教学中执行，而忽略了学生在教学活动中的主体地位。课程的编制注重了文化课知识的掌握，专业课强化技能，忽略了如何把课程作为一个信息载体，使学生更好地理解和掌握知识与技能，以及如何使学生在学习过程中得到生动活泼的发展。

第五，课程结构刚性有余而柔性不足，呈现出“五多五少”：必修课多而选修课少，统一要求多而区别对待少，关照客体多而照应主体少，课堂灌输多而实践锻炼少，重视技能多而关注能力少。这种“五多五少”现象，不利于学校和教师根据就业市场的需求自主安排课程，不利于学生选择性学习和个性的发展。特别要指出的是，在这种刚性结构中，实践性教学环节成为一个软肋，实验、实训、实习等实操训练不能落到实处，学生往往不能“真枪实弹”地练习，从而导致动手能力差，不受用人单位欢迎。

第六，“学科中心”型的“三段式”课程结构，忽视不同学科课程的知识与学习顺序有关的等级排列上的非平衡关系，文化基础课—专业基础课—专业课三段式的机械排列，人为割断其间联系，容易造成学生学习某些后继新知识的时间与以此为基础的先学知识的时间相隔久远，影响学习效果；同时学生学习基础知识时与后续内容不是环环相扣，学用结合少，从而影响了学生的学习积极性更不利于学生综合职业能力的形成和提高。

“学科中心”型“三段式”的课程结构的上述固有缺陷，使现有职业教育始终摆脱不了传统教育以理论为中心、以课堂为中心、以教师为中心的局面，表现出理论与实践脱节、学校与社会脱节、教学与发展脱节的弊病。

第二节 职业教育课程改革的发展历程

在西方军事、经济、政治和文化的全方位冲击和压迫下，中国近代社会发生了一系列急剧的变化。我国社会思潮依次表现为海防思潮、洋务思潮、维新思潮和民主思潮等。与之相应，近代教育思潮先后经过了地主阶级的改良思潮、洋务教育思潮，资产阶级的维新教育思潮和民主革命教育思潮。而近代职业教育思潮与洋务教育思潮、维新教育思潮和民主革命教育思潮都有密切关系，职业教育课程思想就是职业教育思想的具体体现，因此，从对我国近代职业教育思想的分析中可以窥见近代职业教育的课程思想。

一、清朝时期职业教育课程改革改革

（一）晚清时期的职业教育课程改革

自清末至民国初叶是中国封建主义文化向资本主义新文化过渡的重要阶段。新教育的产生背景则可追溯到1840年的鸦片战争。鸦片战争后，中国连续不断地在民族抵抗战争中惨遭败绩，蒙受一系列的奇耻大辱。西方列强的入侵使中国社会发生了历史性的转折，由封建社会沦为受列强凌辱的半殖民地半封建社会，中国的国际地位由一个泱泱大国沦落为任人宰割的贫弱之国，国内社会危机也日益加剧。国家民族矛盾和国内的重重矛盾促使着时代发生变革。一些爱国人士开始苦苦思索，中国贫弱之源何在？救亡之道何在？首先在知识界孕育了一股近代资产阶级爱国进步的启蒙思潮。一些思想进步人士开始抨击

腐朽没落的封建专制制度，要求进行社会改革。在教育方面，以反对西方列强侵略为中心的爱国主义教育思想发展提高到一个新的高度，一些思想进步人士提出改革空疏无用的科举教育的主张。这一思潮的先驱者龚自珍、林则徐、魏源等人最先倡导“经世致用”的教育，主张改革，开拓新学。龚自珍在《上大学士书》中称：“自古及今，法无不改，势无不及，事例无不变迁，风气无不移易”。他开晚清思想解放之先河，并为诸多新学家所崇拜。林则徐提出“向西方学习”“师敌之长技以制敌”，主张改革教育内容，学习西方制造“船械、枪炮、量天尺、千里镜、火轮车、自来火、千斤秤、风锯”，以抵制西方侵略。他编的《四洲志》稿本是中国近代介绍西洋各国概况的最早的著作之一，被誉为“清代开眼看世界的第一人”。魏源将林则徐的《四洲志》稿本扩编成《海国图志》，主张学习外国人的长处，提出“未款之前，则宜以夷攻夷；既款之后，则宜师夷之长技以制夷”，提倡学习西方科学技术，办新式工厂，以抵抗外来侵略。以上主张，当时虽未唤起统治者的警醒，但是产生了积极的社会影响。直至鸦片战争战败21年后，在英法联军侵略的刺激下，“学西学、求自强”的呼声日渐笼罩朝野。新教育的思想启蒙对后期的实业教育的兴起与发展起到了极大的推进作用。

（二）洋务运动时期的实业教育课程改革

关于我国近代职业教育的起源，学术界一致认为是从晚清时期兴办洋务学堂开始的。两次鸦片战争击碎了清王朝唯我独尊的梦幻，面对“数千年未有之变局”和“数千年未有之强敌”，一些学者如魏源、龚自珍以及包括李鸿章、左宗棠、张之洞等一批汉族官僚力主发扬经世致用的传统，求教于西方异质文化，开始了一场持续30年之久的改革开放运动。经世学派的思想也由清初的“通经致用”过渡到鸦片战争后的“中体西用”，成为中国近代教育思想的主流，也成为刚刚兴起的实业教育课程思想的主流。

随着对外交往的日益频繁，造船制械、操练新军、通商、设厂、开矿、筑路、电报等所有这些新式事业的举办都需要新式人才，而这是那些通晓“四书五经”却对自然科学知识几乎一无所知的传统封建士子不能胜任的。于是，在洋机器、洋设备被引进的同时，造就适应时代需要、掌握西方先进科学技术和军事知识的近代实用人才的洋务学堂在全国各地逐渐被开办起来，军事学堂、电报、铁路、矿务等科学技术学堂相继涌现，近代中国的实业教育由此萌发，这一时期职业教育课程思想主要是着眼于课程的技术作用和对国家民族存亡的作用。

清末第二次鸦片战争后，出于国防和外交上的需要，晚清政府部分具有封建买办性质的“洋务派”官僚如奕䜣、曾国藩、李鸿章与张之洞等引领了“洋务运动”，推行“新政变法”，主张“师夷长技”，以谋求“自强”“致富”。清政府为办理洋务，恭亲王奕䜣于1860年（咸丰十年）上奏，设置“总理各国事务衙门”为统筹洋务的中央机构。奕䜣认为“务得西人之秘”以为日后“安内攘外”之本。文祥亦说：“使西人擅长之技中国皆能谙悉，然后可以渐图自强”。左宗棠称：“泰西巧而中国不必安于拙也，泰西有而中国不能傲以无也”。一方面，洋务派购买洋枪洋炮，同时重金聘请洋专家洋教习，采用西方技术开办工矿企业，制造船舰枪炮与机器，筑铁路、通邮电、开发矿藏；另一方面，由于社会上没有相应的技术人才，便在教育上采取了一些改革措施，以张之洞提倡的“中学为体，西学为用”为方针，学习西方教育，创办技术学堂和派遣留学生出洋学习。这成为中国近现代学校教育的和教育与工业生产结合的肇始，学界也将此看作职业教育的开端。

（三）百日维新中教育改革的主要内容

1. 改革科举制度，废除八股取士

从太平天国开始对科举制度进行改革，到清末新学制的建立，在中国延续了1300年的科举制度终告结束。在这个过程中，戊戌变法所发挥的历史作用是非常重大的。从著名的公车上书开始，康有为一再奏请皇帝废八股，改科举。1898年6月17日，康有为在《请废八股试帖楷法试士改用策论折》中力陈：“今变法之道万千，而莫急于得人才；得才之道多端，而莫先于改科举；今学校未成，科举之法，未能骤废，则莫先于废弃信股矣”。由于科举制度“令诸生荒弃群经，惟读《四书》；谢绝学问、惟事八股”，以至“巍科进士，轮苑清才”中，“竟有不知司马迁、范仲淹为何人，汉祖、唐宗为何朝帝者。若问以亚非之舆地、欧美之政学，张口瞪目，不知何语矣”。

在维新志士的推动下，延续了1300多年的科举制度终于开始动摇了。光绪皇帝于1898年6月23日发布“停止八股，改试策论”的上谕。“自下科为始，乡会试及生童岁科各试，向用《四书》文者，一律改试策论”；1898年6月30日下令，将经济岁科归并正科，各省生童岁科一律改试策论。1898年7月6日传旨，“嗣后一切考试，执著毋庸用五言八韵诗”；1898年7月19日在上谕中强调，“嗣后一切考试，均以讲求实学实政为主，不得凭楷法之优劣为高下，以励硕学而黜浮华”；其后又在上谕中表示，“朝廷造就人才，惟务

振兴实学”，明体达用之才一经殿试，即可量为授职。就这样以八股取士的科举制度，第一次受到了来自皇帝谕令的批判和否定。百日维新的新思想使新学制的建立、最终彻底废除科举以及兴办新学堂成为一种可能。

2. 引进西方近代学制，开办新式学堂

科举制的逐渐废除为近代学堂的兴起扫除了一大障碍。在百日维新期间，康有为等人极力主张开办新式学堂，1898 年 6、7 月间，康有为就开办新式学堂、引进西方近代学制，向光绪皇帝奏折提出建议。在奏折《请开学校折》和《请饬各省改书院淫祠为学堂折》中，康有为开宗明义地说，教育变革如同治病一样，废除科举只是“吐下而去其宿菏”，“广开学校”才是“补养以培其中气”。他详细介绍了欧美等国尤其是德国和日本教育发展情况，对中国开办新式学堂、建立现代学制提出了一些具体的想法，建议光绪皇帝效法德国、日本，建立新的学制，在全国范围内设立新式学堂，乡设小学，县设中学，省府设专高等学堂，京师设大学，尽力“广开学校，以养人才”。关于如何办好新学堂，康有为建议设立学部以管理新式学堂，为培养新式学堂的教师应开设师范学堂，新式学堂应分科教学、使用新式课本、建立一套新学堂的制度规章等。康有为还就教育经费、兴办农学等教育问题提出了自己的建议。

光绪皇帝几乎采纳了康有为的全部建议，并陆续发布上谕。兴办京师大学堂，将各省府厅州县所有的大小书院，全部改为兼学中学和西学的学校；对于“能独立创建学堂”或“措借巨款”者，“予以破格之赏”，或“照军功之例给予特赏，以昭鼓励”；设立各种农工商学堂，准梁启超在上海设立翻译书馆，培养翻译人才；等等。

二、民国时期职业教育课程改革

民国职业教育从最初壬子癸丑学制的颁布，到学制改革运动的兴起，再到壬戌学制的颁布使职业教育制度体系得以确立，经历了实业教育改革、职业教育兴起（以 1922 年壬戌学制颁布为标志）、职业教育发展与调整这三个阶段，因此职业教育课程的演变历程也遵循了这一发展轨迹。

（一）壬子癸丑学制对实业学校课程的新规定

民国政府成立不久就召开全国临时教育会议，共商教育问题，拉开了民主化创制教育法规的序幕。临时会议采纳了教育总长蔡元培的“五育”主张，制定了新的教育方针：“注重道德教育，以实利教育、军国民教育辅之，更以美感教育完成其道德。”教育宗旨特别强调“实利主义”，将实业教育置于重要地位。民国第一部学制，即我国近代真正意义上的具有资产阶级性质的学制——壬子学制，于 1912 年 9 月被颁布后，民国政府又陆续颁布了一系列学校法令规程，并综合为一个统一的学校系统，被称为壬子癸丑学制。学制系统除了普通教育系统外，还有师范教育与实业教育两个系统。其中实业学校分为甲、乙两种，等同于清末的中等与初等实业学堂。在实业学校以上的则是专门学校。《专门学校令》中规定，专门学校的种类具体分为政法（随后教育部令从专门学校里将其删除，设立别科）、医学、药学、农业、工业、商业、美术、音乐、商船、外国语 10 类。

学制系统对实业教育进行了初步改革，其中对于实业教育的相关规定主要集中体现在《实业学校令》与《实业学校规程》中。《实业学校令》规定“实业学校以教授农工商业必须之知识技能为目的”。甲种实业学校实施完全的普通实业教育，乙种实业学校实施简易的普通实业教育。实业学校的种类分为农业学校、工业学校、商业学校、商船学校、实业补习学校，各地依照地方情形还可设女子职业学校。

《实业学校规程》对于各级各类实业学校的编制、设备、修业年限以及学科程度与课程设置做了详细规定。规程中特别强调实业学校的实习与实验时间，要求除商业学校可酌量减少外，其他学科必须占总授业时间的 2/5 以上，以此来强调培养学生的实际动手操作能力。

1. 农业学校

甲种农业学校的学科（专业）分为 5 种：农学科、森林学科、兽医学科、蚕学科、水产学科。乙种农业学校则只有 3 种：农学科、蚕学科、水产学科。

甲种农业学校的修业期限为预科 1 年，本科 3 年，可酌情延长 1 年。预科所修的科目（课程）有修身、国文、数学、理科、图画、体操，并据具体情形酌加地理、历史、外国语、唱歌等课程。本科要求的课程设置如表 1–1 所示（见下页）。

乙种农业学校的修业期限是 3 年。通习课程主要有修身、国文、数学、博物、理化大意、体操、实习，并酌加地理、历史、经济、图画等课程。

农学科的专业课程则有土壤学、肥料学、做物学、园艺学、病虫害学、养蚕学、家畜学、农产制造学、气象学、林学大意等。

蚕学科的专业课程有养蚕学、蚕体生理及解剖学、蚕体病理学、制丝法、桑树栽培法、土壤及肥料学、气象学、蚕业法规、农学大意等。

水产科的专业课程有水产生物学、渔捞法、养殖法、制造法、船舶卫生及救急疗法、渔船运用术、气象及海洋学、渔具制造大意等。

关于授课时数，民国政府亦有具体规定。甲种农业学校的授课时数，除实习外，每周不得过 28 小时；乙种农业学校授课时数除了实习之外，每周不得过 24 小时。甲、乙两种学校的实习时数都是由作业的繁简来定的，但农学科每周必须在 16 小时以上，而蚕学科在养蚕期间停课 3 周以上。

表 1–1　甲种农业学校本科课程设置表

专业(学科)	专业课程	通习课程 (共同课程)
农学科	土壤学、肥料学、做物学、园艺学、农产制造学、畜产学、养蚕学、病虫害学、气象学、农业经济、农业法规、森林学大意、兽医学大意、水产学大意等	修身、国文、数学、物理、化学、博物、经济、体操、实习，并可酌加地理、历史、外国语、法制大意、簿记、图画等课程
森林学科	造林学、森林保护学、森林利用学、森林测量学、森林工学、测树技术及林价算法、林产制度学、林政学及森林法规、森林经理学、狩猎学、气象学、农学大意等	
兽医学科	解剖及组织学、生理及病理学、药物及调剂法、蹄铁法及蹄病论、内科学、外科学、寄生动物学、外科手术、产科及眼科学、兽医、警察法、卫生学、兽医学、马学、畜产学、畜产法规、牧草论、农学大意等	
蚕学科	养蚕学、蚕体生理学、蚕体病理学、蚕体解剖学、制种学、细菌学、制丝学、桑树栽培法、土壤及肥料学、气象学、蚕业经济、蚕业法规、农学大意等	
水产学科	水产动物学、水产植物学、渔捞法、养殖法、制造法、细菌学、制造化学、船舶卫生及救急疗法、航海及渔船运用术、应用机械学、气象及海洋学、渔具制造大意、渔业经营、渔业法规等	

2. 工业学校

甲种工业学校的学科（专业）分为金工科、木工科、土木工科、电气科、染织科、应用化学科、药业科、矿业科、漆工科、图案绘画科等。

甲种工业学校规定的修业期分为预科 1 年，本科 3 年，可酌情延长 1 年。预科所习的课程主要有修身、国文、数学、理科、图画、外国语、体操，并酌情可加地理、历史等课程。本科所要求修业的课程设置如表 1–2 所示（见下页）。

对于甲工业学校的授课时数，《实业学校规程》规定如下：甲种工业学校的授课时数，除实习外，每周不得过24小时；各专业的实习时间，由作业的繁简程度而定，但每周与授课时数合计不得超过45小时。

表1-2　甲种工业学校本科课程设置表

专业（学科）	专业课程	通习课程（共同课程）
金木科	应用力学、工厂用具及制做法、制造用机械、发动机大意、制图等	修身、国文、数学、物理、化学、图画、机械工学大意、工业卫生、工业经济、工业簿记、外国语、体操、实习、并可酌加历史、地理等课程。木工科、漆工科、图案绘画科这3个专业可以不开设机械工学大意
木工科	应用力学、房屋构造学、建筑材料学、工厂用具及制做法、建筑沿革、施工法、装饰法、制图及绘画等	
土木工科	应用力学、测量学、铁道学、河海工学、道路学、土木材料学、桥梁计画、施工法、制图等	
电气科	应用力学、工厂用具及制做法、发动机大意、电磁学、电气工学、制图等	
染织科	应用化学、应用机械学、化学分析、染色法、机织法、纺织法大意、织物整理、制图及绘画等	
应用化学科	特别应用化学、电气化学大意、矿物学大意、化学分析等	
药业科	地质及矿物学大意、陶瓷品制造法、绘画法、燃料及筑炉法、化学分析、制图等	
矿业科	地质学、矿物学、采矿学、冶金学、试金术、矿山机械学、化学分析、测量及制图、坑内实习等	
漆工科	博物学、漆器制做法、颜料调制法、绘画法、雕刻术、应用化学大意等	
图案绘画科	博物学、美术工艺师、图案法、绘画法、装饰法、美术解剖学大意、建筑沿革大意、制版化学等	

（二）民国教育部采取的实业教育课程改革的举措

民国教育部作为当时最高的教育行政机关，不仅在规范与指导实业教育发展中起着重要的作用，还不断出台一些推进实业教育发展的举措。在《实业学校令》与《实业学校规程》被颁布之后，为了进一步规范与指导全国实业教育的发展，民国教育部先后颁布了一系列相关的法令。例如，1913年8月12日，民国教育部发布了《实业学校须按照规程设置本科预科方准立案》公告，要求凡设立实业学校均应按照《实业学校规程》的要求，设置本科与预科，以教授“完全之课业，以宏造就”，同时再次重申了实业学校教员的任职资格；后又陆续颁布《教育部训令各省甲种乙种实业学校迅速照章呈报》《教育部令各省筹设商业学校》《教育部通咨各省巡按使申明部章并饬甲乙种实业学校认真办理文》《教育部呈准实业学校教员养成所规程》等多条公告，敦促各地方快速按照条令发展地方职业教育。具体论及关于实业教育课程诸如设置、内容、实施、实习、考评等方面，从下列民国教育部发布的相关公告中可见一二。

针对民国成立以来全国实业教育虽有较大发展，但仓促间设立的诸多实业学校因陋就简，名实不符的状况，民国教育部于1915年11月发布了《教育部通咨整顿实业学校办法并乙种各校毕业生无庸先期报部》，强调实业教育重在应用，各地实业学校应切实加强设备、实习二事。1917年3月，民国教育部第817号文《教育部通咨各省区甲乙种工校实习工场应照普通工厂组织俾学生实地工作文》指出工业学校未按《实业学校规程》的规定设立实习场所，故令各省的甲乙种工业学校严格遵照规定设立实习场所，凡属于“学生能做之业，即以学生为职工”，除了必须在教室里讲授的通习科目与其他科目外，教师应尽可能地在工场就地施教，进行实地教学，加强学生的练习。像金工、木工、染织、药业、漆工等学科的制成之品，可由学校组织售卖，销售所获盈余一部分作为职工的奖励，一部分可为学校扩充设备所用。

为了总结与讨论民国以来的实业教育发展的得失并规范实业教育，1917年，民国教育部专门颁布了《实业学校校长会议规程》与《全国实业学校校长会议细则》，建立了实业学校校长会议制度。同年10月，民国教育部召开了第一次全国实业学校校长会议。此次会议的讨论内容涉及实业学校的方方面面，通过了多项议案，其中《实业学校普通学科与实业学科联络之方法案》《实业学校体察各地方状况及应时势需要之点案》《实业学校宜注重实习使学生确能施诸实用之办法案》《实业学校应互相联络调查教材以求切合地方情形案》《实业学校应注意管理训练习成学生乐就实业界职务之习惯案》等10余项被教育部所采录。

《实业学校普通学科与实业学科联络之方法案》主要论及四个方面。一是编定要目（课程设置），按学年程序预为编定，由各校长与教员商议，遵照民国教育部规定课程，同时参以地方情形，按照学科参订教授课程。此外，各课程教材均须有联系，例如农业分为农学、森林、兽医、蚕学、水产等科，普通国文、地理等科目的教材则可选用关于土壤、造林、畜产、气象等方面的教材。二是关于各学科的时间分配（课程的组织）。各学科的分配应彼此相顾。例如，教员在农业学校授完地理课后再授土壤、园艺等学科；学生在工业学校学习工作制造等科学前先习器画；教员在商业学校先授数学再授簿记、实习；等等。后继内容以前面的内容为基础，有助于相关内容的深入广泛开展，同时各种课程内容之间的横向联系有助于加深学生的理解。三是就地取材。所谓学科就地取材，即专业与课程设置应以本地方为标准，适应地方的事业振兴方针与发展状况。如农业学校的博物、地理及农业土壤课程，工业学校的制造、建筑、染色、机织、冶金课程，商业学校的方言、历史、地理、商品经济、银行货币等课程内容与设置都应参照地方实际情况。四是教授者应加强沟通，交换意见。每个月应由校长或教务主任召集教员开研究会进行互相的参酌。

民国教育部对于实业学校的课程与教材甚为重视，《实业学校体察各地方状况及应时势需要之点案》与《实业学校应互相联络调查教材以求切合地方情形案》均谈到了实业学校的课程与教材。前者要求各实业学校的专业课程教材与讲义应由担任的教员随时考察地方情形与时势需要，进行详细的编写与更新。同时，在上述两项议案中，前一项议案提出实业学校的专业课教员应利用闲暇时间多进行实地调查，尽力将所得结果编入教材，以此来加强学校与社会生产生活的联系，来适应教学需要。后一项议案则对于实业学校各校之间如何进行互相联络，调查教材，进行实地施教提出了相关的方法。后一项议案提出，分区组织设立实业学校联合会，分区调查各地实业学校的教材使用情况，各校将各自的自编讲义与同科的各学校进行交换，以便参考；各校应编写教材草案进行实地施教，在实践过程中不断斟酌完善，最后呈交省厅转呈给教育部进行采择。为了促进对各地方教材调查工作的开展，1918 年 1 月，民国教育部又通令各省教育厅特设实业教育教材调查员，调查研究实业教育教材使用的情况，看课程设置是否合理，是否符合地方经济发展需要，然后上报交由教育部进行斟酌。

民国教育部有关实业教育改革的相关举措、饬令与政策，为实业教育的进一步发展提供了法律保障，其中针对实业教育课程的有关办法与措施，切实推进了实业教育课程的改革与发展。

三、改革开放后我国职业教育课程改革

改革开放是我国社会主义社会建设的重要转折点，这一转折促使社会不断进步、产业迅速升级、人民生活水平大大提高、教育事业快速发展。中等职业教育作为教育的重要组成部分，也沐浴着改革开放的春风迅速恢复和发展起来。但是改革开放带来的这一系列的变化给我国中等职业教育带来了发展契机的同时也带来了挑战——为不断进步的社会提供所需的人才。为了应对这一挑战，中等职业学校需要进行改革。其中最重要的改革就是对其课程进行改革；为了使我国中等职业教育的课程改革顺利进行，相关部门根据社会变化的需求不断出台了新的课程改革政策，为我国中等职业教育课程改革指引方向。

（一）我国中等职业教育的发展历程

回顾我国20世纪80年代初的中等职业教育，无论是以教育部门为主创办的职业高中，还是以行业或劳动部门为主创办的中专或技工类学校，在课程培养目标上有一个共同特征，即以培养特定岗位或专业的职工为课程目标，其专业设置、课程安排、师资配备、场地设施等都围绕这一目标进行。这种教育模式可被称为岗位定向式教育模式，也可被称为专业定向式教育模式。这种教育模式在计划经济时期，对有关行业部门而言，能获得高质量的员工；对学校而言，能长期为特定专业配备师资、设备、实习场所；对学生而言，可以安心学习专业知识与技能，不愁将来没有工作。可以说，这是计划经济体制下的一种高效的教育模式。但这只是计划下的稳定。随着社会主义市场经济体制的不断完善，产业结构不断调整，这种教育模式已经逐渐失去原有的优势。

在市场经济条件下，那种建立在充分就业、定向就业基础上的岗位定向教育模式首先在职业高中这一类不包分配的学校中受到冲击。在20世纪80年代，以教育部门为主体创办的职业高中，从刚刚成立那天起，就不得不采取学校自谋、学生自主择业的就业方式。动态的市场经济要求职业教育也要动态地适应、积极地调整、机动地服务，那种岗位定向的培养目标无法适应市场需求的变化，而应运用市场机制来调整专业建设、课程结构及教学内容。20世纪80年代末，为了学校的生存与发展，在经营体制面向转轨的形势面前，不少职业高中率先在课程目标上进行了改革，它们针对岗位定向教育模式，提出岗位群、多工种复合型的教学模式。这些学校的课程目标不再只针对某一岗位或某单一工种，而是针对专业相近的岗位群或工种群，这种使学生具有从事同类专业多个岗位工作能力的培养目标，与原先那种使学生只具备单一岗位工作能力的培养目标相比，体现了培养面由窄到宽的变化趋势，它正是中等职业教育课程体系改革的突破口。自20世纪90年代以来，中专、技校在行业部门再也无力包分配的形势下，课程改革也正是从这一突破口开始的。

职业教育的目的是培养全面发展、适应社会需要的劳动者。社会需要在发生变化，对人的全面发展的要求也在改变，因此，课程目标也要相应调整。这种变化一方面是由计划经济向市场经济转向引起的，另一个更为重要的方面，就是由生产力发展对职业教育课程的影响引起的，它是最活跃、最根本同时也是更长远的作用因素。

（二）改革开放后我国职业教育课程改革

我国近代职业教育的创始人黄炎培先生认为，职业教育是伴随着近代大工业生产的需要而产生的，并始终与个人生计问题紧密相连。联合国教科文组织提出，为就业做准备的职业教育，应当为卓有成效地、愉快满意地工作打下基础，为此应当做到：其一，使受教育者获得在某种领域内从事几种工作所需要的广泛知识和基本技能，使之在选择职业时不致受到本人所受教育的限制，甚至在一生中可以从一种活动领域转向另一种活动领域；其二，为受教育者从事第一个工作岗位提供充分的专业上的准备，并提供有效的在职培训；其三，使受教育者具备在他的职业生涯各阶段都可以继续学习所需要的能力、知识和态度。1999 年，联合国教科文组织在韩国汉城召开的第二届国际职业技术教育大会上提出，终身学习与培训是通向未来的桥梁。职业教育是终身教育体系的重要组成部分，将伴随人的整个职业发展过程。现代职业教育应使学生具有良好的教育基础，从而使学生具有良好的思维、判断、理解能力和文化素养，成为“可培训的人”，而不仅是“培训过的人”。《中共中央国务院关于深化教育改革，全面推进素质教育的决定》中也明确提出，“职业教育和成人教育要使学生爰掌握必需的文化知识的同时，具有熟练的职业技能和适应职业变化的能力”，为改革职业教育的课程指明了方向，只有培养多能型人才才能适应劳动力市场的变化。

1. 职业教育课程理论的研究与发展

职业教育课程理论研究起步于 20 世纪 90 年代初，相继被列为“八五”和“九五”教育科研规划重点课题。我国陆续引进的双元制、以培养能力为基础的教育（CBE）、模块技能培训（MES），不但为理论研究带来了启示，也引发了职业学校教学改革的热潮，带动了基层的职业教育课程改革，创造了许多成功的范例，推出了一些颇有影响的职业教育课程模式。到 20 世纪 90 年代末，我国职业教育已形成了由教育行政部门与行业主管部门合作、专家学者与基层职教教研人员合作、学校干部与教师合作的态势。这些人员构成了职业教育课程研究的骨干队伍，展开了对职业教育课程形态、课程模式、课程方案三个不同层级理论与实践的探索，逐渐形成了以课程模式探索为核心的特征，使职业教育课程改革得以向纵深推进。

职业教育课程理论研究与基础教育课程理论研究有两个最大区别有之处：一是对课程开发即课程设置方案设计或称专业教学计划设计方法及其理论进行

探索；二是十分重视课程开发与经济领域之间的关系。这些区别产生的主要原因在于职业教育不仅专业众多，而且各专业的课程必须随社会经济发展及时调整，课程开发成为职业教育保持活力而必须经常进行的工作。这项工作不仅受到各级教育行政部门、教研机构的重视，而且行业主管部门以及学校也经常直接介入。

2. 市场经济与职业教育课程改革的之间的关系

我国必须进一步深化改革面向21世纪的职业教育，以适应我国经济体制改革面临的新形势和新任务。

（1）经济体制改革引导职业教育改革的方向

《中共中央关于建立社会主义市场经济体制若干问题的决定》明确指出：在20世纪末初步建立起新的经济体制，是全党和全国各族人民在新时期的伟大历史任务。这一历史任务不但明确了职业教育改革的方向，而且规定了完成职业教育与市场经济接轨任务的时间表。

社会主义市场经济的建立和完善，必将对职业教育的数量、结构、质量和效益等方面提出新的要求；必将对职业教育体制提出根本性要求；必将对职业教育领域中的意识形态、思想观念、价值取向等方面产生深刻影响。相对于其他各类教育而言，职业教育与市场经济相互依存、相互联系和相互促进的关系更为密切、更为直接。新经济体制的建立和完善给职业教育的改革和发展带来了活力和动力，有利于提高职业教育的效率，推动职业教育的多元化，进一步发挥各级政府对职业教育的促进作用，促进社会参与职业教育以及职业教育适应社会。

（2）主动适应市场经济需求是深化职业教育改革的关键

职业教育必须主动适应社会主义市场经济需求，其中的关键在于“主动”二字。主动适应至少应表现在以下四个方面。

第一，专业设置和招生数量既要紧扣本地经济发展的战略目标，又要紧盯劳动力市场变化。发展职业教育要与当地经济发展的需要相适应，职业教育的“产品”必须适销对路。专业就像产品的型号，是办学的“关键工程”。各职业学校应研究市场、分析市场，根据劳动力市场的走向，既要优化拳头产品，形成学校基础雄厚、条件优越的长线专业，形成特色，在劳动力市场上形成优势和品牌效应；又要积极开发紧缺的短线专业，调整供过于求的专业，淘汰过时落后的专业。例如，南京市教育局进行的骨干专业建设和职业教育的布局调整正是职业教育主动适应市场的重大举措。南京市坚持选点、培育、创建与全市经济社会特别是产业结构、产业方向相适应，与各行各业对不同类型、不同层次、不同规格的人才需求相适应，与各地教育资源优势条件相适应，与各创办学校自身优势相适应，与职业学校主干专业未来发展趋势相一致的骨干专业，投入大量的人力、物力、财力，重点抓好并扶持一批骨干学校，创建了一批国家级、省级和市级重点职业学校。经过几年的努力，现在全市有国家级重点职业学校 8 所、省级 11 所、市级 10 所。

第二，提高学生就业应变能力。随着劳动制度改革的深入，劳动力市场逐步形成，用人单位和劳动者双向选择、流动的就业机制日趋完善，劳动力市场的调节作用越来越重要。提高学生就业应变能力将成为职业学校主动适应市场经济的重要内容。

第三，办学形式多样化。职业学校要适应风云变幻的市场经济，必须从根本上摆脱普通教育的办学模式，面向社会开展各级各类培训，采取学历教育与职业培训、全日制与部分时间制、职前与职后相结合的灵活多样的办学形式。

第四，建立新的教育观念。职业学校要做到主动适应市场，必须解放思想，实事求是，更新观念，增强市场意识、竞争意识，树立教育与社会一体化的观念、自我发展观念、质量和效益观念、法制观念等。

（3）课程改革必须解决与市场经济需求之间的两对矛盾

首先，课程改革要解决职业教育提高学生应变能力与强化职业针对性之间的矛盾。随着市场经济的发展，劳动者的职业变换率会提高，劳动力市场将越来越需要通才而不是单一专业的人才。而市场经济对毕业生的需求却具有明确的职业针对性，因而要求学生所学的内容必须是务实的、可操作和可实践的。其次，课程改革要解决市场急剧变化与教育发展需要相对稳定的矛盾。培养人的周期长，专业建设也需要较长的时间。因此会出现职业学校从劳动力市场获取用人信息后，可能无法提供对口人才，无法满足用人单位的急需。而职业学校根据这种需求建成一个专业后，市场需求又可能发生变化。除了建立符合市场机制特点的中短期人才预测系统外，改革职业教育课程是真正解决上述矛盾的重要途径。

3. 对国际先进经验的借鉴

在职业教育课程改革方面，我国应大胆引进国外成功经验并根据需要加以改进。国际劳工组织开发的模块式技能培训（MES）、北美流行的以培养能力为基础的教育（CBE）、德国运行多年的双元制等培训模式，其课程体系与传统以学科为中心的课程体系有本质区别，即不从学科出发，而从工作岗位的实际需要出发，在职业分析的基础上设计课程，使用了可灵活组合的模块式教学计划。职业分析和课程设计的思路均使用了DACUM(课程开发)或类似的方法。对于这些模式，我国应本着“广吸收、不套用、有创新”的精神，形成符合我国国情的职业教育课程体系。

4. 职业资格将成为职业教育课程体系的重要依据

职业资格标准和录用标准将成为职业教育与市场经济接轨的关键结合部。在中等职业学校进行职业技能鉴定，推行职业资格证书制度，是进一步提高学生职业素质、实践能力和就业竞争能力，培养社会需求的技术开发与应用新型技能人才的一条重要途径。职业资格证书是劳动者从事某一职业所必备的学识和技能的证明，是劳动者求职、任职、开业的资格凭证，是用人单位招聘、录用劳动者的主要依据，也是境外就业、对外劳务合作人员办理技能水平公证的有效证件。职业学校应加强对国家职业标准的研究，以职业标准为导向，大力推进教育教学领域的改革。专业设置要与职业资格认证相对应；课程结构要与职业标准相吻合；教学内容要涵盖职业标准的要求；教学模式和教学方法要与职业标准的要求相适应。湖北省已在部分职业院校中开展了学历证书与职业资格证书相互沟通的“双证沟通”试点工作。实行“双证沟通”后，学历证书与职业资格证书并重且相互衔接。“双证沟通”试点工作采取开放、灵活的学习机制，给人们提供随时返校进修学习的机会和条件，有助于人们进行终身学习。而且通过接受职业教育和培训，人们不仅可以学习职业技能，还能提高文化水平，取得更高的学历。这样既可以保证职业教育自身的健康发展，提高职业教育与培训的社会认同度，同时有效地衔接了各级各类教育，满足了社会成员多种多样的教育需求，使职业学校成为社会成员终生学习的场所，促进了终生校验体系的完善。

5. 职业教育课程改革应处理好的九大关系

①应满足两种需求。即既应满足社会经济发展的需求，又应满足受教育者生存发展的需求。

②必须主动适应我国经济的“两个根本性转变”，能否“主动适应”也体现了职业教育课程能否满足“两种需求”。

③应贯彻两种思想。能力本位和终身教育应成为职教课程改革的指导思想，并作为评价课程模式和课程方案的重要依据。

④应注重两种借鉴。即既要借鉴国外先进的课程模式及其理论，又要借鉴

国内课程改革成功的经验，做到广吸收、不套用、有创新，站在巨人的肩膀上去寻求质的突破。

⑤应执行两类标准。即基本标准和较高标准，基本标准面向全体学生，较高标准面向部分学生。职业教育专业的多样性、教学内容的地方性、生源基础的复杂性，决定了中等职业教育不能用“一刀切”式的标准。

⑥应重视两个“出口”。职业教育是“立交桥”，只有出口畅通，才能使入口具有吸引力。就业和升学是职业学校毕业生的两大出口，职业教育课程改革必须有利于两大“出口”的畅通。

⑦应重视两类手段。改革措施的落实需要相应的手段，课程内容综合化、模块化，课程实施的弹性选课制、学分制，是课程改革达到预期目的不可缺少的两类手段。

⑧应推行两种证书。实行两种证书制度是职业学校教育的重要特征。学历证书是职业与职业培训的主要区别，职业资格证书是职业教育与普通教育的主要区别。推行两种证书制度是落实职业教育培养目标的重要保证，也是全球经济一体化过程中中国劳动力市场与世界各国劳动力市场接轨的需要。

⑨应突出两个重点。创新精神和实践能力的培养应成为课程改革的重点。

6. 课程设置的原则

（1）基础性原则

职业学校教育是定向教育的基础环节，可以为受教育者走上社会以后终身接受定向教育奠定基础。不论从生存角度，还是从发展的角度，职业学校教育的课程均应强化为受教育者职业生涯奠定基础的价值取向。从生存角度看，受教育者必须具有一个职业群甚至几个相关职业群中转岗的基础。从发展角度看，受教育者必须具有继续学习的基础。继续学习既包括全体学生的不与学历挂钩的更新知识、技能的学习，又包括部分学生的取得高一级学历的学习。

（2）发展性原则

职业是不断演变的，随着科技转化为生产力的速度越来越快，21 世纪的职业演变速度将大大快于 20 世纪。在联合国教科文组织召开的面向 21 世纪国际教育研究会上，学者们指出，平均 5096 个职业可能在一代人的时间内发生变化，每 3 ～ 5 年就有约 50% 的职业技能需要更新。与职业社会密切相关的职业学校教育的课程必须及时反映职业的发展变化。

（3）多样性原则

职业学校教育的课程应是具有较大弹性和柔性的课程，因而，也应当是多样性的课程，应为学生提供较大的选择余地，应在一定范围内满足学生个性发展的需要。

（4）可行性原则

职业学校的课程设置应是可操作的，不能仅从实现目标的需要出发，而不考虑职业学校、教师队伍、实验实习设施的实际，这样的课程设置是不可行的。

社会经济的发展需求决定了职业学校办学方向与培养目标，而培养目标又是学校课程设置与教材编写的主要依据。多年来，职业学校在教学过程中存在的一个突出问题就是培养目标的多重性与专业课程设置的单一性之间的矛盾，也就是说，职业学校为了适应不包分配的办学特点，为了适应人才市场上的竞争形势，其专业培养目标不宜只针对某一个工种或某一个层次，而必须是多工种、多层次、宽口径的。但职业学校在初办阶段往往模仿中专或技工学校的专业设置方法，用单一工种或单一层次的课程设置与其多工种、多层次的培养目标相对应，其结果必然出现培养目标与专业课程设置之间的矛盾。

模块式专业课程设置是解决这一问题的较好的办法。它将课程系统划分为文化基础课程、专业课程和实践课程三个部分，然后，根据不同的培养目标，将每个部分划成不同的模块，形成课程结构的基本模块，最后，根据不同培养目标的不同要求，将每个部分的基本单元加以统一、合理的组合，形成由若干基本模块拼接成的，具有不同结构特点的课程系列，供学校灵活地、有针对性地选用。

四、南京市中等职业学校课程改革试验的探索

20 世纪 70 年代末到 80 年代初，由于教育真空使得各领域出现人才断层，其中技术人才短缺的现象尤为严重，为尽快解决这一制约经济迅速复苏和快速发展的问题，国家开始全面恢复中等职业教育，此后各类职业学校如雨后春笋般在全国各地涌现出来，这其中有各行业举办的各部属、省属中专学校，有各企业举办的技工学校，也由教育部门举办的职业高中和职业中专学校。南京市教育局于 1982 年将原艳江门中学改建为南京建筑职业技术教育中心，并与德国汉斯·赛得尔基金会合作，进行德国“双元制”职业教育试验。2000 年，该校与南京市建筑工程学校合并成为南京职业教育中心，并按高标准现代化的要求，投资约 1.3 亿人民币在南京河西新区重建新校区，使之成为河西新区一道靓丽的风景线。目前，南京市进行的综合高中课程改革与“双元制”职业教育实验均已取得阶段性成果。

（一）综合高中课程改革试验的探索

1. 综合高中课程改革试验的背景

综合高中课程改革试验是实施素质教育的需要。素质教育要求在教学中，把群体培养目标与个体发展目标统一起来，把培养优秀人才的任务与提高劳动素质的任务统一起来，实现从以教为主到以学为主，从以教育者为中心到以受教育者为中心的转变，为学生提供更多的选择。在中等职业学校，实施素质教育的首要任务是准确把握经济社会发展的内在要求，重在设计，重在创造，即要根据各地区经济社会发展的差异，打造素质教育的地区特色；根据经济社会发展在不同时期的特点，打造素质教育的阶段特色；根据不同学校自身的优势和特点寻找突破口，打造素质教育的学校特色。承认差异、打造特色是素质教育的生命。教育部在《面向 21 世纪教育振兴计划》中明确提出："经济比较发达的地区可发展部分综合高中"。

综合高中课程改革实验，人们也是教育终身化的要求。随着人类文明的不断进步，新的知识不断涌现，人们稍有松懈，就有可能落伍。只有不断学习，不断接受教育，才能适应不断变化的社会。为此，职业学校必须突破"终结性教育"的模式，树立终身教育和可持续发展的理念。综合高中可以克服单纯的职业学校教育的种种缺陷，给所有的学生创造多种学习机会和接受终身教育的条件，避免过去因学生进入职业学校，接受"断头教育"而失去了进一步发展的机会。从这个意义上说，综合高中为学生未来的发展，特别是为他们今后接受继续教育和终身教育奠定了坚实的基础。这也是职业教育对建立我国终身教育体系的重要贡献。

2. 综合高中课程改革试验的具体做法

中等职业学校的综合高中课程改革试验在我国刚起步，还未形成系统的理论，没有现成的经验可借鉴。南京市本着"广吸收、不套用、有创新"的理念，确立了"边研究，边实践，边总结，边改进"的原则，构建了符合本市市情的综合高中课程体系。改革试验的具体做法如下。首先，在试验前，广泛调研，根据地域特色，制订指导性教学计划。南京市曾到上海、杭州、宁波、西安等地考察，了解、学习其他省市对综合高中这一新生事物的认识和做法，还进行了大量的检索，召开了各种形式的座谈会。通过调研，南京市制定了《关于制定综合高中教学计划的意见》，并下发给各试点学校，要求他们结合自身实际制订实施性教学计划，并上报市教育局经审批同意后执行。然后，在试验过程中，实时监控，不断调整教学计划。南京市根据教学实际情况，及时调整了教学计划和教学要求。例如，对于第一学年的课程安排，从最初的完全按照普通高中课程计划安排教学，全部使用普通高中教材调整为按文理分科设置课程，由学校根据实际需要选择使用普通高中教材或职业高中教材。教学要求也从与普通高中完全相同调整为主要文化基础课与普通高中基本相同。最后，及时总结阶段性经验。南京市每年都对综合高中办学情况进行总结与分析，推广成功经验，发现问题，及时解决。作为对综合高中课程改革试验的阶段性总结，随着综合高中第一届学生的毕业，南京市也完成了省教育科研“十五”规划立项课题暨南京市教育科研第二届招标课题“中等职业学校试办综合高中的探索”的研究。课题的同步研究，促使南京市在教学改革实践中不断地以教育科研理性的观点总结过去，提炼实践，使之上升到理论水平后，再用以指导进一步的实践。

3. 综合高中课程改革试验的内容

（1）综合高中课程改革目标

职业教育是伴随着近代大工业生产的需要而产生的，并始终与个人生计问题紧密相连。职业教育的目的是培养全面发展、适应社会需要的劳动者。社会需要在改变，对人的全面发展的要求也在改变，课程目标也要得到相应调整。现代中等职业教育课程目标需要完成单一操作型向复合型、就业型向创业型、终结教育向终身教育转变。经济发展对人才的要求决定了21世纪的劳动者应当兼道德、文化、技能于一身，掌握新技术、新工艺。1999年，联合国教科文组织在韩国汉城召开的第二届国际职业技术教育大会上提出，现代职业教育应使学生具有良好的教育基础，从而使其形成良好的思维、判断、理解能力和文化素养，成为“可培训的人”，而不仅是“培训过的人”。《中共中央国务院关于深化教育改革，全面推进素质教育的决定》中也明确指出，职业教育要使学生在掌握必要的文化知识的同时，还应使学生具有熟练的职业技能和适应职业变化的能力。基于这些因素，职业教育课程改革的立足点应当定位在全面素质与综合职业能力教育上。全面素质包括思想品德素质、身心素质、科学文化基础素质、职业技术素质、创业素质五个方面，综合职业能力包括生存和从业能力、创新精神和创业能力、社会适应能力、自我调控能力、不断学习和发展的能力五个主要方面。全面素质和综合职业能力是职业教育实施素质教育的重点，是学生立业谋生和继续发展的考核素质和能力。

（2）综合高中的培养目标

教育目标问题是课程研究要解决的重要问题。教育目标是人们在教育活动之前预先设想和确定的关于期望教育活动最终达成的结果，体现了主体性与客体性、阶段性与终结性的统一。对于中等职业教育，国家制定的培养目标有四个层级：一是国家教育方针对育人的总要求；二是国家对职业教育的育人要求；三是国家对中等职业学校教育的育人要求；四是国家对中等职业学校教育具体专业的育人要求。在这四个层级中，前一个层级制约后一个层级，后一个层级是前一个层级的具体化。课程目标是否符合国家制定的中等职业学校培养目标，是衡量一种课程模式是否符合国情和职业学校实际的重要指标。因此，综合高中的培养目标应是在符合中等职业学校培养目标的基础上体现综合性，即有目的地使普通教育和职业教育融为一体，通过设置合理的必修课程和选修课程，因材施教，发展学生个性特长，既可向高一级学校输送合格的毕业生，又能向社会输送合格的劳动者。具体可表述为，在初等教育的基础上，进行多层次、多类别和多专业学历教育及多工种职业培训，进一步提高学生的思想品德、文化科学水平、身心素质，以学生为本，按需教育，为学生提供多种发展途径与机会，充分发展学生的个性、才能，培养学生终身学习的能力，帮助学生掌握一定的从业能力和适应职业变化的能力。具体而言，中等职业学校为实现综合高中课程培养目标，可以向学生进行以下教育。

1）普通文化教育

根据高等职业技术院校招生和就业岗位对学生文化素质的要求，开设文化基础课程，培养学生具有扎实的文化知识基础和基本技能，并使学生将之内化为学习能力。

2）职业定向教育

职业定向教育以取得相应层次的职业资格为目标，以宽基础、复合型为宗旨，开设可以培养学生专业知识、职业能力与实践能力的课程，从而使学生能够适应未来岗位要求。

3）升学预备教育

升学预备教育以为高等职业教育输送合格学生为目标，深化有升学愿望又具有学习能力的学生的学习，加强学生高等职业技术院校招生需要的专业知识学习和职业能力的训练。

（3）综合高中的课程设置

教育目标得以确定后，课程研究的核心就是课程的设置问题。根据综合高中培养目标，综合高中的课程结构应实行整体优化，内容应体现先进性，突出地域性，强化专业特色。南京市中等职业院校认真处理了文化基础课程、专业课程、实践课程的结构和比例，以满足学生就业、升学、个性发展的多元化需要。文化基础课程的设置既要考虑学生文化素质的全面提高，又要为后续专业课程的学习打好基础。对于专业课程，南京市中等职业院校根据学生就业面向的职业岗位群的需要，采取模块化教学方式；对于实践课程，南京市中等职业院校重视学生综合职业能力的提高，在模块化教学的基础上，选取了若干专门化方向进行重点训练，提高了学生的职业技能和就业能力，顺利使学生实现了从学习到就业的过渡。

1）课程设置的原则

①基础性原则。

宽厚的科学文化基础是学生接受职业技能教育和接受继续教育的基础，只有加强文化基础课教学，强调职业的基本素质和基本能力训练，才能提高学生的就业能力、社会适应能力和学习能力，才能为学生的终身和未来发展奠定基础。

②多样性原则。

要满足不同知识基础、不同能力水平、不同兴趣爱好、不同个性特长的学生需要，为他们提供多次选择机会和多个选择方向，学校必须开设门类多样、具有层次性的课程。

③完整性原则。

综合化的课程体系必须从整体目标出发，根据综合素质教育的要求、经济建设和社会发展对人才的需求、学生个性发展的愿望，以及学校的教学条件，对课程设置进行整体设计，要使不同阶段、不同类型课程形成整体优化的和谐结构，促使学生能够生动活泼、积极主动地全面发展和提高。

④适应性原则。

课程设置要充分考虑高中阶段学生身心发展的规律和学习特点，在确保综合高中的课程基础目标的前提下，努力适应不同水平和不同需要的学生的发展需求。学校要从增加学生就业机会，增强其社会适应能力和竞争能力的角度考虑课程设置。

2）课程设置方案

综合高中的课程设置兼顾了普通教育、职业教育、继续教育3个维度，涵盖了普通教育课程、专业教育课程、实践课程和创业课程4种课程。关于综合高中的课程设置方案，具体地说，第一学年，学校根据专业方向采用文理分科的办法开设基础课程。其中包括由德育、语文、数学、英语、计算机应用基础、体育等文化基础课程构成的基础模块，采用全日制普通高中课程标准；第一学年结束时，学校应根据学生的学习情况、个性特长等，指导学生进行选择分流。对选择继续学习普通高中课程的学生，参照全日制普通高中的课程计划安排课程学习，并组织学生参加普通高中有关科目的会考；对选择进行职业教育的学生，按照专业大类组织专业理论和专业基本技能学习。第二学年结束时，学校指导学生进行第二次选择，以实现分流。对选择参加对口单招考试的学生，安排有关文化基础课程和相关专业课程的学习；对选择职业定向学习的学生，安排有关专门化理论和相关专业技能的学习与实训。对于完成全日制普通高中课程计划安排的全部课程的学习且成绩合格、通过普通高中会考的学生，发给其普通高中毕业证书；对于完成职业教育课程计划安排的全部课程的学习且成绩合格者，发给其职业中专毕业证书。

（二）南京职业教育中心"双元制"课程设置的研究与试验

南京职业教育中心是一所中德合作项目学校，自它成立至今，"双元制"试验成果卓著，教育教学改革成绩斐然，校企联合办学效果良好，受到教育部的肯定与推广，多次被评为省职业技术教育先进单位、教学管理先进单位、德育先进单位、市级文明单位、模范学校、省级与国家级重点职业学校。南京职业教育中心的学生受到用人单位的好评，毕业生就业率和就业质量一直领先于同类学校。该校正成为社会声誉较高、教学质量一流、办学特色明显、设施设备先进、校园环境优美、职前职后相结合的，中德合作的以国际化、现代化、市场化、综合化、社区化为发展方向的中等职业学校。

该校根据教育部有关教学计划制订的文件精神和指导性教学计划，以就业为导向，以能力培养为核心，制订专业实施性教学计划，以适应经济建设、社会发展的需要，办出学校的特色。该校可供其他同类职业学校借鉴的成功经验有以下几点。

一是科学合理地设置专业。经过多年的发展，该校已形成土木工程类、设备安装类、建筑装饰类、电子信息工程类、经济管理类、机械加工与汽车维护类六大类专业群，并把工民建、设备安装、电子信息技术、计算机专业作为重点专业建设，其中工民建专业是国家级示范专业，设备安装专业也已通过省示范专业专家组的评审，成为该校的特色与品牌。职业种类是一个动态的概念，随着科技进步、社会发展而不断改变，不断调整，不断地淘汰和产生，有些职业即使名称没变，其职业内涵也在不断地发展变化。因此，职业学校既注意保持专业大类设置的相对稳定以保证教学质量，又要注意开发新专业或新的专门化方向以提高活力。南京职业教育中心通过深入市场进行调研，定期走访用人单位和校外实习基地，及时捕捉职业种类和内涵变化的趋势，根据市场需求开发新专业，在原有专业大类中增设专门化方向，或添置教学设备，调整课程教学内容。例如，该校近年来开发了建筑艺术设计专业；在类专业中增加了工程造价管理专业模块，在财经类专业中增加了基建会计模块；在土木工程类专业增加了建筑计算机辅助设计（CAD）课程；在设备安装类专业中增加了电子计算机辅助设计（CAD）等课程。建筑计算机辅助设计（CAD）课程中心也即将建成并投入使用。

二是准确定位专业培养目标。中等职业教育培养的是适应我国社会主义现代化建设需要的，德智体美全面发展的，在生产、服务、技术和管理第一线工作的高素质劳动者。

三是科学构建课程体系。教育的重点和难点都是构建适应培养目标的课程体系。对于职业教育来说，课程设置的难点突出体现在包括实践教学在内的专业课程的安排。该校是国内最早实行德国“双元制”职业教育模式的学校之一，“双元制”的核心就是校企结合，突出学生动手能力的培养。该校充分保证了实践教学的课时，在形式上强调现实一体化现场教学，讲练结合；在课程设置上突破了传统的按照学科体系安排课程，开设了专业理论、专业计算、专业制图和专业实训 4 门课程，形成了新的课程模式，突出了能力本位、就业导向的原则。

四是始终贯彻“以技能为导向”的教学理念。该校是一所中德合作项目学校，在原有合作项目的基础上，该校又与德国汉斯·赛德尔基金会签约，共同招生开办了“电气工程”和“供热通风工程”两个实验班。该校与南京汽车集团有限公司联办“数控技术应用”和“汽车运用与维修”实验班，进行“以技能为导向”的教学模式的试验和推广。迄今为止，该校已有中德合作项目实验班 10 个，实验班教学基本采用德国“双元制”模式，即由学校承担文化课教学，企业或专业、实训教师承担专业理论和实践教学。经过近 3 年的实践，该校实验班的教学改革已取得阶段性成效，到企业实习的学生得到了用人单位的好评，其中部分学生已被用人单位明确表示将正式录用。此外，该校还积极与企业合作，开展订单式培养，例如，该校与机械化施工公司的联办班学生已经到岗实习，与上海适达餐饮管理有限公司的联办班也即将开班。

五是高度重视就业与创业教育。为帮助学生正确认识社会、认识自己，了解就业形势和劳动力市场现状，树立正确的就业观，培养学生良好的创业意识，提高其就业和自主创业能力，学校认真制订了就业与创业教育计划。其一，设立了就业指导办公室，专职专人负责学生实习与就业指导工作。其二，将专业通识教育作为新生教育的主要内容之一，使新生一入校就初步树立职业意识。其三，开设就业与创业指导课程，并将就业与创业信息、优秀毕业生事例穿插于教学之中。其四，将专业认识教育作为实践性教学内容之一，组织学生实地参观企业，使其进一步了解今后工作岗位。其五，定期召开就业与创业指导报告会，请企业家、用人单位或毕业生到校介绍有关情况。通过就业指导教育，使学生树立稳定的职业意识，形成明确的职业理想，初步养成良好的职业道德，为其走向工作岗位奠定思想基础。

第二章　国外的职业教育课程改革经验分析

第一节　德国多元化职业教育课程改革剖析

一、健全的法律法规是德国高等职业教育发展的保障

德国高等职业教育的声誉得益于其发达的经济、充足的投入，更得益于以人为本、以社会需求为导向的先进教育思想和与之相应的健全的教育法制体系。德国注重教育立法，并强调依法治教。德国是地方分权制的国家，但德国的分权制属于有限分权，即只在中央和地方之间实行分权，而在地方，则实行相对的州集权。德国宪法规定，教育管理“主权在州”，由州教育部对本州教育实行统一管理，州以下的各级教育行政机关和州教育部之间存在上下级的从属关系。德国的职业教育是由联邦议院立法，确定教育内容和培训职业，联邦政府发布规定和措施，联邦职业教育研究所则起决策、协调和咨询的作用。各州议会根据本州实际情况对联邦政府的规定和措施颁布补充条例，各州教育部门负责管理职业学校，协调普通教育和职业教育的政策。在州一级还设有由雇主代表、雇员代表和州行政当局代表组成的州职业教育委员会，它的主要作用是谋求职业学校与企业之间的合作。

这样一个多层次的管理体系能够运作良好，是由于职业教育的立法颇为周密完备，而且立法和各项规章制度明确具体的规定使各方面能够职责分明，管理能够行之有效。

（一）法律法规具有多样性

自20世纪50年代至今，德国颁布的有关职业教育的立法就有十多项，形成了一整套周密的职业教育法律体系，立法主要集中在各行业、企业在职业教育中的权力和义务，青少年接受职业教育的权利和义务，以及各类职业教育的

组织结构等方面，以法律形式保证了职业教育的顺利运行。

德国的高等教育法由联邦中央制定，作为高等教育重要组成部分的高等职业教育法则由各州自主制定。联邦制定的法律文件有《高等教育法》《职业教育法》《职业教育促进法》和《手工业条例》等，其中，《手工业条例》是专门针对手工业行业的法律文件，因为手工业行业的职业培训在《职业教育法》中未做规定，所以由该法律文件单独做专门规定。各州制定了如《职业学院法》《职业培训条例》等法律法规。根据《德意志联邦共和国德国基本法》的规定，各州都制定了州一级的教育法和义务教育法，对 18 岁以下，已完成普通义务教育而未进入普通高级中学就学的青年实行义务职业教育，原则上不允许一个青年人不经过正规的职业培训就开始职业生涯。

在德国职业教育管理模式中联邦不占主导地位，联邦政府的宏观调控职能是通过立法不断加强的。1969 年，《职业教育法》的颁布，确立了国家调控职业教育的法律地位，用法律形式规定了双元制职业教育制度。依据该法，企业培训必须遵守联邦政府制定的全国统一的企业培训规章条例；学徒在培训前必须与企业签订培训合同，合同的内容和形式及企业的责任和义务都是由国家以法律形式确定下来的。学徒所选择的培训职业必须是《职业培训条例》中所规定的、全国统一的、国家认可的职业。该法的颁布，是德国历史上首次在联邦范围内为各州的职业教育确立了广泛而统一的法律基础，为联邦各州职业教育的发展和改革制定了统一的原则，保证了国家对职业教育的影响力。德国正是通过教育立法，保证了全国职业教育的相对统一和均衡发展的。

1982 年，德国联邦政府开始实施《职业教育促进法》，力图保障职业教育的质和量的两个方面稳定的发展，并第一次将职业教育与培训需求联系起来，职业教育成为公共事业的责任和义务。

2004 年 7 月，德国联邦政府制定了《职业教育改革法》，决定将 1969 年颁布的《职业教育法》和 1981 年颁布的《职业教育促进法》合并制定成新的《职业教育法》，2005 年 4 月 1 日，新《职业教育法》生效。该法进一步重申了职业教育的法律地位和基本结构，并采取主动的策略，在为经济可持续发展做出贡献的同时，更好地满足了个体需求，并且积极应对发展的大趋势，促进了德国职业教育的国际化。

《实训教师资格条例》由联邦劳动与社会秩序部通过。该法对企业培训师资的要求做了明确而详细的规定，具体到某一行业的规定时则更加周密。

德国的《青少年劳动保护法》于 1960 年通过，德国于 1976 年又通过了该法的修订法案，从法律上保障了青少年享有接受职业培训和完成法律规定的职业义务教育的权利。

《企业基本法》于1972年通过，涉及企业的职业教育，也包括学徒培训，对企业进行职业教育的事项加以规范，明确规定了行业协会在企业职业教育中的权利和义务。

其他针对企业的法律法规。企业培训必须遵循适用于全德的培训企业的《职业教育法》以及《手工业条例》，按照联邦政府颁布的《职业培训条例》及其附件——企业《培训框架计划》和《职业培训合同》实施实训教学。在双元制教育中，学生必须和企业签订企业培训合同，必须在行业协会注册并由其保存及监督执行情况。

上述的法律法规涵盖了职业教育的多个方面，德国职业教育的法律体系随着时间的推移而得以建立和健全起来，这促进了职业教育的健康有序发展。

（二）法律法规的实践性强

德国职业教育立法的详尽和周密、法律条款的可操作性和对于执法的严格要求，都为企业的发展带来了优质的人力资源。据调查，德国企业中未受过职业教育的工作者仅为3%，受过职业培训的占42%。德国秉承了一贯严谨的民族性，对于高等职业教育相关的各项立法，也分别为相关边界划定了严格的界限，而且使高等职业教育法律法规和其他相关法律法规形成合力。这一点从上述法律法规多样性的形成过程就可以得到证明。

以德国高等职业教育的法律基础——1995年巴登-符腾堡州颁布的《职业学院法》为例，该法分为七部分：①关于职业学院的概念和任务的部分；②关于组织与机构的建立的部分；③关于教师的规定的部分；④关于学生的规定的部分；⑤关于入学资格的规定的部分；⑥关于学习、考试及毕业的规定的部分；⑦关于个人数据的调查和使用的部分。从这七部分中可以看出，《职业学院法》涵盖了高等职业教育院校运行要素的方方面面，在每一个部分下面是若干详尽的规则。多用数字来说话，也是该部法律的一个特点，数字的界定消除了执行中可能存在的灰色模糊区域，确保了法律的严肃性。该部法律明确规定“如果与学生的培训关系合法终结，而学生又没有在8个星期内重新订立新的培训合同”，则取消学生的入学资格。另外，在《职业学院法》中，人们也能清晰地感受到它和其他相关法律的关联性和一致性，清晰地感受到相关法律法规之间的和谐与合力，如在对考试资格认定中有这样一项条款：“通过学徒满师考试，或根据《职业教育法》或《手工业条例》，在所从事的工作中完成了等职的职业进修，或是根据《学校法》毕业于一所技术学校。”

根据形势的发展对法律法规做出及时有效的修订，以使其有更加旺盛的生命力，是德国职业教育立法中的一个重要内容。《职业教育法修正案》在2005年1月27日通过，新的《职业教育法》于2005年4月1日正式生效。新的《职业教育法》充分体现了时代发展对职业教育管理体系提出的新要求和对旧有模式的扬弃。从新的法案中可以看出，多数人的利益得到了强化、现代化的急速发展、网络经济带来的模式创新、管理机构的精简和培养目标的进一步清晰、途径的进一步多元化等成为主要议题。

多样化的、详尽的法律法规形成了严密的法律架构，规范了德国职业教育的发展，而且法律文本自身也是随着大环境的发展而不断得以更新和完善的，这对于整个体系的可持续发展来说，无疑是非常重要的。德国职业教育的立法渗透职业教育活动的各个层面、各个角落，为其发展提供了重要的保障。

二、雄厚的资金支持是德国高等职业教育的发展关键

（一）多元化的资金支持

面对经济发展对于发展高等职业教育的需求，联邦政府给予了大量的经费资助，并以法律的形式予以确认。《德意志联邦共和国基本法》明确规定：将国民生产总值的1.1%、工资总收入的2.5%用于职业教育，并规定由议会审定监督。联邦政府、州政府、地方政府每年投入的教育经费合计占国民生产总值的4.3%。这种经费投入的机制为职业教育的发展注入活力。

根据德国有关法律规定，高等职业教育经费分别由联邦、州政府及企业承担。公立学校的经费由地方和州政府共同承担，通常教职工的工资和养老金等人事费用由州政府承担，其他事务性支出和管理人员的工资及养老金等由地方政府承担。企业举办的高等职业教育的经费完全由企业独自承担。德国的高等职业教育是由多个部门协同参与管理的，因此其经费保障体系也呈现多元化的特点，形成了一个由公共财政和私营经济共同负担的混合经费供给模式。除了上述提到的国家资助和企业资助外，还存在着个人资助、企业外集资资助和混合经费资助等资助模式。

企业直接资助是双元制职业培训经费的主要渠道。企业投资建立职业培训中心，购置培训设备并负担实训教师的工资和学徒的培训津贴。采用这种资助

模式的主要是制造业的大中型企业。小型企业如手工业企业则一般没有培训中心，学徒须到跨企业的培训中心培训，所以，小型企业除支付实训教师的工资和学徒的津贴外，仍须为跨企业培训中心支付培训费用。

企业外集资往往表现为以多种基金形式，主要有中央基金形式、劳资双方基金形式和特殊基金形式。

①中央基金形式是由国家设立、以法律形式固定向国营和私营企业筹措经费的模式，通常按企业员工工资总额的一定百分比提取。国家根据经济发展状况确定和不断调整比例，其值一般介于 0.6% ～ 9.2% 之间。中央基金由国家统一分配和发放，并有一套严格的分配制度和资金申请条件。参与针对不同职业、不同年限的培训的，经济发展水平不同的区域和不同规模的企业所获经费资助额的大小是有很大差别的。一般情况下，企业可获得培训费用的 50% ～ 80% 的补助；如果所培训的职业前景看好，企业可获得 100% 的资助。参与培训的企业可得到这些资金，这一方面可激发企业参与培训的积极性，另一方面可平衡企业间的经济负担，一定程度上避免了可能由此而引起的不平等竞争。

②劳资双方基金形式是 20 世纪 80 年代发展起来的资金筹措形式。其倡议者是代表广大雇员阶层的工会组织。这种形式的基金主要来源于实行劳资协定的企业。这些企业定期向基金会交纳一定数额的资金作为培训费用。这种形式的基金可按照行业的特点，集中兴办企业共同需要的企业外培训中心。为了保证基金的稳定和不受经济状况变化的影响，企业交纳资金的比例是按照经济平均发展水平制定的。

③在企业外集资经费渠道中，还有几种特殊的基金形式。一种是行业基金，即为了满足某个行业的特殊需要，为促进行业职业教育的发展而建立的一种基金形式。这种基金形式要求行业内的所有企业向该基金交纳一定数额的资金作为本行业职业培训的共同经费，基金由行业自行管理并统一分配。基金经费来源于一定的经济区域范围，主要用于资助一些经济发展比较差的地区职业教育。另一种是行业协会基金，这种基金形式在德国较为常见。这种形式的基金由行业协会向所辖企业征收，主要用于行业协会承办的跨企业培训中心和继续教育中心，不用于企业培训。

混合经费资助是建立在企业直接资助和企业外集资形式基础上的，由国家对企业提供税收优惠政策而构成的一种间接资助形式。国家资助是政府利用国家财政资助职业教育发展的一种形式。在德国，国家资助主要是通过州政府、联邦劳动局和联邦职业教育研究所向各类职业学校、跨企业培训中心和职业继续教育机构提供的一种资助形式。

（二）资金保障特点鲜明

1. 政府对职业教育资金上的大力支持是高等职业教育迅速发展的一个主要原因

德国是一个高福利国家，在德国，社会福利费用支出占国内生产总值的33.3%，高于欧洲的平均水平。其中，保证用于职业教育、职业转换等的国家开支，是德国福利建设的一个重要目标，可以使公民接受教育和培训的权利得到了保障。

国家对企业培训的调节通过财政、税收、信贷等手段进行。德国职业教育采取分权制管理制度。德国职业学校的经费由联邦政府、各州和地方政府提供，其中联邦政府只提供少量经费，其余主要由各州和地方政府提供。政府财政的支持极大地促进了职业教育的发展，反过来，职业教育的极大发展又促进了整个国家经济实力的增强。

2. 企业提供经费是职业教育发展的重要保障

企业提供的经费主要可分为两个部分，一部分是国家立法向企业筹措的办学资金，另一部分是企业自身承担的职业教育相应的费用。联邦政府于1981年颁布《职业教育促进法》。该部法律规定德国所有国营和私营企业，无论是培训企业还是非培训企业，在一定时期内必须向国家缴纳一定数量的中央基金，然后再由国家统一分配和发放该基金。另外，企业内发生的职业培训费全部由企业负担。企业不仅要负担初级培训和继续培训费用，还要支付培训学生的生活津贴及社会保险。

3. 政策倾斜拓宽学生接受职业教育的渠道

德国政府对于学生的职业教育一贯是免费的，对于条件有困难的学生还实行补助政策。德国政府修订的《教育促进法》规定，在保障学生基本生活需要的前提下，提出了一个包括3种呈递进关系的资助计划：一是每月400马克的基础性补助；二是与其父母收入挂钩的特殊补助；三是毕业阶段的专项贷款。这些补助措施保障了学生接受职业教育的机会。

三、高标准人才培养是德国高等职业教育发展的核心

德国双元制的职业教育制度充分调动了企业参与职业教育发展的积极性，拓展了职业教育的发展空间，为高技能人才的培养提供了更好的外部环境和切实的支持。此外，也应该看到，人才培养不是单一层面的事情，一个构架合理的职业教育体系、普职互通的学历认可机制、更加灵活的课程设置和对职业之外的综合能力的培养是支撑其发展的平台所在，正是这些条件和在此基础上对双元制的实施，为人才培养提供了源源不断的动力，并进一步提升了人才培养标准。

（一）体系的衔接赋予了学生极大的自由度

德国的职业教育能够成功有一个很重要的原因就是发挥了规模效益，提高了职业教育资源的利用率，并从法律上规定了其与普通高等教育等值，提高了职业教育的地位，从而吸引更多的优秀的青年接受职业教育。

1. 衔接的体系发挥了职业教育的规模效益

德国的中等职业教育与高等职业教育实现了有机的衔接，在中等职业教育之后接受高等职业教育或是升入普通大学的渠道都是开通的，这样就提升了中等职业教育对于青年的吸引力，客观上为高等职业教育储备了大量优质的潜在生源。在德国，学生的分流可以说从小学毕业就开始了。小学毕业后，学生可以根据情况选择升入完全中学、实科中学或国民中学。完全中学的学生在中学第一阶段修业完成后，可以选择进入第二阶段进而进入大学学习；也可以选择进入职业专科学校，进而升入高技术学校等；甚至在修完完全中学第二阶段后，可以选择双元制的职业教育，直接进入劳动力市场。实科中学的学生可以进入专科完全中学或通过补习进入完全中学；也可以选择专业高中或职业专科学校，从而接受职业高等教育。国民中学的学生的职业教育的定向就更清晰了。中学第一阶段毕业后，国民中学的学生可以选择进入职业专科学校或接受双元制职业教育，进而进入劳动力市场；他们也可以在国民中学毕业后直接进入职业学院接受职业高等教育。从中不难看出，德国的职业教育体系随时可以吸纳各种生源进入高等职业教育层面，而且各种类型和层级的职业教育培训之间也是四通八达的。

从高职教育实施机构看，德国的很多机构集多种层次和类型的职业教育与一身，从而提高了教育资源的使用率，发挥了规模效益。在莱茵兰-普法尔茨

州的兰道职业培训学院就被称为“全结构型”的学校，学院设有多种教育层次和类型，包括中等和高等的职业教育；学院本身是独立的教学机构，又是社区和多家企业的培训基地；既有全日制的学校教育，也有为满足企业或社区临时需要的短训班等。学校的专业设置多种多样，涉及工程、机械、环保、建筑等许多方面，生源也多种多样，年龄各异，甚至差距很大。

2. 积极谋求与普通高等教育的等值

首先，国家和各州通过法律来确认职业教育与普通教育的等值。德国在1968年创办高技术学校时就明文规定高技术学校的学生可以按照修业时间转入传统高校学习。德国许多州规定，具有中等职业教育资格的学生可以报考大学，承认中等职业教育与普通高中毕业生具有同等的学历和资格，实施双元制职业教育的职业学校的毕业生在某些情况下相当于具有普通高中第一阶段教育学历的学生。

其次，通过给予毕业生资质称号来确定他们在劳动力市场中的地位。普通大学的培养目标是学术型和工程型的人才，毕业生获得“大学文凭工程师”称号，继续学业的学生就可能获得“博士工程师”的称号。高技术学校的毕业生在四年修业完成后可以获得“高技术学校文凭工程师”的称号，同样，职业学院的学生在修业三年期满毕业后可获得“职业技术学院文凭工程师”的称号。

这些称号的获得，有利于更加准确地定位了各类毕业生进入劳动力市场时所处的层次和所从事的工作，这些称号本身就能在某种程度上对毕业生的职业生涯起到很好的引导作用，有利于毕业生就业。

（二）课程改革方案提升了学生的关键能力

技术的发展和工作场域的多元化及迁徙性的要求，对学生的能力结构提出了新的挑战。20世纪70年代初，德国劳动和社会学家梅滕斯在对劳动市场与劳动者的职业适应性进行研究时提出了“关键能力”概念，这一概念最初出现在他所著的《关键能力——现代社会的教育命题》的论文中，并将其看作“进入日益复杂的和不可预测的世界的工具”，是“促进社会变革的一种策略”，在西方社会和教育界引起高度关注。发展至今，德国的职业学院更加注重培养学生的关键能力。这里所指的关键能力与纯粹专门的职业技能和知识没有直接的关系，而是指超越了职业领域，对职业活动的顺利开展起着重要作用的，由专门能力高度抽象而成的能力，是社会能力和处理问题的方法能力的进一步提升。关键能力的培养使学生具有领导者的素质和眼光，更好地融入团队工作，更快地学习新技术，更主动地迎接未来的变化。

德国的职业教育一直以来是以职业需求为导向的，对模块化的引入和融合是职业教育改革的一个里程碑。德国人在反省自己的教育体系时认识到过分标准化带来了负面效应。过分标准化会阻碍体系的灵活发展，使培训呈现一种静态。所以，经过一番论证，德国政府借鉴了以英国为代表的模块化的“国家职业资格标准”，德国新的职业方案将对模块化敞开大门。模块化课程模式的引入能使学生更好地应对职业界定和分工“模糊化”的趋势，使学生的职业技能更适应不同企业的特殊要求，从而使其具备更好的职业迁徙能力，也使得职业教育的行动导向更加明显，使学生知识应用能力的培养得到强化。

（三）双元制的人才培养模式创造共赢局面

在德国的各阶段职业教育发展的过程中，双元制既为学生提供了实践的平台和就业的指南，又使学校与企业建立了紧密的联系，有利于资源的共享，技术的及时更新。在德国，企业提供培训岗位的前提是要经过行业协会的考察，获得权威机构的认可。企业除了要提供培训岗位外，还要为学生提供每个月的生活补助，而且政府并不会因此而减免对企业的税收，因为企业用于双元制职业教育的开支被认为是企业经营成本的一部分。尽管如此，企业还是有利益可得的。首先，学生参与企业的生产活动，降低了企业对劳动力的雇佣成本。其次，学生在实习过程中熟悉了企业的运作流程和企业文化，企业在毕业生中择优录用，毕业生完全可以立即上岗，为企业节约了大量的再培训费用。最后，企业通过这种渠道引入新的人才，而不是通过大规模的社会招聘，这在时间和经济上，都是一个很大的节约。因此，提供双元制的培训岗位事实上可以为企业节约成本，而且企业对培训任务的承担又大大提高了企业的形象和知名度。所以，双元制教育模式在全过程、全方位提高学生的实践能力的同时，实现了各方利益共赢，这也是这种教育模式长盛不衰的根源所在。

四、德国高等职业教育管理经验对我国的启示

我国教育部高等教育司高职高专处处长范唯在《中国高等职业教育现状及发展趋势》一文中提出，1998 ～ 2004 年，我国高等职业教育发展做了两件事：一件事情就是关于人才培养、办学的定位问题，我国走的是一条以服务为宗旨，以就业为导向，产学研结合的发展道路；第二件事就是我国在这一阶段从学校建设、专业建设、课程建设方面进行了有益的探索，进行了大量的教学改革。

这些努力为我国的高等职业教育提供了方向性的指导，随后一批高职高专示范院校的建设又为高等职业教育界的整体形象的树立带来了积极的影响。

尽管如此，我国也应该清醒地认识到，长期以来，我国的高等职业教育由于办学条件的限制，走的是一条依附于普通高等教育的发展道路，高等职业教育往往是由普通高等院校下设的职业学院来完成的，所以我国的高等职业教育有浓重的理论传授和学术研究色彩，而且，借用普通高等教育的教师来进行职业教育，虽然缓解了高等职教育师资力量不足的状况，但是，以学术研究为主线的师资结构特点，从另一个角度而言，必然导致了高等职业教育中实践性的不足甚至缺失。而高等教育是面向生产第一线的高技能人才的教育，要求其教育产品有很强的操作能力和现场解决问题的能力。这就意味着人才培养的偏差。这一偏差带来了一系列严重的问题，首当其冲的就是高等职业教育毕业生的就业率低和就业力弱的问题。这个问题要求各级政府把工作做细，把对高等职业教育的扶持落到实处，加大资金扶持的力度，加强引导政策的可操作性，完善各项相关的法律法规，加强对高等职业教育师资力量和人才培养质量的监控，并通过各种渠道提高社会对于高等职业教育作为一种重要的高等教育类型的认可度，从而促进高等职业教育水平的整体提升。

（一）完善立法，严格执行

政府是一个影响高等职业教育发展的重要因素。其中，职业教育的立法工作是倍受德国政府重视的内容之一。德国政府用法律的力量来保障和规范职业教育健康有序地发展，这是值得我国借鉴的。通过前面的分析可以看出，德国职业教育的立法有很强的系统性。职业教育法律文件既有原则性的规定，又有操作性很强的细化的条文，由此能够在实践中得以具体的贯彻执行。另外，德国对于法律法规及时修订以适应时代发展的需求，使得政策的引导保持一定的前瞻性，也都是值得我国关注的地方。

1. 我国高等职业教育立法有待完善

1985 年，我国颁布了《中共中央关于教育体制改革的决定》，该文件指出，“逐步建立起一个从初级到高级、行业配套、结构合理又能与普通教育相互沟通的职业技术教育体系”。这个重要文件明确了职业教育在我国经济和社会建设中的地位和作用，使我国的职业教育重新恢复了生机。1991 年，我国又颁布了《国务院关于大力发展职业技术教育的决定》，针对 20 世纪 90 年代我国的需要，进一步明确了职业教育的发展目标和任务。1993 年，《中国教育改革和发展纲要》中指出，要“形成全社会兴办多种形式、多层次职业技术教育的局面”。

1996年是我国职业教育发展史上具有里程碑意义的一年，因为在这一年里，第一部《中华人民共和国职业教育法》正式颁布实施，为职业教育的完善和发展提供了法律依据。1999年，我国《中共中央国务院关于深化教育改革，全面推进素质教育的决定》中强调“大力发展高等职业教育”。2005年10月，《国务院关于大力发展职业教育的决定》从九个方面阐述了我国职业教育在新世纪改革和发展的方向。

2010年，《教育部财政部关于实施国家示范性高等职业院校建设计划加快高等职业教育改革与发展的意见》提出了我国实施国家示范性高等职业院校建设的总体目标：通过实施国家示范性高等职业院校建设计划，使这些示范院校在办学实力、教学质量、管理水平、办学效益和辐射能力等方面有较大的提高，特别是在深化教育教学改革、创新人才培养模式、建设高水平兼结合专业教学团队、提高社会服务能力和创建办学特色等方面取得明显进展；发挥示范院校的示范作用，带动高等职业教育加快改革与发展，逐步形成结构合理，功能完善、质量优良的高等职业教育体系，更好地为经济建设和社会发展服务。

这一系列法律法规和政策的出台，逐步推进了我国职业教育体系从中级到高级的建立、发展和完善，对我国高等职业教育的方向性和原则性的问题做出了说明，并通过对百所高等职业教育示范院校的扶持来带动整体的发展，这些为职业教育发展局面的打开和发展的规模化创造了有利条件。而且，通过政府对于示范院校的建设和对高等职业教育质量的强调也可以看出，我国目前的高等职业教育正处于从“求量”到“求质”的转型期。这样的转型对于相关的政策和立法提出了更高的要求。

我国目前对于高等职业教育的法律法规的总体特点是趋向于方向性的指引和原则问题的界定，而且政策的出台要远远多于法律的颁布。法律相对于政策来说，一般具有更强的权威性、严密性、准确性和稳定性。我国的职业教育立法体系并不完善，缺乏系统性，尤其是缺乏一部完备的、纲领性的、针对高等职业教育的法律来规范高等职业教育系统的各个有机的组成部分。对于一些专门性的法律法规，条款的制定也都趋向于目标性，而缺乏具体的实施细则，这为法律的执行造成了困难，而且也不利于对违法行为的责任追究。

2. 我国应推动高职法律的体系化发展

首先，我国应要加大力度建立和完善针对高等职业教育的法律体系。这个体系的构建应该是由宏观到微观、自上而下，互为补充的。中央政府应在宏观上专门对高等职业教育进行立法，对高等职业教育的属性、地位、作用、任务、实施机构和管理部门的权责和奖罚则应以法律的形式确定下来。

其次，我国幅员辽阔，地域性的差异较大，为了更好地发挥高等职业教育对于地方经济和社会发展的促进作用，应该在中央政府专门立法的原则范围内，把部分微观层面的细则性的立法权下放给地方。这样做一方面，可以增强法律的有效性，另一方面，有利于调动地方发展高等教育事业的积极性。

中央政府对于高等职业教育的责任，从立法的角度，还应该体现在对高等职业教育产品质量的统一管理方面。通过法律的形式对高等职业教育产品质量做出量化的规定，在现有培养目标的方向性描述的基础上，以法律形式构建有地区及行业针对性的、可以拷贝的人才标准衡量模式，并吸引高等职业院校以外和行业内的社会相关各方参与评价，真正将毕业导向的高职教育转变为就业导向的高职教育，这对于提高我国高等职业教育的质量将会产生很大的推动作用。

（二）明晰高等职业教育人才培养规格和目标定位

我国对高等职业教育的定位就是要服务于社会，培养社会一线所需要的人才，对学生的定位就是高级技术应用型人才。要实现就业导向的人才培养，实现毕业生的充分就业，把我国的庞大的人口基数转变为人力资源优势，很大程度上需要依赖于高等职业教育的发展。高等职业教育有其自身的特征和发展规律，和普通的高等教育相比，它们在与人才培养相关的各方面都有不同之处。在培养目标上，普通高等教育培养的是研究型人才，而高等职业教育培养的是应用型人才。因此，不同于普通高等教育的以学科为依据的专业设置模式，高等职业教育的专业设置应该强调职业导向，即职业型专业分类，而且为了更好适应职业的实践需求，课程的内容应该注重应用性。这些都是高等职业教育的人才培养不同于传统研究型大学的地方，也是高等职业教育特点的本质所在，其他各级各类职业学校的人才培养目标的规划，只有在这样一个大的指导思想的规范下，才会体现出职业教育的本质特征。

目前，我国对于高等职业教育人才培养目标定位强调的是职业性、应用性及实践性。但对于有职业针对性的人才培养规格的要求，我国缺乏一套操作性强的执行标准，这就部分地导致了高职院校教育和社会需求相脱节的现象，这也必然导致了让人担心的毕业生就业率问题。

高等职业教育人才培养有很鲜明的职业属性，从从事某种职业所需要何种能力结构角度对人才培养目标进行定位和细分，对于高等职业教育的各个参与方有的放矢地培养受教育者的从业能力有重要的导向作用，并使各个参与方能够从不同层面和不同角度对教育成果进行考察，从而能够对教育过程形成比较客观和全面的评价。细化的、具有职业属性的人才培养标准的制定，对于调动多种力量使之投入高等职业教育，也有一定的促进作用。

（三）调动社会相关各方参与高职教育的积极性

第四次全国职业教育工作会议明确了今后我国发展高等职业教育总体的方针是“政府统筹、面向社会、地方为主、依靠企业”。政府对高等职业教育发展所起到的作用主要体现在统筹规划、组织协调指导、检查监督各部门对各项方针政策的执行情况，还有更重要的是提供信息和服务。高等职业教育院校被赋予自主调整科系和专业的权力，这在某种程度上促使了盲目跟风的现象的出现。在短期利益的驱动下，高职院校在对自身能力水平缺乏足够考虑的前提下，跟进社会上比较热的专业，结果会是教学质量下降，难以形成院校的专业特色和品牌，也无从体现对地方经济鲜明的促进作用。这就要求我国的政府提供更多的信息和服务，加强宏观的和有地方性的职业发展预测，引导高等职业教育真正走上发展区域经济的轨道，引导建立具有区域特色的、教育发展和经济发展互为推动力的长效机制。

行业和企业应该成为高等职业教育多元办学格局的重要组成部分。在政府政策和服务的引导下，行业和企业作为理论上的高等职业教育成果的第一受益者，理所应当地要承担起属于自己的那一部分责任。目前我国企业参与高等职业教育的意识薄弱，有些地方虽然已经建立了校企的联系，也由于缺乏机制保障和制度的健全而缺乏稳定性和全面性。由于我国发展自由市场经济的水平还不够高，学校和企业仍是两个相对闭合的独立系统，缺少彼此间的了解和沟通机制，缺乏相互介入、利益共享的保障机制。在这样一种状态下，即使行业协会制定出来一定的人才培养标准，其在高职院校系统内的被认可度，也是需要考察的。所以，在行业、企业必须参与高等职业教育发展的这样一个大前提下，我国有必要探索一些有中国特色的合作途径。

企业参与高等职业教育是为了更多的盈利。企业要赚钱，就像人要呼吸一样。要企业投资高等教育，就一定要涉及投资的回报率问题。教育产品是劳动者，这就意味着，企业投资某个高等职业教育项目，就一定要使这个项目培养的人才为自己带来利润，这是无可厚非的，而一个企业一旦这样做，就意味着它对所投资项目有信心，即对高等职业教育院校有信心。这种信心的建立需要很高的社会成本。例如，现在倡导的订单式培养模式对于企业和高职院校都是有益的，但这个订单怎么下？下给谁？为什么？凭什么？对这一系列问题的回答过程，恰恰是企业用最严苛的眼光审视高职院校的过程。

目前，制约我国高等职业教育发展的因素就是单一的办学模式，以及数量不足的实训基地。一个公认的事实是，企业可以为高等职业院校提供一个良好的实训平台，但是最近一份抽样调查表明，有 36.8% 的企业都希望职业教育院校做到“了解企业需要，有针对性地设计教学内容，培养学生职业技能”；只有 8% 的企业愿意加强校企合作，这表明企业对参与高职院校教学改革还缺乏热情和责任意识。这种现象的造成有多种原因，其中包含历史传统的问题、观念的问题、体制的问题和制度保障等各方面的问题。从政府的角度看，政府应当加快研究制定落实行业和企业参与职业教育的具体制度和办法。在《中华人民共和国职业教育法》中，对此有规定，但该规定仍倾向于目标性的陈述，缺乏法律实施的办法和细则，从而导致了落实情况与理想状态的巨大差距。

支持高等职业教育发展的投资者应优先受益，但是，作为最大的潜在投资者的企业在投入高等职业教育的行为中可能获得的利益和政策性的鼓励，并没有以法律的形式得到保障，这应该是修改完善职业教育法工作中要考虑的非常重要的一项内容。

我国在吸引社会上的个体投资上也存在类似的问题，就是如何使投资者的利益得到保障。与发达资本主义的福利社会不同，我国在社会个体资助办学方面还是非常滞后的，处于吸引民间资本的初级阶段。高等职业教育作为一个产业项目，以具备投资价值和利润空间的朝阳产业的形象出现，对于整个高等职业教育产业的长久的发展是有益处的。高等教育过程即为生产过程，以可拷贝的公司运行模式建立灵活的教育单元，实现各个参与方共同利益最大化，将是一种有益的尝试。在这个模式建立过程中一个核心的要素，就是投资者、创办者所能依赖的稳定的政策和使其利益能够得到保障的切实的法律条文。

所以，政府应当通过细化的立法保障各方利益，从而形成一个有机的利益获得机制，使社会各方各尽所能，各司其职，为社会培养更多优秀的高级技术人才。

（四）充分发挥现有高等教育平台的资源优势

由于历史条件的制约，时至今日，我国的高等职业教育更多地依附于普通高等教育的形态，这从学科导向的教材设计、理论课成绩占绝对主流的成绩报告单、实践课程所占比例的大小中，就很容易看出来。但是，无论如何，普通高等学校毕竟为高等职业教育的发展提供了一个平台，并为初期规模化发展的迅速实现提供了可能。在高等职业教育走内涵化发展道路的今天，我国应该换个视角来挖掘普通高等教育中可以共享的资源。

显性的、最直接的资源利用体现在办学场地设备和师资的共享上，但恰恰是因为这样，高等职业教育慢慢表现出一个致命的缺陷，那就是过分依赖使得高等职业教育的独立性很差，难以形成自己的发展特色，而成为普通高等教育的一个附庸。要想摆脱这种状态，高职院校就要考虑如何利用普通高校的信息资源优势，为自身的特色发展找到合适的教学人才，而不单单依靠高等学校自身的、从事研究型而不是实践性工作的师资。

（五）改革招生考试制度，消除源头的差别歧视

1. 实施针对性的高职院校入学考试

目前我国的高职院校招生考试的模式主要有两种：一种是与普通高考分卷考试，该考试分为文化课考试与技能考试，文化课考试的难度略低于普通高考难度，技能考试方面的要求有所增加，而且考试时间也和普通高考错开，但是仍然采用统一考试的形式；另一种是我国绝大多数高等职业教育院校仍然在使用的用传统高考代替高职院校考试的方式，而且一个不争的事实是，最终进入高职院校的都是考试成绩不太理想的学生。

虽然分卷考试是一个进步，体现出了高等职业教育的独立性、自主性，但是这种方式的使用范围就目前来看还很窄，而且即使是这种范围本身也有一定的局限性。

首先，高职院校的生存之道是本身要具有特色，统一考试的模式可以复制，这是有利的，但是从另一个角度来看，以特色求发展，以培养特色人才为目标的高职院校，真的需要这种模式的复制吗？复制的结果，能选拔出有特长优势或专业素质的人才吗？至于以普通高考成绩作为高职院校的录取标准，显然无法体现高职院校自身的特点。这样就导致了一个普遍的观念的形成，即高职院校是考不上大学的学生去的地方。如此一来，高等职业教育作为和普通高等教育平行的一种高等教育类型的观念，在人们的潜意识里总是割裂开的，使得人

们对高职教育普遍难以认同。

其次，由于考试内容里浓重的普通高考的色彩，高职院校在客观上偏向于对普通高中毕业生的录取，这实际上为对口的中等职业学校毕业生等的升学制造了障碍。从理论上讲，和高等职业教育衔接最紧密的应该是中等职业教育，但是这种招考制度不能体现出他们本应该有的优势。

所以，改革高等职业教育的招生考试方式，从学员的入口处就体现出高等职业教育自身的个性特点和应该有的独立性，把高等职业教育的招生考试从概念到形式上从普通高考中剥离出来，使之不再成为普通高等教育的附庸，对于确立高等职业教育应有的地位是非常重要的。

2. 加强考试针对性的策略分析

在中央政府统筹规划和立法确认的原则范围内，我国可以从以下几个角度践行高职院校入学方式，从而增强职业技术人才能力认定的针对性。

①中央政府应进一步放权给高职院校。各类高职院校应该在政府宏观调控的前提下，享有充分的招生自主权，其中包括对报考人员的报考资格认定方式、考试的方式和录取条件等，以发挥高职院校的主观能动性，选拔真正适合的人才。

②淡化分数，强化技能模块的确认。操作技能的获得始终是高职院校的最本质所在，那么，对于入学学员所具备技能的确认，也应该成为招考中的一个重点，应作为衡量学员能力的标准。毕竟，高等职业教育培养的是具有实践力的高技能人才，所以高职院校应注重学生入学资格的获得。

③政府要尽责，引导民众认识到高等职业教育的地位。政府有责任号召公众选择接受高等职业教育，通过媒体的舆论导向公众宣传高等职业教育的地位和给人们生活带来的实际的好处，通过树立典型的宣传、政策法规的宣传和对就业形式的分析等，让公众切实地感受到职业教育与生活实实在在的联系和给个人职业生涯规划带来的优势，从而形成全社会尊重职业教育的良好氛围。

总之，对于招生考试制度，我国不但要从文本意义上进行改革，赋予高职院校更多的自主权，而且要从操作方式上实现由选拔向能力确认的转变，这样才能拓宽高职院校潜在生源的入学口径，以利于人才培养。另外，我国政府还要尽到宣传的责任，这是招生考试制度改革得以顺利实施的基础。政府引导人们重新认识高等职业教育，给它应有的地位，增加高职院校被主动选择的机会。

第二节　美国功利主义大学课程改革探析

一、美国功利主义大学课程思想的发展历程

19世纪到20世纪中叶期间，美国社会发展迅速，工业化和城市化进程加速，此时的美国处于由农业社会向工业社会的转型时期。在这种社会环境下，人们对实用知识的要求更加迫切，美国大学也紧跟时代步伐而发展，高等教育改革家们的新思想、新主张等纷纷涌现。美国的功利主义大学课程思想正是伴随着美国经济社会的发展和改革家们的努力而形成的，并逐渐在大学课程领域占据中心地位。从其发展轨迹看，功利主义大学课程思想大致经历了萌芽、初步形成与成熟三个阶段。

（一）美国功利主义大学课程思想的萌芽阶段

自1776年独立战争后，新兴的美国的社会氛围发生了很大变化，资本主义因素的萌芽、经济的迅速增长、相当多的社会人口的流动和新兴资产阶级的兴起，使越来越多的人参与到公众事物当中，来自欧洲的众多哲学思想与自然科学恰好与美国人们的思想相吻合，这二者共同影响着美国教育中正在形成的世俗化思想。人们也慢慢认识到教育对国家的发展起着重要的作用。

独立战争胜利后，美国在借鉴德国、英国和法国的经验和做法的同时，也对先前已建立的教育结构不断进行改革，在这种背景下，美国开始出现了倡导实用之风。随之，崇尚功利主义、倡导实用之学的杰出代表人物也出现了，如美国开国元勋富兰克林、华盛顿、杰斐孙等，他们对推动这一时期的教育改革起到了重要的作用。富兰克林崇尚洛克的功利主义，主张学用结合。在他的建议、支持和指导下，一所以注重实用学科教育的学院——费城学院建立了起来，这所学院代表了当时功利主义与启蒙主义的新方向。华盛顿在美国国会的一次演讲中指出：没什么事情是比促进知识和科学发展更应该得到资助的了；无论在什么国家，知识都是增加人民福利的最可靠的基础。杰斐孙提出增加传统学院教育课程科目和扩大课程范围的主张，批判当时人们对自由教育的狭隘理解，认为州立大学不应拘守过时的陈规陋习，而应减少或粉碎古典主义与神学主义的框架，不应再固守陈法，树立新的学风，向科学知识进军。杰斐孙强调大学新概念的中心思想是，知识就是力量，知识就是安全，知识就是幸福。杰斐孙这些主张对后来主张大学课程改革、增加实用学科的改革家产生了积极的深远影响。

在18世纪末、19世纪初，美国高等教育一方面受到法国的影响；另一方面，由于已确立了个人主义价值观，人们急切地追求教育平等，要求得到平等的发展机会，再加上各州新经济政策的实施与工业革命的推行，社会迫切需要一批适合本州政治改革和经济发展的人才，在此种情形下，各州不得不用公款创办高等学校，州立大学应运而生。这也是美国教育本土化的主要表现。州立大学，尤其是医学院、理学院、法学院和一些综合技术学院等专业学院，都非常注重学以致用，注重科学知识与实用知识的教学，注重实用人才的培养，在课程上逐渐冲淡了殖民地时期古典主义和神学主义的色彩。在这些学校中，现代科目内容增多，古典科目比重下降，课程趋于世俗化。而私立学院受形式所迫，也逐渐增置了现代科学教育课程。这些事实足以证明，欧洲模式在18世纪末就已不起作用了。新的美国需要新形式的学校体系来构成和维持新的生活方式。

在这一时期，改变知识价值认识的思想首推富兰克林的功利主义教育主张。富兰克林认为，能为人所理解，能对人产生实际效用的知识最有价值。富兰克林尊重和重视应用科学，对应用科学的热爱超过任何事物，他认为最有价值的知识包含了几乎所有有用的科学知识。富兰克林强调课程内容既需包括人文学科知识，又要包括当代自然科学成果，提倡学生学习实用知识，以及教师采用实验与科学观察的方法进行教学。富兰克林还认为，学海无涯，人生短暂，学生在学习过程中必须学习最实用的知识，同时还应考虑今后打算选择哪些职业。富兰克林的功利主义思想深刻地影响了美国教育的发展前景。

富兰克林的这些主张体现了民主与实用的原则，反映了新兴资产阶级对空虚的古典主义文化的反对，以及渴望拥有实际的知识经验及获取众多实践领域的新知识，以巩固自身在竞争中的社会地位的愿望。其主张在美国教育冲破了欧洲教育传统的束缚，成为一种美国本土特色的教育——功利教育的过程中，起到了桥梁作用。但是，由于当时社会环境的局限性，这些主张不可能与根深蒂固的传统古典课程思想抗衡，在大学课程领域中起不了什么作用，故称18世纪末、19世纪初是美国功利主义大学课程思想的萌芽期。

（二）美国功利主义大学课程思想的初步形成阶段

在多种因素的影响下，美国功利主义大学课程思想初步形成，内部因素是新型大学的建立、斯宾塞等人的功利主义教育理论的影响、詹姆士等人的实用主义的影响、高等教育家们的不懈努力和学生学习实用科目的迫切愿望；外部主要因素是美国资本主义工商业快速发展的需求。在这些因素中，既有理论因素，又有实践因素，它们交织在一起，为功利主义课程思想的形成提供了理论基础与实践基础。

1. 美国功利主义大学课程思想初步形成的理论基础

美国在形成功利主义大学课程思想的过程中，英国生物学家达尔文的进化论、哲学家斯宾塞以及赫胥黎等人的功利主义教育理论为其提供了坚实的理论基础。这些学者倡导实用主义战胜唯心主义的思想，希望研究科学而不是做枯燥无味的推测。

达尔文的《物种起源》一书中的“适者生存，不适者淘汰”观点，把人们从迷信与超自然主义的束缚中解放出来，使人们可以大胆自由地从事新知识领域的研究。受此观点的影响，美国出现了政治上保守的社会达尔文主义，社会达尔文主义学派把该理论应用到社会的历史和制度中，认为各行各业只要能迎合社会需要便能存在，而凡是存在的都有权利生存下去，就学校而言，凡是不能吸引学生和投资的就会失败。

最早反对古典课程论的思想家是英国的斯宾塞，他发表的著名教育论文《什么知识最有价值》中阐明了与传统古典主义教育截然不同的观点：在现代世界，最具有价值的知识是人能用其检验并解决自己问题的知识，这些知识是教师通过科学和科学的方法进行传授的。斯宾塞深受英国的功利主义和达尔文进化论的影响，把学习活动按照它们对社会生存的有用性排列次序，得到了功利主义科目表，其中的数学和自然科学等实用科目占了很大比例。

斯宾塞和赫胥黎强烈抨击传统的古典教育，提倡科学教育，强调科学知识最有价值，倡导制定以科学知识为核心的课程体系。斯宾塞主张重视学校课程的实用性，各学科应与生产、生活及科学技术相关联，反映了当时的科学技术发展同资产阶级政治经济的要求间的关系。赫胥黎认为，当时英国教育理论中表述的“自由教育”实际上等同于古典主义教育，它几乎不存在任何实用价值。但是，赫胥黎不是单纯地倡导科学教育，他认为，成功的教育应当科学教育和人文教育并举。因为他觉得单纯的科学教育与单纯的人文教育一样，会造成理智的扭曲，这体现出了他的教育平衡的观点。

达尔文、斯宾塞和赫青黎的这些主张，直接触及学校教育的核心内容问题，对美国学校课程的变革产生了重大的影响，从而使美国教育具有一个重要特征，对什么知识最有价值做出了新的回答：最有价值的知识是能达到个人知觉目的的最有用的知识。他们使当时的人们认识到：课程首先取决于现实生活的需要，而不是精神目的；通过课程的教学可以促进社会建构和进步。

2. 美国功利主义大学课程思想初步形成的实践基础

在美国南北战争以前具有改革精神的高等教育家们，通过多种途径进行了课程改革探索，以求一步步改造美国高等教育课程体系，进而达到改造美国高等教育性质的目的。具体改革途径：在学院与大学课程中增加科学与实用课程、拓宽课程的范围并采用选修制，等等。这些课程改革探索为南北战争后美国功利主义大学课程思想的形成奠定了实践基础。

南北战争后，由于以哈佛大学校长埃利奥特为代表的一批思想进步的高等教育家的努力推动，强调实用课程的学院改革运动达到了高潮，这极大地冲击了古典课程，主张以选修制为课程制度、以实用和科学知识为大学教育为主要内容的功利主义课程思想在大学课程领域中的指导地位得到承认与稳固。

在课程改革运动的浪潮中，影响最大的杰出代表人物首推哈佛大学校长埃利奥特。随着美国经济社会的发展，社会对教育提出了不同的要求，为了满足社会的需要，高等教育必须建立一个新的课程范型。为了使美国大学能承担起对即将到来的工业化、城市化社会所负有的责任，埃利奥特高举课程改革旗帜，坚决而彻底地推行选修制，并主张在哈佛大学开设“所有课程”。哈佛大学取消了大学四年级的必修课，几乎所有年级都实行自由选课制。埃利奥特极端重视“自立”和个人作用，主张学校教育要紧跟时代步伐，应能反映当时社会的变化，要能满足受教育者本身多方面的需要。

通过坚决实行选修制，开设“所有学科”，埃利奥特缔造了面貌一新的哈佛大学。他的大学课程思想和实践，在很大程度上推动了美国大学的课程改革与发展，在高等教育界和美国社会产生了巨大影响。而针对埃利奥特推行的选修制课程改革，一些大学校长持坚决反对态度，一些大学校长却坚决拥护。坚决反对者思想保守，以时任耶鲁大学校长的波特为代表。他在其就职演说中讲到：“大多数本科生都不成熟，也没有足够的理由使他们有资格去鉴别学习的相对价值，或他们未来职业的特征”。鉴于此，波特认为实行自由选课制是一种急功近利的做法，甚至诋毁埃利奥特及其拥护者是异教徒。坚决拥护者是一些持改革观点的大学校长，如当时的哥伦比亚大学校长巴纳德、芝加哥大学校长哈珀、霍普金斯大学校长吉尔曼等。他们认为，传统学院课程在美国学院成功地安排课程以支持美国新社会的蓝图出现之前，既不能大众化，又不可得到富有成效的结果。吉尔曼认为，大学应该对人类文明发挥重要作用，学生应把先进的知识与研究成果应用到日常生活当中。无论是受到批判，还是受到拥护，埃利奥特主张的课程改革在当时起到了立竿见影之效，具体表现为，哈佛的捐赠基金从200万增至2000万美元，教师人数从60人增至600人。他所倡导的自由选课制可以说是一场革命性的变革，严厉打击了长期以来统治美国高等教育的千篇一律的古典课程，美国本土化大学课程思想——功利主义大学课程思想在大学课程领域占据了一席之地，标志着功利主义大学课程思想的形成。所以说，19世纪与20世纪之交是美国功利主义大学课程思想的初步形成阶段。

（三）美国功利主义大学课程思想的成熟阶段

美国功利主义大学课程思想从开始萌芽到初步形成，然后走向成熟。功利主义大学课程思想在成熟时期的基本主张具体如下。

①在大学课程领域引进和设置实用课程，强调所有学科地位一律平等，以提高实用知识和实用学科在大学课程领域的地位。

服务人群的概念是大学进步概念的核心。美国大学课程思想逐步发展到了一个新的阶段，强调开放，强调民主价值，强调通过教育推动经济和社会进步。美国高等教育理念由精英主义向平等主义转变，不论贫富，高等教育向所有合格的申请者开放。高等学校通过设置实用课程，满足人们学习实用知识与技能的需求，由此，美国高等教育的民主观念开始形成。赠地学院的成立与发展、《莫雷尔法案》的通过标志着高等教育民主化的原则开始在美国确立。现在教育界呼吁的“教育面前人人平等”就是当时美国高等教育民主观念的“化身”。

为了提高实用知识和实用学科在大学课程领域的地位，高等教育改革家们采用了各种方法，做了大量的努力。其中一种重要的方法就是把学术性和实用性课程同时引入新成立的学院中。例如，康奈尔大学有两个学部，一个是艺术、文学和科学部；另一个是特殊科学和技术部。康奈尔大学有5个不同的普通课程计划，还有1个选修课计划。康奈尔大学不仅强调实用知识的学习，还强调所有学科地位一律平等，打破了传统欧洲大学学科等级化的观念。随着社会科技生产的快速发展，实用课程受到了美国人民的大力支持，这样，实用课程在大学课程体系中的地位逐渐得到巩固并提高，所有学科地位一律平等的观念在人们头脑中形成并根深蒂固。

②在大学课程中采用选修制，以巩固并提升实用课程和实用学科的影响力，为实用学科和专业教育的发展开辟道路，逐步削弱古典学科在大学课程体系中所占据的中心地位。选修制最早产生于德国。当时，美国的大学采用选修制，主要是为了引进实用和科学课程来改变美国传统古典学院的课程僵化状态。选修制的真正意义在于可为高等学校提供一种自由的机制，这种机制可以最大限

度地保证学科的自由、学生的自由和教师自身的自由。

二、美国功利主义大学课程思想对我国高等职业教育课程开发的启示

我国高等职业教育的发展历程很短，目前还处于起步阶段。虽然自成立以来，我国各高等职业技术院校以及职业教育专家们在课程开发方面付出了很多时间和精力，但是仍存在有很多不足。课程有待进一步改革与创新，以凸显出高职教育的应用性特色。而美国的功利主义大学课程思想强调知识的实用性，认为能被个人运用于解决实际问题的知识最有价值，这些思想饱含了丰富的实践性与应用性特色。那么，以美国的功利主义大学课程思想为指导，综合美国功利主义大学课程思想的基本主张和我国高等职业教育实际中存在的问题，从中可以得出有关高等职业教育课程开发的些许启示。这些启示可以指引我国高等职业教育在课程开发过程中从哪些方面着手进行改革。

（一）以实践为导向开发课程目标

这一启示源于美国功利主义大学课程思想对“什么知识最有价值”的回答，即“能够用于解决实际问题的知识最有价值”，这一答案中充满了应用性和实践性特色。所以在课程开发的第一个阶段，也是极其关键的阶段——课程目标开发中，也应体现应用性和实践性特色。这里所讲的课程目标是指高等职业院校的某个专业整个课程计划的目标。目前，我国高等职业教育课程存在的一个由来已久、普遍的问题是学问化倾向。这一问题的出现在很大程度上是因为确立的课程目标不明确造成的。以实践导向为前提，高等职业教育的课程目标是培养与提高学生的技术实践能力，原因有两个。一是教育者关于高等职业教育课程目标有两种极端的观点：一种是使学生掌握学术知识；另一种是使学生掌握操作技能。显然这两种观点都非常片面。第一种观点使高等职业教育课程渲染上了学问化的色彩，使之成为普通教育课程的克隆；第二种观点使高职教育课程步入了机械化的歧途，使之与中等职业教育和职业培训相混淆。把技术实践能力作为高等职业教育的课程目标，既有助于高等职业教育课程摆脱传统的学问化倾向，又在纵向层面上清楚地定位了高等职业教育，使高等职业教育的特色凸显出来。二是从技术应用型人才的任务特点来看，技术应用型人才以掌握智慧技能为主。这里所讲的智慧技能是一种综合能力，包括问题解决能力、创造能力、决策能力等，用于指导实际工作任务的完成。根据功利主义课程思想的“实践性”主张，把我国高等职业教育课程目标确立为培养与提高学生的

技术实践能力似乎最贴切，技术实践能力不仅体现了学生正确完成相关职业任务的能力，还体现了高等职业教育的“技术性”特点，进一步规定了高等职业教育的课程目标是培养与提高学生的技术领域的实践能力，而非专业领域的。

（二）课程内容应与社会需求相适应

这一启示同样源于美国功利主义大学课程思想对“什么知识最有价值”的回答，答案中的“实际问题”一词与社会生活息息相关。既然是实际问题，必定源于社会生活，没有离开社会生活而独存的实际问题，也不存在没有实际问题的社会生活。在社会生活的过程中，人们发现实际问题、解决实际问题可以满足社会需求，使人们的社会生活更加美好。职业教育是与社会经济发展联系最紧密的一类教育，课程是职业教育的重要组成部分，课程内容又是课程的主要部分。所以，在国与国之间以经济实力为筹码较量的今天，高等职业教育的课程内容也应紧跟时代步伐，与社会需求相适应，为生产第一线培养出合格的技术应用型人才，从而促进我国社会经济快速发展。

1. 以技术知识为主体，技术实践知识为核心选择课程内容

高等职业教育各门课程应包括哪些内容呢？要解决这一问题，首先得了解功利主义课程思想的基本主张，然后在此基础上，以实践导向的课程目标为指导，结合我国高等职业教育实际，选择合理的、利于学生接受和发展的知识作为高等职业教育课程的内容。通过分析，前面已经确立了我国高等职业教育的课程目标是以技术实践知识为核心传授技术知识，培养和提高学生的技术实践能力。技术实践能力来源于技术知识的传授，尤其是技术实践知识的传授，由此可以确定，技术知识是高等职业教育课程内容的主体，且以技术实践知识为核心。另外，关于“什么知识最有价值”这一问题，功利主义课程学派的观点是“能够用于解决实际问题的知识最有价值”，显然这一观点表明应当选择能够用于解决实际问题的知识作为职业教育的课程内容。将“能够用于解决实际问题的知识”这一句话换到职业活动环境中就是“能够使个体完成工作任务的知识”，在进行具体的工作时，技术员应用的通常是其获得的技术知识。这一结论恰好与课程目标得到的结论一致，从而巩固了技术知识在高等职业教育课程内容中的主体地位。需要注意的是，这里所讲的技术知识包括技术实践知识和技术理论知识两部分，其中技术实践知识是核心部分，技术理论知识也占据重要地位，因为技术理论知识可以促进学生对技术的理解，进而促进可迁移的技术实践能力的形成，这恰好是高等职业教育的课程目标。所以，相关人员在选择专

业课程内容的时候，要注重技术实践知识与技术理论知识的相互衔接与配合。

2. 以工作任务为核心组织课程内容

选择了课程内容后，对课程内容组织的研究就变得刻不容缓，因为“人所具有的知识，是同该知识应以什么顺序、用什么方式加以掌握这一因素紧密相关的。因为所谓知识，不是单纯地获得知识的结果，而是在于活用知识。不经历真正的知识过程而单纯地接受知识，是不能成为生动的知识的”。课程内容的组织模式直接影响知识的获得与实际应用，首先是技术实践知识的组织。因为从上面课程内容的选取来看，课程内容以技术实践知识为核心，而课程内容的选取与课程内容的组织间有着内在的逻辑关系，那么，课程内容的组织应当以工作任务为中心。以工作任务为中心组织的课程内容，加强了知识与具体工作任务之间的联系，能够激发学生的学习兴趣，有利于学生用学到的知识解决实际工作中遇到的问题，从而培养了学生的技术实践能力，尤其是问题解决能力。这恰好体现了功利主义课程思想的“根据现代生活的主要功能来编制课程”“根据学生的兴趣、需要、能力编制课程”等主张。

3. 课程内容应符合学生的职业发展需要

美国功利主义大学课程思想给我国职业教育课程开设的启示之一是，确立的课程目标应符合学生自身发展需要。课程目标是课程开发的核心，因此，以符合学生自身发展需要的课程目标为基准，所选课程内容也必然要符合学生自身发展需要。而高等职业教育是直接与职业挂钩的教育，它培养出来的学生毕业后直接上岗从业。在自身发展的过程中，职业发展不外乎是最重要的部分。从以上分析中可以得出所选课程内容应符合学生的职业发展需要的结论。符合学生职业发展需要的课程内容，一方面充分凸显了功利主义大学课程思想的实用性倾向；另一方面有利于学生在工作岗位上的长远发展，不仅能使学生快速上手，更能使其具有发展后劲，能够在职场中游刃有余运用所学实用知识，具有较强的适应职业的能力。

（三）以实践学习为主要学习方式

目前，大家公认的职业教育课程实施的最大弊端是以课堂为主要教学场所，使得学习与工作相分离，导致学生实际工作能力的缺乏。课堂学习方式是从学生踏入校门以来，职业院校一直沿用的方式，然而这种方式用来学习记忆性、理解性强的知识是很合理的，可用来学习所有课程却会导致物极必反。要传授技术知识，培养学生的技术实践能力，通过课堂教学是不可能实现的。技术实践能力的培养离不开实践活动，学生在实践活动中才能运用技术知识。技术知识以形象思维和动作思维为表征方式，这一性质决定了学生需要在工作实践过程中展开学习。因此，职业院校应当按照实践过程设计学习过程，使学生在实践活动中学习技术知识，这样的学习方式可以被称为实践性学习。当然，这里所讲的实践性学习方式只适用于某些专业课程的学习，其他如普通文化课程和一些专业课程中的学科课程仍需以课堂学习方式为主，职业院校要做到具体问题具体分析。实践性学习把学习与工作实践过程紧密联系起来，与以工作任务为中心编排课程内容相呼应。实践性学习可以使学生有机会立即应用所学的知识，有利于提高学生的学习兴趣和巩固知识，促进默会知识的学习以及技术实践能力的发展。

（四）在实践情境中实施课程

在实践情境中实施课程，可以激发学生的学习兴趣，使其巩固所学的技术知识，提高其技术实践能力。这里所讲的实践情境包括工作情境和学校情境，也就是说实践性学习既可以在工作情境中开展，又可以在学校情境中开展。前者是真实的，是按照工作要求建构的情境，后者是模拟的，是按照教学要求建构的情境。工作情境中的实践性学习是在工作现场进行的，学生主要以见习者或者学徒的身份完全参与到工作实践过程中，通过完成规定的工作任务来巩固所学的技术知识，提高技术实践能力。在工作情境中开展学习，学习和工作是在同一时间、同一地点发生的，确保了学习和工作的整合，以及技术实践知识和技术理论知识的整合。学校情境中的实践性学习是在实验室或者校内实训基地进行的，学校实验室有模拟设备和器材，实训基地则被建造得非常接近真实的工作场所。通过在实验室或实训基地的学习，学生可以了解设备的构造以及掌握操作要领，同时在实践层面上理解操作原理。学校情境中的实践性学习的优势在于可以使学生接受教师的指导，教师和学生可以一起解决某些问题，从而使学生获得在工作现场无法获得的学生经验。

第三节　英国基于现代学徒制的职业教育课程改革剖析

一、英国现代学徒制

英国政府于 1993 年制订了现代学徒制计划。英国现代学徒制实施的最直接的动机是要培养当时严重缺乏的中等技术水平人才，而深层次的动机是使职业教育跨上一个新台阶。

英国的现代学徒制并没有简单地恢复传统学徒制，而是努力使学校与企业合作共同扩展了职业教育新兴领域。它比传统学徒制的内涵更丰富，突破了传统的手工业领域，反映了世界职业教育发展的趋势。

尽管英国的现代学徒制没有一个标准的培训框架，各行业采用由本行业内的国家培训组织根据行业特点及工作性质自行设计的培训框架，但普遍沿循一种基本的运作模式。

（一）适应劳动力市场的培养目标

现代的职业教育不仅要培养掌握高技能的劳动者，而且要培养具有交际能力和团队合作能力等关键能力的劳动者。为此，英国更新了现代学徒制的目标，以保证培养出的劳动者具有足够的技能来适应不断变化的劳动力市场。

由于手工业生产对劳动者的技能要求较高，而对文化知识、理论水平要求偏低，传统学徒制的培养目标是熟练技术工人。随着生产力的发展和科学技术的进步，现代生产的科技含量越来越高，工艺越来越复杂，职业流动性越来越大，英国现代学徒制的培养目标在传统学徒制的基础上有了进一步的发展。英国现代学徒制在发扬传统学徒制技能培训的独特优点的基础上，增加了培养劳动者的科学技术素养、提高劳动者的基础文化素质和基本工作能力的要求。

英国现代学徒制的培养目标从传统学徒制单纯培养熟练技术工人发展到培养理论联系实际的新型劳动者，它的适用领域得到了很大拓展。随着生产力的发展与正规的学校教育的出现，学徒制逐渐演变成一种职业教育培训形式，它主要训练人的熟练操作技艺。为给人们独立地从事经济活动做准备，使每个人最大限度地发展其潜在的才能，职业教育不应只具有过于狭隘的职业性质或使学生只获得一技能。有人批评英国职业教育把产业的需要放在教育和训练的中心位置，并不能真正促进学生的个人发展。基于此，英国政府提出未来英国职业教育的主要目标是使学生有很强的适应性，以适应瞬息万变的时代的要求。在这一总体目标的指导下，英国对职业教育的课程模式也做出了相应调整，使之朝着能力与知识并重的方向发展。

此外，英国传统的学徒制是与手工业生产方式相适应的教育形式。在正式的学校教育产生之前，从语言、绘图、雕刻、复杂的社会交往技能到某一专业领域的知识与技能都可以通过学徒制的方式获得。英国的现代学徒制是英国青年在全日制教育之外获得国家职业资格的重要途径，它的实施范围突破了传统的手工业领域，向许多新兴领域拓展，如卫生与保健、旅游服务、商务管理和信息技术等领域。

（二）多样的课程类型

课程是实现培养目标的媒介，英国现代学徒制的培养理论联系实际的新型劳动者的目标通过其多样性的课程类型的实施得以实现。英国传统学徒制课程受其培养目标限制，主要局限在技能领域。虽然随着生产力的发展，在第二次世界大战之前，英国的学徒制培训就已经引进了脱产培训，但其培训内容主要由雇主与学徒自己协商确定，主观性和随意性强，缺乏系统性，培训质量难以得到保证。英国现代学徒制加大了课程开发的力度，在课程的科学性与实用性方面有了长足的进步，形成了既相互联系又相互独立的课程体系，该课程体系包括以下三个方面的内容。

1. 关键技能课程

关键技能是指一种可迁移的，从事任何职业都必不可少的跨职业的关键性的能力。英国政府于1998年在一份名为《走向成功的资格》的文件中指出："关键技能支持个人职业生涯的转变和过渡。对于那些拥有扎实基础的关键技能，以及有能力更新这些关键技能的人而言，他们在工作中将领先和超越其他人"。关键技能随着社会的发展和时代的变化而变化，不同时期，英国的不同部门对关键技能的内容和操作方式都持有不同的观点。目前，英国工业联盟、教育与就业部、资格与课程署共同认定了6种关键技能：交流、数字运用、信息技术、与人合作、提高自我学习效率和增加绩效以及解决问题的能力。其中，前3种技能属于"主要的"或"硬的"关键技能，它们通常强制性地应用于国家职业资格证书课程中。后3种属于"更广泛的"或"软的"关键技能，它们几乎包含在所有的现代学徒制和国家培训计划中。学徒通过脱产学习而获得关键技能。为了达到培养理论联系实际的新型技术劳动者而不是纯技术劳动者，英国在课程开发上更突出关键技能的培养，并通过多样性的课程类型来实现培养目标。但英国的课程体系相对比较繁杂，相关各方对"关键技能"的培训尚未达成共识，学徒在实际操作中没有把关键技能的培训与具体工作联系起来，从而造成学生在现代学徒制中难以获得关键技能。

2. 英国国家职业资格课程

英国国家职业资格的简称是NVQ。它是一种以国家职业资格标准为导向的职业资格证书制度，它以不同岗位所需要的基本能力为基础，具有相应的行业岗位标准，是为具体职业而制定的资格体系，几乎覆盖了所有职业的各层次标准——从刚工作的新手到高级管理人员。英国根据岗位对能力要求的不同而将所有国家职业资格的标准从低到高划分为5个等级，逐级递进，形成一个从基础到高级的完整职业资格标准体系（见表2–1）。

表2–1　英国现代学徒制各证书间沟通表

NVQ水平	技术标准	程度描述	GNVQ水平	学术证书
5级	专业	专业；中级管理		高等教育学士学位、文凭
4级	高级	高级技术员；中级管理		
3级	熟练	技术员、高级技工、领班	高级	2个GCSE或AS证书
2级	一般	初级技工	中级	4个A–C的GCSE
1级	初步	半熟练工	初级	D–G的GCSE

注：上表中，GNVQ意为英国普通国家职业资格；GCSE意为英国普通中级中学毕业文凭，AS意为英国高中第一年课程考试；A、C、D、G均为考试评分等级。

每个等级规定了与该等级实际工作岗位相应的知识、技能和在实际工作中的责任、权利范围、行为规范要求。英国国家职业资格证书的五级制用以反映不同层次员工的职业能力，同时使这些级别与学历等级相对应。每个等级标准都按工作岗位的职责划分为能力单元，由若干能力单元组成一个等级标准。每个能力单元又划分为若干元素，它具体描述了岗位职责，确定了个人应该能达到的能力和知识水平。每个元素包括适用范围、知识和理解、证据要求和考评指导。要素、单元、等级标准递次组合，形成NVQ课程体系。

完成基础现代学徒制要求获得2级国家职业资格，其具体要求：具有在一定情况下进行大范围内的各种不同工作活动的能力，其中有些是复杂的和非常规的工作活动，个人要负一定的责任，要有独立处理问题的能力，在必要情况下，能与他人协作。完成高级现代学徒制要求获得3级国家职业资格，其具体要求：具有在广泛情况下进行相当范围内各种不同工作活动的能力，其中大多数工作是复杂的和非常规的，个人要负一定的责任并拥有一定的自主权，常需对他人的工作进行管理或指导。NVQ课程主要通过现场教学而得以实施。

3. 技术证书课程

技术证书是一种评价具体的职业知识和理解力的证书。在英国，学习与技能委员会、课程与资格局负责开发相关课程。国家和课程局已经认可在某些领域把高级职业教育证书或职业资格 A 水平（高级普通国家职业资格证书的新名称）作为技术资格的过渡性评价。英国将技术资格将与高等教育的基础学位衔接起来，为完成高级现代学徒制培训的青年开辟了接受高等教育的新路径。而在职业教育系列中实行“双证书”制度，即职业资格证书和学历证书制度，是国际上经济发达国家的通行做法。英国是目前世界上公认的职业资格制度最先进、学历教育与职业教育之间沟通最好的国家之一。

综上所述可知，英国学徒制的课程类型分为关键技能课程、NVQ 课程和技术证书课程。但尽管英国学徒制的课程体系具备多样性，却造成了部分课程内容的重叠，也给评估带来困难。

（三）工读交替和产业负责

英国的现代学徒制是在传统学徒制的基础上，发展为现场教学与学校教育相结合的工读交替的教学模式。这种教学模式的具体做法：整个学徒期为 4 ～ 5 年，学徒第一年脱产到继续教育学院或“产业训练委员会”的训练中心学习；以后的几年培训在企业进行，但学徒可以利用“企业学习口”每周一天或两个半天带薪去学院继续学习；在完成整个学徒期的训练计划并经过严格考核后，可以获得国家职业资格证书。这种现场教学与学校教育相结合的工读交替的教学模式，是在传统的现场教学模式不再适应新的生产方式之后形成的。

产业负责现代学徒制是响应国家经济需要和产业提出的新要求而出现的，产业自主管理成为英国现代学徒制的一大特点。它要求雇主从中发挥主导性作用。尽管它根据本产业的不同需要由产业自主开发，但仍得到了政府在精神上和物质上的大力支持，吸引了那些没有学徒培训传统的行业也进行学徒培训，使更多的产业参与其中。从这个角度来看，现代学徒制反映了政府一方面要增加各行业参加优质培训的青年人数；另一方面给这些行业的代表提供机会以反思他们提供的技术培训。但实施英国现代学徒制比较顺利的行业大部分仍然是那些有学徒培训传统的行业，如工程、汽车工业、建筑和理发行业等。

总之，这种将技术教育与工作现场培训相结合的学徒培训模式，不仅可以帮助青年在现场获得未来的行为准则，也是实现社会化的一条重要途径。现代学徒制还将国家教育体系和劳动力市场整合在一起，构筑起了两者之间的桥梁。

二、英国基于现代学徒制的职业教育课程改革特征分析

与传统的学徒制相比，现代学徒制在培训对象、学制和管理等方面都有所变化，尤其在新的课程体系下有其自身的课程特征。现代学徒制作为一种工作本位的职业培训形式，包括许多具有战略性的培训内容，如关键技能的培训等。它是一种将在职培训与脱产学习结合起来的学徒制课程实施模式，且初步实现了从学校到就业的过渡。

（一）工作本位的职业培训形式

现代学徒制是在改良传统学徒制的基础上产生的。它以综合职业能力培养为中心，其最终目标指向培养富有能力的劳动者、问题解决者和终身学习者，是一种工作本位的职业培训形式。

现代学徒制实行交替式培训和学习，学生一般需用 2/3 的时间在企业接受培训，用约 1/3 的时间在学校学习理论知识。学生需与企业签订一份学徒合同，企业派一名师傅指导和监督学生在工作场所接受生产技能的培训。学生在学徒期间享受学徒工资，企业主和行业共同制定培训内容和培训合同，培训结束后经考试合格后可被授予国家承认的职业资格。这就使得培训与就业有了更密切的联系，学生的就业前景相对明朗，大部分学徒毕业后能被原企业录用。

在现代学徒制的教学中，工作本位的学习情境发挥着十分重要的作用。这种学习环境具有一些确定性的特征，它们以一定的方式影响学习。学习环境不像学校里那样被设置成隔离的、特殊的课堂，而是传统学徒制中由雇主提供的真实的工作场所。学生可以直接看到工作人员的活动并参与不同水平的专业性的目标技能作业。而且他们所参与的活动可以直接生产出真实产品，在这样的活动中，学生能够迅速取得进步，成为独立的、熟练的劳动者。

人们已意识到，在职前或职业培训中，必须给予青年在工作中学习的经验，也就是要加强技术实践知识的学习。这种学习不仅仅是指短暂的实习、参观或在做中学，而且是指一个更为深入的、广泛的工作本位学习，这种学习是与学校本位课程内容紧密结合的。人们认为，如果个体在青少年时期就开始通过工作来增长其知识与技能，那么就能更好地为他们今后在工作环境中的学习做好准备；此外，工作本位学习是一种获取知识与技能的、更为有效的方法。在具体的实践环境中应用理论，有利于学生更好地理解一些抽象的理论。越来越多的教育家承认，如果学生在富有意义的背景中学习知识，就能更好地记忆和运用这些知识。

总之，学生作为学徒是在解决实际问题中，通过持续地观察、练习、尝试、交流、反思、概括、实际应用等方式进行学习的。随着技术的进步，现代学徒的群体参与性增强，并能最终成为真正意义上的从业者或专家。

（二）重视关键技能的培养

英国现代学徒制的课程观为综合职业能力观。该课程观的主要内容为，职业能力在内涵与外延上具有广泛的概念，不再局限于对具体岗位的专门知识与技能的要求，而是多种能力和品质的综合体现。综合职业能力观使现代学徒制的课程重视关键技能的培养。

英国现代学徒制着眼于技术手段、生产模式的变动性和劳动者的职业流动性，要求学生具有收集、整理、使用信息和新技术的能力，以提高其适应性和应变能力。它重视个人品质在职业活动中的作用，把人际交往与共同协作的能力、组织能力、规划能力、独立解决问题的能力、创新能力等作为职业能力的重要组成部分。它强调学习能力的培养，旨在为个人终身学习奠定基础。它重视关键技能的培养，反映了现代化大生产和技术的革命性。技术与工艺的日新月异，使未来生产和工作岗位的未知因素大大增加。过于狭窄的专项技能已无法适应多变且有多方面要求的工作场所和环境，提高学生的职业能力与综合素质已成必然。

英国的现代学徒制强调对关键技能的培养也是由培养目标所决定的。现代学徒制的目的是使学生既适应职业技能的学习，又适应文化课的学习。随着学生作为初学者或新手逐渐从该群体的边缘向中心移动，随着他们的参与性增强，他们会变得比较积极，更多地接触到群体中的文化，并由此逐渐转进入熟手或专家的角色。现代学徒制强调技术和数字通信等方面的关键能力的培养，注重现场学习经验和课堂经验在实际生产情景中的有效结合。它促进了培训内容和实践方面的变革，提高了一般技能训练和培训的标准化程度。关键技能的学习无疑会提高学徒的培养质量。这对培养具有高技能、适应性强的工人，以使其适应英国经济发展的需要具有重要的意义。

（三）实现从学校到工作场所的过渡

研究表明，青年失业率高低与其教育体系中学生从学校到工作场所的过渡过程密切相关。例如，雇主经常抱怨从高中毕业生中招来的雇员的数学、英语等基本水平很差，而且缺乏良好的工作习惯、基本的职业态度和成熟度。这一过渡问题表明学校文化与工作场所文化是截然不同的，以及青年人文化与成年人文化也是显著不同的。当过渡问题出现的时候，自然就会有相当多的困难出现。

为促进学生实现从学校到工作场所的过渡，英国现代学徒制按照新的职业能力的要求，创建、组织并实施了新的教学模式：以专项能力的培养展开教学，以综合能力的形成为结束标志；能力的培养既是教学目标，又是评估的依据和标准。一种将在职培训与脱产学习结合起来的学徒制课程实施模式应运而生，从学校到就业的过渡通过规范的现代学徒制得以实现。在这种模式里，青年人可以既是职业学校里的学生，同时又是企业里培训岗位上的雇员。

纵观 20 世纪 70 年代中期的学生从学校到工作场所的过渡可以看出，这一过渡把就业青年和未就业青年分开了。正是在这些背景下，英国开始寻求变革。现代学徒制的建立，改善了中级技术工人（即达到 NVQ3 级水平的工人）的供给状况，有利于促进学生从学校向工作场所的过渡，增加青年就业的机会，缓解社会压力。现代学徒制的目的是通过统一的职业教育培训体系为青年人提供除学术道路以外的发展道路；并且逐步建立全国统一认可的中高级水平资格证书制度，改善中高级水平技术工人的供给状况。

德国不来梅大学的罗赫夫认为，青年人从学校过渡到工作场所须经过两个门槛，第一个门槛是从学校学习到职业培训，第二个门槛是从职业培训到工作。英国现代学徒制的培训阶段中，第一和第二门槛都较低，向就业体系的过渡较为平缓，因为青年人是从学生的身份逐渐转变为技术工人的身份的。教育体系与就业体系以供求导向的方式相互联系，有利于青年人从学校到工作场所的顺利过渡，从而降低了失业率。由此，现代学徒制成为教育与就业之间的桥梁。

（四）纳入职业资格证书制度

在英国现代学徒制中，获得普通国家职业资格证书是英国在职业教育中培养关键能力的主要途径。以国家职业标准为导向，突出实际操作能力，以实际工作表现为考评依据的英国的国家职业资格证书制度，是由 73 个工业界领导机构同意的职业能力标准体系。

将职业资格证书制度纳入现代学徒制可以大大提高青年学生学习的积极性。具备完善的职业资格证书制度是高效地、准确地完成教学评估的前提。NVQ 的每个等级规定了实际工作中该等级所必需的知识和能力，以及在工作中必须履行和具备的责任及能力。学历证书和资格证书之间可以实现相互对应、相互交叉转移。各级资格证书的培训有基本的学历要求，获得证书的人可进入对应的学校接受学历教育。

由于经济等各方面的发展和雇主对员工能力的新需求，英国的职业资格体系在2000年进行了改革，其中有关职业资格的改革包括：将高级的普通国家职业资格改名为职业高级水平，它与学术A级水平相一致。新的考试将采用严格的规则。英国采取了多种措施将学术学习与职业学习整合在一起，使更多的关键技能融合于职业资格体系中。

英国教育与技能部的《21世纪的学徒制》报告中提出建立新的21世纪学徒制计划。该计划的主要构想是让新的学徒制满足年龄从14岁开始直至成年的所有人的教育需要。而要参与这一计划的人必须完成新的青少年学徒制任务、获得普通中等教育证书或者有过工作经历。它是一个自下而上完整的学徒制体系。这一体系有利于开展学徒制，学徒可以通过一种团体联合的系统发展方式，获得从雇主那无法获取的经验和能力。

可以说，英国的现代学徒制构筑起中等后教育、劳动力市场与高等教育之间的立交桥，使职业教育与普通教育的等值变为可能，使青年人可以在横向和纵向上更加自由地选择其未来的发展道路。

三、基于现代学徒制的职业教育课程改革对我国职业教育课程改革的启示

我国职业教育重理论轻实践的现实导致了学校职业教育与产业界、劳动力市场的严重脱节，导致学校培养的学生与经济需要的劳动者严重错位。所以如何对待职业教育中理论与实践的关系，帮助学生顺利从学校过渡到工作环境，是我国职业教育改革的难题。另外，我国自加入世界贸易组织之后不可避免地受到经济全球化的影响，经济和社会的发展都急切地要求教育部门能够迅速提供大量的创新型、应用型、技术型人才。要培养这类人才，提高我国劳动者的职业能力和职业素质以应对激烈的国际竞争，必须改革我国职业教育学科本位的传统模式。虽然中英两国文化背景、社会政治制度不同，但我国职业教育面临的改革背景与难题与英国有着一定的相似之处。因此，英国所进行的现代学徒制改革，值得我国认真学习和借鉴。

（一）工作过程导向的课程观

职业教育课程观是人们对于职业教育课程的基本观点或一般看法，它是职业教育课程改革的重要内容。尽管英国传统的学徒制作为一种职业教育制度已

经处于崩溃状态，但是它作为一种学习形式，即现代学徒制仍然受到人们的重视，其本质便是工作过程学习。

而在我国，职业学校的课程曾明显偏向于理论知识，课程计划中充满了各种“学”，甚至许多明显偏重实用的课程也被冠以“某某学”，这一状况遭到了学者们的普遍批评。尽管许多职业学校进行了一些改革，但仍然在“以技能为中心”和“以理论为中心”两者之间徘徊。通过分析英国现代学徒制可以得出，产生这种现象的首要原因是职业教育课程观模糊不清。

随着现代企业制度的发展，企业的管理模式呈现扁平式的发展趋势，许多过去由中层管理者承担的任务逐渐成为技术工人的业务。在这种形势下，我国必须提倡工作过程导向的课程观。与传统的职业教育不同，工作过程导向的课程观确立了全新的教学指导思想，从传统的培养学生的适应能力转变为培养学生参与工作过程的能力。教育作为发展独立的自我意识和自我负责的个性的前提条件，其目标和内容相互影响同时又独立于劳动和技术。这也正是素质教育在职业教育里的体现。和英国的情况类似，我国传统的职业教育课程也比较注重学科的完整性，课程内容与产业界对职业能力要求之间的相关性低。而且有关研究发现，学生的在校成绩与他们日后的工作成就之间没有太高的相关性。要加强学生职业能力的训练，职业教育的课程模式必须由学科本位转向工作本位。职业教育的主要任务是将学生引入工作系统，而非知识系统。既然这样，那么相关人员就要根据工作任务的需要选择职业教育课程的理论知识。而且人们不能简单地把实践等同于动作，或者把理论等同于学问。现代职业教育课程应从“技能中心”和“理论中心”的徘徊中摆脱出来，发展学生的“实践思维”。

工作过程导向的课程强调学生获取自我建构的隐性知识和缄默知识为主，并在由实践构成的以过程逻辑为中心的行动体系中实现。课程不再以学生对于静态的学科体系的线性理论知识的复制与再现为主，而更多地着眼于学生对于动态的行动体系的隐性知识的生成与构建。学生由此获得的工作过程知识，不仅包括理论知识和实践技能两个部分，而且包括具体的知识及其所承载的价值观。其排序的方式已发生了变化，这是一种适合形象思维为主学生的知识传授的课程。

（二）培养目标应以综合职业能力为本

在英国的传统学徒制中，学徒只获得了本企业某固定工作岗位所需的技能。虽然传统学徒制为该企业提供了熟练技术工人，但却限制了他们的职业流动和职业更替。这种培训形式培养出来的技术工人仅仅是操作的机器，缺乏问题解决能力及与人沟通和合作的能力。为此，“综合能力本位”的职业培训与教育日益受到人们的重视。英国的现代学徒制体现了“综合能力本位”培训的思想，在能力培养的内容上，注重提高学生运用知识和解决问题的能力以及思想交流、组织、信息运用、团队协作等关键技能。英国现代学徒制的培训目标在实施过程中，在制定和实现之间存在偏差的问题也值得有关学者深思。

培养目标是一种教育形式区别于另一种教育形式的本质特征。职业教育的培养目标决定了职业教育区别于其他教育类型而独有的职业性、社会性和实践性的特点，也决定了职业教育是一种以综合职业能力培养为主要特征的教育。

为满足高技术人才的需求，学生所需要的不仅仅是职业技能，还需要知识以及在职业技能和知识的基础上形成的综合职业能力。正如英国现代学徒制提倡的一样，综合职业能力中的“能力”是劳动者知识、技能和态度等素质要素的综合，是将一般素质与一定的职业活动或工作情景联系起来的一种广义的概念。综合职业能力应具有复合性、职业性、拓展性的特征。它包括技术实践能力和职业关键能力。

随着工业时代逐渐向信息时代转变，学生综合职业能力的培养已引起世界各国的高度重视。“知识经济”“终身学习”“可持续发展”等现代教育理念愈发关注人的个性发展和综合素质的养成。从当前世界职业教育发展的趋势来看，我国也应重视学生综合职业能力的培养。

（三）课程内容应以任务为中心

英国现代学徒制的课程体系是突破了传统学术本位的局限而推崇工作能力本位的综合性课程，是经济和工业发展对职业教育和培训提出现实要求的产物，其目标是让学生理解工作世界的结构与要求，同时为学生成为能够促进经济和工业发展的富有创造性的劳动者做好充分准备。英国现代学徒制的工作本位职业培训大多以工作项目为基础，在很大程度上采用的是工商业中常用的问题解决训练。在对个体与当前相关的已有知识、经验进行认证的前提下，训练的组织者往往根据某一具体的项目或岗位进行有针对性的训练。英国现代学徒制的关键技能课程、NVQ 课程及技术证书课程都强调“做中学”。一个人要学习某种职业知识和技能，可以根据自身现有工作实际情况，设计若干改善实际工作的项目；然后在考评员的亲自指导下，按照国家职业资格标准来实施这些项目。当项目完成后，职业技能和知识的学习过程也就完成了。

英国的实践证明：职业教育课程应当为理论学习和实践培训提供一个共同的基础，即应当是一个理论与实践教学一体化的课程。我国职业教育课程内容中实践教学与理论教学通常还是分开的，很难实现两个学习场所的一体化学习。

通过对英国现代学徒制的分析可以得出：在选择和组织课程的内容时，应紧密围绕经典的职业活动，有目的地将专业知识的内容根据心理认识规律，按照工作过程的逻辑展开，这将使课程内容更加实用也更具有职业教育的特色，学生对于知识和技能的掌握也更加扎实。职业的专业性必须在课程的学习内容上反映出来，从而保证学生的职业能力发展。其起点是确定典型工作项目，对典型工作项目进行分析，在此基础上表述与职业相关的学习范围，进而确定职业教育课程内容。职业教育课程是一个“工作”与“学习”一体化的综合发展过程。“工”与“学”的结合是职业教育课程的重要本质属性。这里的工作不再是一个抽象的概念，而是通过一个个具体的工作任务反映出来的工作对象、内容和要求的统一体。因此“工”“学”结合课程的核心载体是工作任务。

工作不同于劳动，工作过程都是在特定的职业载体中进行的。人们在工作中会涉及“一系列成为模式的与特殊工作经验有关的人群关系”，不仅包括不同个体之间的人群关系，而且包括不同职业之间的人群关系。这就是说，工作过程首先是一个社会过程。在课程内容制定的具体过程中，我国可以吸取英国现代学徒制的思想，以职业能力标准为依据，以工作项目即典型的工作任务为基础，根据企业和学校的教育目标及工作任务来确定课程内容。对诸如沟通能力、问题解决能力、与人合作能力等关键技能的培养提出要求，不仅能使得职业学校的学生获得工作世界所需的职业能力，还能帮助他们更好地学会学习、学会生活，适应快速变化的现代生活。这不仅意味着个体要具备团队合作、遵守工作纪律等意识，还意味着他必须具备所处的工作组织中多数成员所具备的价值观念和文化知识。

以职业情境中的实际任务为中心来组织课程内容的具体做法：根据工作任务中的知识的组织方式编排职业教育课程内容，以便让学生在学习这些课程的同时，获得工作中有关课程知识的组织结构，包括技术理论知识和技术实践知识的组织。这些知识按照完成“工作任务”的需求被组织，个体通过完成工作任务的过程来学习相关知识，使学与做融为一体。技术实践知识是学习的核心，此外，为了促进学生对实践过程的理解、促进其实践能力的迁移以及其创造性实践能力的形成，有关人员需根据实践的需要选择部分理论知识。

总之，职业教育课程要以工作任务为中心来组织课程内容，要把“做中学”作为主要学习方式。

（四）职业培训应以校企合作为实施模式

虽然英国在实施现代学徒制中存在着政府和企业权责不明等问题，但总体来说，它是一种比较成功的校企合作模式，其成功经验和失败教训是值得我国借鉴的。

英国的现代学徒制实现了工作本位的职业培训。学生在这样的职业培训形式中，可以直接参与真实产品的生产过程，迅速取得进步，最终成为独立的、熟练的劳动者。我国的职业教育要以培养学生的综合职业能力为目标，以典型的工作任务为课程内容，就必须要有相应的以工作过程为中心的教学模式。这就要求职业教育的教学过程尽可能与工作要过程相一致，因而这一要求将迫使学生按照工作过程展开学习过程。学生在一种完整的、综合的行动中进行思考和学习，不论要解决的问题的大小和复杂程度如何，都要完成确定工作任务、制订计划、实施和评估反馈的工作。在这个过程中，学生实现了由“见习者”到“学徒”到“创造者”的过渡。

严格地说，英国的职业教育是依附于经济的，这是它的职业教育课程与教学结构化程度没有形成体系的主要原因。所以“市场化”并非我国职业教育发展政策的明智选择，只有加强政府对职业教育的宏观引导及技术支持，才有可能建构现代职业教育体系。在英国现代学徒制的教学中，真实的生产情境发挥着十分重要的作用。我国学校可以通过多种形式的、以工作过程为中心的实践活动充分了解企业制度、企业管理、企业文化、企业价值观、企业运营流程、企业对毕业生能力素质的要求等，从而结合专业实施真实的实际训练。在真实或模拟或二者结合的环境中，专业教学内容不再是简化的学科理论知识，而是以职业形式存在的、技术人员的专业工作内容，是产生于劳动实践的“能工巧匠”的知识和技能，是学生在下意识状态下积累的与实践紧密相连的知识。

职业教育是一种具有经济性质、企业性质的教育形式，没有企业的参与将是一种不成功的职业教育。而学校与企业的合作教育是一种组织学习的方式，同时也是一种把教育和地区经济发展联系起来的方式。它以确保全体学生都学有所得为目的；它基于这样一种信念的教学策略，即学生把学到的知识应用到现实的生活和工作情境的过程是教育最见成效的时候；它也是一个终身教育的过程。

英国的现代学徒制还表明了学生的参与性是最重要的。在以工作过程为中心的教学中，教师担当的角色发生了重大的改变。以工作过程为中心的教学注重学生的应用能力，重视的是学生学习的主动性，重视的是学生主动探索、创造性和积极性等。无论是教师还是用人单位都应当把就业看成有潜在意义的学习体验，并且要保证工作与课程有着直接的意义联系。

通过总结英国现代学徒制的优缺点、结合我国职业教育发展现状可知，最恰当的教育方法就是通过校企合作实现教学。从学校方面来说，校企合作可及时反馈社会需求，学生只有在或真实或模拟或二者相结合的工作环境里才能体验工作过程，教师才能对其实行真正的以工作过程导向的教学原则，实现其多元化的角色扮演，从而提高学生综合职业能力；从企业方面来说，校企合作可借用学校教学力量，提高企业职工的教育层次，促进科技成果向现代生产力转变。校企合作不仅是职业学校特色培养的需要，而且是培养学生综合的职业能力的需要。当然，双赢的结果能真正调动学校与企业的合作的积极性。

（五）评价应注重课程与证书融通以及反馈的过程化

评价不可避免地具有导向功能，所以评价方式会对课程模式和实施模式具有导向作用。目前我国使用最多的评价方式是纸笔测验。仅仅借助语言或逻辑智力这一“标尺”衡量学生，其结果是不科学的。职业学校的教学目标和教学对象有本身的特殊性，因此，职业院校应建立具有职业教育特点的课程评估方式。

通过详细分析英国的现代学徒制可以看出，英国具有规范的、标准的职业资格证书体系。英国对于现代学徒制的践行证明了统一的能力标准的制定不仅可以提高教学的质量，还利于更加有效地进行评估，这在一定程度上也保证了培训的规范性。构建职业资格证书和文凭证书“双证”沟通的有效管理模式和运行机制，是一条成功的职业教育道路。“双证”制度的推行表明了职业学校的评估重点是技能评估，这有利于就业导向落到实处，促使了职业学校提高质量。真正实现职业资格证书和技术等级证书之间的必然联系，进一步健全职业资格证书体系和建立国家统一标准是非常有必要的。

另外，结合职业教育的特性，在课程的评价过程中要实现评价反馈的过程化。这主要因为既然实现了做中学，就要在做中考，强调对学习过程的分析、思考和反馈。课程评价标准具有多元性，行动的过程和结果具有开放性。分析和反馈的结果可以帮助学校提高教学质量。直接用能展现学生某种智力潜能的方式来测量学生的智力，可以避免因“标尺问题”埋没了学生其他能力的潜能，从而影响评价的真实性和准确性的状况出现。只有将理论考核结果与操作考核结果有机结合起来的评价才是公正合理的。在考核的内容上，考核人员要从重视考核学生知道什么转向考核学生能做什么。使学生获得技能和工作经验是职业学校教学的最终目标。此外，在工作过程中，学生还可以自我评估，自己检查所完成的任务是否与工作任务的要求吻合。这有助于调动学生的内在动机，促进个体养成良好的反思与总结的习惯。

英国现代学徒制存在评估困难和复杂的问题。这在很大程度上是由于考试、行业评估、学生自主评估等多种评估方式同时存在以及课程的多样性造成的。在这里，笔者对我国的中等职业教育课程评价问题也仅限于探索性的讨论，还需进行更深一步的研究。

综上所述，笔者对英国现代学徒制的产生背景、发展历程、课程模式、运行模式等进行了系统的梳理，并将之与我国职业教育课程改革进行了对比分析，从中可以得出这样的启示：职业教育课程应采用以综合能力为本的培养目标、以任务为中心的课程模式、校企合作的实施模式、注重课程与证书融通及过程化的课程评价方式等。从英国现代学徒制中得出其对我国职业教育课程改革的启示是一项十分重要的研究工作，笔者对于课程目标、课程内容、实施模式、课程评价等内容的研究仅限于宏观的描述和结论性观点的陈述，还需要相关学者今后深入实际继续探索。

第三章　基于服务领域的职业教育课程改革基本走势

第一节　实现烹饪职业教育课程专业化改革

一、我国职业中学课程建设的模式

关于我国职业中学的化学课程建设，不少学者和机构都进行了大量的研究。目前我国职业教育课程建设主要有两种模式。

（一）“宽基础，活模块”的课程模式

蒋乃平在《职教论坛》中提出了“宽基础，活模块”的课程模式，它以全面素质与综合职业能力的培养为核心，把岗位技能训练作为特色，既强调集合相关职业通用知识与技能，又重视选择一个特定职业所必备的知识与技能。“宽基础”是对人才培养的知识结构方面的要求，强调人才培养的知识基础的全面性。“宽基础”是指所学内容并不针对某一特定工种，而是集合了一个职业群乃至几个相关职业群所必备的知识和技能，着眼于学生的发展“后劲”，注重奠定继续学习和在一群相关职业中转岗、晋升的基础，强调通用技能训练。它对全面推进素质教育，使教师树立以能力为本位的新教育观念，增强学生的发展后劲具有极大的作用。“活模块”吸取了国外多种课程模式的优点以及我国以学科为中心的单科分段式课程模式的长处，形成了符合教育内在规律、市场经济对人才的需求、学生个性发展的职业教育课程模式。“活模块”由若干个对应某职业的“大模块”构成，“大模块”又由一组对应一组技能或能力的“小模块”组成，所学内容是针对某一特定工种所必备的知识和技能，着眼于学生就业竞争力的形成，注重学生上岗能力的训练，强调内容的及时更新。“宽基础、活模块”课程模式适合弹性学制和学分制管理。由于职业教育专业的多样性、地方性，不但需要由国家课程、地方课程、学校课程组成的多种多样的专业教

学方案，而且需要相关人员根据社会经济发展不断进行课程开发，及时编制反映新知识、新技术、新工艺、新方法的课程与教材。

（二）课程综合化模式

作为一种课程改革的世界性潮流，综合理科、综合社会科等综合化课程已经在许多国家的学校中逐步开设起来。综合化课程在反映社会、知识、学生三大制约因素的要求及相互关系方面具有分科课程无法取代的优势。在这三大制约因素之间，课程综合是协调三者关系的一种重要方法。现代学校教育的根本目标在于促进学生个性的全面发展，这种发展是综合性的，它有助于学生更快地适应综合化的社会环境和社会生活，为改造社会发挥作用。反之，社会的发展也客观要求其建设者具有综合性的知识和能力，而把社会和学生协调统一在一起的是从社会中提炼出来并让学生系统学习的课程知识。这些知识必须具有一定的综合性，才能真正发挥自己的桥梁作用，才能使社会发展与学生发展相互促进。

二、烹饪专业化学课程建设的基本理念

烹饪专业化学课程建设不仅要使学生形成自主学习意识和对学习产生浓厚，而且要使全体教师都能积极地投入课程改革中。下面是职业中学烹饪专业化学课程建设的具体理念。

①面向职业中学烹饪专业的学生，立足于社会发展及学生学习烹饪专业知识的需要，着眼于提高烹饪专业学生的科学文化基本素质，探索以“宽基础、活模块”为基本特点的课程结构模型，构建职业中学烹饪专业化学课程目标体系。

②结合烹饪专业特色及化学科学发展的趋势，从学生已有的经验和将要学习的烹饪专业实际出发，设置多样化的烹饪专业化学课程模块，努力开发课程资源，拓展学生选择的空间，注重课程的实用性、针对性，帮助学生认识化学与烹饪专业的密切关系，关注烹饪专业知识与化学相关的问题，培养学生的参与意识和决策能力。

③通过以烹饪专业的化学实验、资料收集整理、讨论总结等多种探究活动，使学生体验科学探究的过程，激发学生学习烹饪专业化学的兴趣，促进学生学习方式的转变，培养学生的创新精神和实践能力。

④积极倡导学生自我评价、活动表现评价等多种评价方式，关注学生个性的发展，激发学生主动学习的态度，使其养成自主学习的习惯和能力，激励每

一个学生走向成功。

⑤为烹饪专业的化学教师创造性地进行课程研究和教学提供更多的机会，在烹饪专业化学课程建设研究的实践中引导教师不断反思，促进教师的专业发展。

三、烹饪专业化学课程设计思路及结构

（一）设计思路

职业中学烹饪专业化学课程是学生学习专业课的基础，学生将合理利用所学的机理和原理来指导烹饪，为烹饪技术的创新与发展提供必要的技术、理论支撑。根据烹饪专业化学课程的深度和广度，该课程可分为必修课程、选修课程。选修课的开设主要基于学生的兴趣与需要，多数选修课会占用校本课程时间，目的是使课程具有多样性和选择性，这样可适应不同水平、不同发展方向的学生的不同情况和要求，有助于因材施教，使学生素质整体提高。

（二）课程结构

职业中学烹饪专业化学课程由若干模块构成，分为必修课程、选修课程，职业中学烹饪专业化学必修课程的主要目的是让烹饪专业的学生认识常见的化学物质，学习重要的化学概念，形成基本的化学观念及一定的科学探究能力，认识化学对人类生活、社会发展及烹饪的重要作用及其相互影响，进一步提高烹饪专业学生的科学文化素质。职业中学烹饪专业化学选修课程的目的是使学生知道烹饪中所涉及的基本的化学反应及变化，知道食品中的物质对人体健康的影响、食品的色香味原理及具体应用，了解日常生活中常见物质的性质，探讨生活中常见的化学现象，了解烹饪与人体健康的关系，培养学生的社会责任感和创新精神，使其体会化学对提高生活质量的积极作用，以及提高其运用化学知识解决有关问题的能力。

四、烹饪专业化学课程目标

职业高中烹饪专业化学课程在九年义务教育基础上，以提高烹饪专业学生的科学文化素养为宗旨，可以激发学生学习烹饪专业化学的兴趣，帮助学生掌握与烹饪有关的化学知识、技能和方法，为其后续专业课奠定理论基础，引导学生从化学角度观察分析菜肴在烹饪过程中色、香、味的变化规律，提高学生独立分析和解决实际问题的能力。其目标包括以下四个。

（一）知识性目标

①了解化学科学发展的主要线索，掌握化学基础知识和基本理论，认识化学现象的本质，理解化学变化的基本规律，获得有关化学实验的基础知识，形成有关化学科学的基本观念。

②掌握各类化合物的理化性质、分类，以及与食品、烹饪有关的知识，理解烹饪原料中主要化学成分的重要性与作用，了解烹饪中色、香、味的化学组成及其在加工中的变化。

③重视化学与烹饪专业、实际生活的联系，能综合运用有关的知识分析解决一些生活和专业等方面的化学问题。

（二）技能性目标

①学会独立或合作进行化学实验、化学资料调查，掌握阅读、分析、运用化学知识的基本技能。

②获得有关烹饪专业化学实验的基本操作技能，能够运用所学的化学知识去解释或解决烹饪中的所遇到的化学问题，培养学生的创新精神和实验动手能力。

③了解日常生活及烹饪专业中的主要化学问题和解决途径，学会把化学技能运用在生活与烹饪操作中。

（三）方法性目标

①使学生经历对化学物质及其变化进行实验探究的过程，了解化学物质在烹饪中色、香、味的变化过程，从而学习实验探究的方法，提高探究及动手能力。

②培养学生的问题意识，善于发现和提出有价值的化学问题，善于将化学问题与烹饪专业知识问题联系起来，既能独立思考，又能积极与他人合作，培养勇于探索创新的精神。

③学会运用观察、实验、查阅资料等多种手段获取信息，并运用比较、分类、归纳、概括等方法对信息进行加工，提高学生自学能力。

（四）情感目标

①培养并提高学生学习烹饪专业化学的兴趣，使学生体验实验的艰难与成功，养成动手实践并与专业联系起来的习惯。

②激发学生参与化学科技活动的热情，使学生了解化学知识及其相应技术与人类生活的密切关系，关注社会生活中的化学问题，树立辩证唯物主义的世界观。

③使学生了解化学与烹饪前沿发展情况及我国的成就，加深对祖国的热爱，培养对烹饪专业化学科学的兴趣，提高科学素养。

五、职业中学烹饪专业化学课程内容的确定

（一）职业中学烹饪专业化课程内容确定的依据

1. 课程观

化学课程模式与课程观有着密切关系，随着新课程的实施，在课程教学中，教师不再仅仅是知识的“传授者”，而更多的是学生学习的辅助者、促进者和合作者。学生不再仅仅是知识的被动“接受者”，而更多的是知识的自主建构者。职业中学烹饪专业化学课程的目的就是要培养学生的创新精神和实践能力，这就需要为学生提供一种轻松自如、自由平等的教育环境，教师和学生可以自由对话。从学生角度出发，烹饪专业化学课程内容确定的课程观采用新课程改革的课程观，即课程就是对话的经验。教师和学生应通过对话的方式积累经验。教师应尊重每位学生的思想、观点和建议，并不断反思自身的教学方法和策略，提高教学水平，学生应能够自由地提出对教育内容的想法，不断地修正自己的思想、观点和建议，只有这样的环境，才能有效地培养职业学生的独立创新精神和实践操作能力。

2. 心理学基础

职业教育课程的主要任务是提高学生的职业能力，为学生就业做准备。职业学校的学生在学习风格、入学成绩等方面与普通学校学生有很大差别，所以在烹饪专业化学课程建设中，相关人员必须考虑到职业教育自身的特点和学生的生理、心理特点以及他们的认知过程和学习迁移的规律，采用“多层次”“多模块”安排课程的方式，使课程建设的内容能促进学生的学习活动产生有效的正迁移，使学生对学到的知识能够做到举一反三、融会贯通。

另外，作为与生产、生活结合最紧密的职业教育，职业教育课程的主要任务是提高学生的职业能力，所以我国要根据未来的发展变化不断地修订课程，才能增强学生在未来就业中的竞争力。且 2005 年国务院颁发《国务院关于大力发展职业教育的决定》也为职业教育课程改革指明了“以就业为导向”的方向。

（二）职业中学烹饪专业化学课程内容确定的原则

中等职业学校课程是贯彻国家教育方针，落实培养目标，实现为社会主义

经济和社会发展服务的基础。在职业教育课程改革中，烹饪专业化学课程的改革起步较晚，烹饪专业化学是于1983年才出现的。1983年4月9日，《光明日报》刊载了题为《江苏商专招收烹饪大学生》的新闻报道，介绍了当年教育部批准试行的3年制烹饪大专班的课程设置，其中的化学课程为食品生物化学。后来，商业部教育司统一组织编写了《烹饪基础化学》和《烹饪化学》，但是这两本教材系统性不强。2000年，季鸿昆教授编写了适合高等职业学校烹饪专业的教材——《烹饪化学》。但是这些教材都不能适用于中等职业学校。2005年11月，黄刚平编著了全国烹饪专业系列教材《烹饪基础化学》，这本教材也是比较适合高职的烹饪专业教材。2007年，中国劳动社会保障出版社出版了由何江红等编著的全国中等职业技术学校烹饪专业教材《烹饪化学》第二版，该书根据职业中学烹饪专业的学生特点，对教材内容的深度、难度做了较大的调整，该教材的不足之处是未体现新课程的特色。

职业中学烹饪专业开设的专业理论课包括烹饪营养与卫生、烹饪概论、烹饪原料知识、中餐烹调技术、西餐烹调技术、面点制作技术等都涉及许多化学知识，所以化学知识是烹饪从业人员所必须掌握的知识，在解释烹饪过程中的各种现象，指导烹饪技术的研究和创新中起到重要作用。

笔者对于化学必修课程建设内容主要以高中化学新课程标准为基础进行了适当增减，主要对职业中学限定选修课程烹饪基础化学及任意选修课程进行了实验研究，根据职业高中烹饪专业特点、学生毕业的去向（升学、就业两大方向）、学生的文化基础和培养目标，在充分调查研究的基础上，认为在确定职业中学烹饪专业化学课程的内容时应遵循以下原则。

1. 方向性与科学性相结合的原则

我国开设职业中学烹饪专业化学课程的目的是提高烹饪专业学生的科学文化基本素质，对学生的成长具有重要作用。课程的建设应与专业特色相结合，应符合学科专业发展和人才培养的需要。相关人员在进行课程建设时，应保持原有学科知识结构不变，根据基础化学和烹饪专业特点对课程内容进行优化精选；应重新构建学科课程新的知识结构，以适应学科的发展和学生的学习需要；应尽可能使课程反映出现代科学技术的最新发展成果和信息，注意初中与高中、职中与高职化学知识的衔接，符合教育规律、学生身心发展规律等，使课程内容形成科学合理的有利于人才成长的知识体系。

2. 化学理论课程和实验课程、实践活动课程相结合的原则

化学是一门以实验为基础的自然科学，在化学教学中，实验教学发挥着无可替代的作用。化学实验可以有效地培养学生的观察能力、动手能力、探究能力、相互合作的能力、协调的能力及创新意识，可以激发学生学习化学的兴趣，突破教学重点、难点，对职业高中生综合素质的提高有着巨大的作用。理论课程与实验课程相结合才能使学生更好地理解理论，更准确地分析实验，所以，教师在课程的每一个模块都应设置相应的实验，以提高学生的动手能力。

目前，我国中等职业教育化学课程的学科结构基本上是单一的。其他多种多样的教育活动都被排除在了课程之外，被视为可有可无的部分，因而化学课外实践活动在学校化学课程中没有法定的地位。这妨碍了学生对化学的学习兴趣和动手动脑能力的发展。而事实证明，化学在教育方面的目的和任务，必须同时通过多种多样的活动才能够实现。所以化学实践活动也应当正式被纳入课程体系之中。化学活动类课程可以利用职业学校的教学实习和生产实习的场所，进行劳动、社会活动、科技活动、学科活动、参观活动、调查活动、相关问题的研讨活动等，有助于学生巩固化学课堂上所学到的知识，有助于学生提高学习化学的兴趣。

3. 化学必修课程和化学选修课程相结合的原则

根据烹饪专业化学课程的深度和广度、社会需求及学生的认知发展水平，把课程水平分为基本水平、发展水平。课程具体模块可分为必修课程、选修课程。这样可适应不同水平、不同发展方向的学生的不同情况和要求，有助于专业课程的学习，有助于拓宽学生的知识面，有助于因材施教，使学生整体素质提高。这也正符合了“宽基础、活模块”的职业教育课程模式，对培养适应社会的人才有很大的作用。

4. 评价主体、评价内容、评价标准、评价功能相结合的原则

在评价主体上，不再是教师对学生学习进行鉴定和检查，而是让学生学会自我评价，激发学生主动学习的态度，养成自主学习的习惯和能力，让学生成为自己学习状况最主要的评价主体。在评价内容上，转变过去那种单纯重视对学科知识、技能考察的倾向，注重对学生基本能力（包括学习能力、解决问题的能力、创新精神等）和学习习惯的考察，引导学生不仅要把注意力单纯指向书本，而要指向更广阔的文化知识和社会生活。在评价标准上，转变过去那种主要偏重于量的评价和排列名次等级的做法，现在的评价注重对学习的质的评

价，让学生更多关注自己本人的学习，让学生看到成绩，找出问题，能在学习活动中获得自信并明确努力的方向。在评价功能上，转变过去那种注重评价的鉴别与选拔功能的倾向，注重评价的诊断性、发展性功能。这种多元化的、发展的评价模式在调动学生主动性和积极性的同时，潜移默化地提高了学生的综合素质，利于学生的认知、情感的健康发展。

六、职业中学烹饪专业化课程的内容标准及活动建议

职业中学烹饪专业化学课程是在九年义务教育化学课程基础上为职业高中烹饪专业的学生开设的课程，内容分为必修课程和选修课程。

（一）化学必修课程的内容标准及活动建议

职业中学烹饪专业化学必修课程旨在促进学生在知识、技能、方法、情感等方面的发展，进一步提高学生未来发展所需的科学文化素养；同时也为学生学习烹饪专业课程和其他化学课程模块提供基础。烹饪专业对化学知识的需求是基础常识要求多而系统理论要求少，所以课程建设中重注理论联系实际专业知识，联系社会生活、环境，联系科技，注重探究能力的培养，重视化学基本概念和化学实验，注重化学与专业知识的紧密联系。以下是化学必修的主题内容标准及活动建议见表 3–1、表 3–2、表 3–3、表 3–4。

表 3–1　认识化学科学

主题	内容标准	活动建议
走进化学科学	①知道化学科学的主要研究对象，了解化学的发展历史及发展趋势； ②了解原子结构的知识； ③知道化学是在分子层次上认识物质和合成新物质的一门科学，了解物质的组成、结构和性质的关系，认识化学变化的本质； ④能结合有关数据和实验事实认识元素周期律，了解原子结构与元素性质的关系； ⑤能描述元素周期表的结构，知道金属、非金属在元素周期表中的位置及其性质的递变规律； ⑥认识摩尔是物质的量的基本单位，能用于简单的化学计算； ⑦认识化学科学对提高人类生活质量和促进社会发展的重要作用； ⑧知道化学与烹饪的关系及化学知识对学习烹饪专业的重要作用	①观看录像：观看化学发展过程中一些重大及趣味事件的录像并与同学交流讨论； ②查阅资料并讨论：放射性元素、放射性同位素在能源、农业、医疗、考古等方面的应用； ③实验：几种金属盐的焰色反应； ④查阅资料并讨论：第三周期元素及其化合物的性质变化的规律； ⑤实验并讨论：碱金属、卤族元素的性质递变规律； ⑥讨论：食物在烹饪中有哪些化学变化

表 3–2　化学反应与水

主题	内容标准	活动建议
化学反应与水	①认识化学变化所遵循的基本原理，初步形成关于物质变化的正确观念； ②通过典型的水污染实例认识水污染造成的危害，能说出污水处理中主要的化学方法及其原理； ③通过实验认识化学反应的速率和化学反应的程度，了解控制反应条件在生产和科学研究中的作用； ④了解水对生物体的生理功能和存在状态	①实验探究：不同催化剂对淀粉水解速率的影响； ②家庭实验：温度对加酶洗衣粉的洗涤效果的影响； ③查阅资料并观看影像：化学振荡反应及应用； ④调查：当地污水排放和处理情况，提出改进建议； ⑤讨论：水的生理功能及在生物体内的存在状态

表 3–3　常见无机物

主题	内容标准	活动建议
常见无机物	①能够根据物质的组成和性质对物质进行分类； ②了解氧、碳、氯、硫、氮、磷等非金属及其重要化合物的主要性质，认识其在生产中的应用及对生态环境的影响； ③了解钠、钙、镁、铝、锌、铁、铜等金属及其重要化合物的主要性质； ④了解化学能与电能的转化关系及其应用； ⑤知道酸、碱、盐在溶液中能发生电离，通过实验认识离子反应及其发生的条件； ⑥了解氧化还原反应的本质是电子的转移，举例说明生产、生活中常见的氧化还原反应	①尝试按不同的方法对物质进行分类； ②实验：氯气的漂白性； ③查阅资料：日常生活中及烹饪中的含氯化合物； ④查阅资料并讨论：减少向大气中排放氮氧化物、二氧化硫的措施； ⑤讨论：自然界碳、氮循环对维持生态平衡的作用； ⑥实验：溶液中银离子、碳酸根离子、氯离子、硫酸根离子等离子的检验； ⑦实验：氢氧化铁胶体的制备； ⑧实验：铝盐和铁盐的净水作用

表 3–4 有机化合物基本知识

主题	内容标准	活动建议
有机化合物基础知识	①知道常见有机化合物的结构，了解有机物分子中的官能团； ②以烷、烯、炔和芳香烃的代表物为例，比较它们在组成、结构、性质上的差异； ③认识烃类物质在有机合成和有机化工中的重要作用； ④认识化石燃料综合利用的意义； ⑤了解天然气、石油液化气、汽油在生产、生活中的应用； ⑥知道乙醇、乙酸、糖类、油脂、蛋白质的组成和主要性质，认识其在日常生活中的应用； ⑦了解卤代烃、醇、酚、醛、核酸、油脂的典型代表物的组成和结构特点； ⑧结合生产、生活实际了解某些烃、烃的衍生物对环境和健康可能产生的影响，关注有机化合物的安全使用问题； ⑨以酸雨的防治和无磷洗涤剂的使用为例，体会化学对环境保护的意义； ⑩了解合成新物质对人类生活的影响，讨论在化工生产中遵循“绿色化学”思想的重要性	①用球棍模型、多媒体软件展示有机化合物分子的空间结构和异构现象； ②实验探究：比较甲烷、乙烯、乙炔、苯的化学性质； ③阅读与交流：煤、石油的综合利用； ④实验：乙醇的醋化；醛基的检验；乙酸乙酯的水解；苯酚的化学性质及其检验； ⑤实验：自制肥皂与肥皂的洗涤作用； ⑥查找资料与讨论：苯、卤代烃、甲醛、苯酚等在生产、生活中的应用，以及对健康的危害； ⑦查找资料与讨论：乳酸、磷脂的结构、性质特点和营养作用； ⑧查找资料：常见塑料、合成纤维和合成橡胶的应用； ⑨观看录像并讨论：高分子膜、导电高分子、可降解塑料、医用高分子、高分子涂料、液晶显示材料的性能与应用

（二）化学选修课程

选修课程的目的是加深学生对化学的了解和增强学生的参与意识，使学生认识化学与人类生活、烹饪的关系及在提高人类生活质量、饮食健康水平等方面的重要作用；激发学生学习化学的兴趣，拓展学生的知识面，开阔学生视野；使学生通过调查、分析和讨论交流等途径认识实际烹饪、生活中化学问题的复杂性，增强其创新意识，促进学生的科学素养和综合素质的全面提高。化学选修课程的主题内容标准及活动建议如表 3–5，表 3–6，表 3–7 所示。

表 3–5　烹饪基础化学

主题	内容标准	活动建议
基础知识	①知道食品和烹饪的概念； ②知道物质的分类方法	①讨论：纯净物分类方法； ②讨论：物质的存在状态
水	①知道食物中水的存在及化学组成、结构； ②了解生物和食品中水的存在状态； ③知道食品中水的性质及在烹饪中的应用； ④了解水分活度在烹饪中的应用	①查找资料并讨论：水在生物和食品中的存在状态及作用； ②了解食品含水量与水分活度的关系
食品营养化学	①认识糖类的组成和性质特点； ②了解糖类的各种变化，并能将之熟练运用到菜肴的制作中； ③了解氨基酸、蛋白质的组成、结构特点和主要化学性质； ④了解油脂的分类组成及自动氧化反应； ⑤知道油脂的性质及其在烹饪中的应用； ⑥了解加热时油脂的物理化学变化； ⑦知道维生素、无机盐特点及在加工中的变化； ⑧了解生物代谢的原理	①阅读与讨论：单糖和低聚糖、多糖的性质； ②实验探究：蔗糖、纤维素的水解产物； ③实验：蛋白质的变性及水解； ④实验：油脂的化学性质； ⑤烹饪实验：加热油脂的化学变化在烹饪中的应用和控制； ⑥实验探究：鲜果中维生素C的还原性； ⑦阅读与交流：维生素基本性质
食品色香味原理	①了解食物中的天然色素的分类方法、结构、性质； ②了解食品中准许有限度地使用的人工合成色素； ③知道食品的褐变反应原理及应用； ④知道气味形成的生理基础及气味形成的基本途径； ⑤了解食用原料的气味； ⑥知道味的相互作用及甜、酸、咸、苦味的机理及特点	①观察讨论：比较胭脂红酸与紫胶虫色素结构及性质； ②观察影像并讨论：美拉德反应初级阶段的情况； ③查找资料：气味形成的基本途径； ④讨论：甜味的机理及特点

表 3–6 食品化学

主题		内容标准	活动建议
食品营养	糖类	①能举例说明糖类在食品加工和生物能源开发上的应用； ②知道焦糖化反应及其在烹饪中的应用； ③知道淀粉的糊化及老化作用； ④知道美拉德反应及其在烹饪中的应用	①实验：淀粉的糊化与老化过程； ②讨论：美拉德反应的原因及带来的危害； ③烹饪实验：制作菜肴观察焦糖化反应过程； ④讨论：果胶的作用及应用
	蛋白质	①了解氨基酸、蛋白质与人体健康的关系； ②了解蛋白质在烹饪中的应用； ③知道烹饪中常见的蛋白质的功能与作用； ④了解食品和烹饪中重要的酶及其作用	①查阅资料与讨论：氨基酸与蛋白质的关系及主要特点、生理功能； ②讨论：蛋白质的性质在烹饪中的应用； ③烹饪实验：酶的催化作用
	脂类	①知道油脂酸败的危害及防止方法； ②知道油脂的性质及其在烹饪中的应用； ③了解加热油脂的物理化学物理变化	①阅读与讨论：脂类的分类及特点； ②讨论：食用油脂在烹饪中的作用； ③烹饪实验：加热油脂的化学变化在烹饪中的应用和控制
	维生素及盐类	①了解食品中主要的其他成分及作用； ②知道维生素、无机盐特点及在加工中的变化； ③了解人体必需的维生素的主要来源及其摄入途径； ④了解维生素在人体中的作用； ⑤能够运用食品中的其他成分的特性来提高菜肴的营养及风味	①阅读并讨论：无机盐的分类、对人体健康的影响； ②讨论：无机盐、维生素在烹饪加工中的变化及作用； ③阅读与交流：维生素主要功能及基本性质； ④讨论：食品加工过程对维生素的影响
食品颜色		①了解食品颜色的形成和变化； ②知道叶绿素、血红素的变色规律及应用； ③能够将色素的变化规律应用在菜肴制做中； ④知道食品的褐变作用； ⑤知道常用的人工合成食用色素	①讨论：颜色与人食欲的一般关系； ②讨论：食品中的天然色素及在烹饪中的变色情况； ③烹饪实验：通过菜肴制作，观察叶绿素、血红素、多酚类色素的变化； ④实验观察：水果、蔬菜等新鲜的植物性食物原料的酶促褐变，维生素C的氧化作用
食品香气		①了解一些食品原料的气味及烹调加热过程中食品的香气； ②知道香气值的概念及食品香气形成的主要途径； ③能够应用香气的基本知识，在烹饪过程中采用正确的调香方法	①阅读并讨论：香气产生的途径； ②体验：各种蔬菜水果原料和菜肴的气味； ③讨论：怎样去除烹饪中令人不愉快的气味
食品滋味		①了解滋味的分类及呈味机理； ②知道基本的滋味和主要的呈味物质特点及相互作用； ③能够在烹饪调味中应用食品的味的知识	①阅读并讨论：滋味的分类及味的影响因素及相互作用； ②讨论：生活中人们常经历哪些味道； ③实验：酸、甜、苦、咸的物质及浓度对味的影响

表 3–7　化学与食品安全

主题	内容标准	活动建议
食品添加剂	①认识微量元素对人体健康的重要作用； ②了解合理摄入营养物质的重要性，认识营养均衡与人体健康的关系； ③知道常见的食品添加剂的组成、性质、作用及安全性	①调查：食品中的膨化剂； ②查阅某些食品的标签，了解其中的营养成分和所含的添加剂； ③实验探究：抑酸剂化学成分的检验； ④调查：矿泉水中的微量元素及其作用； ⑤查阅资料并讨论：铅、碘元素对人体健康的影响
化学与健康	①知道主要的居室及厨房空气污染物；了解其对人体的危害； ②知道生活废水处理、垃圾和生活废弃物处置的方法； ③认识“白色污染”的危害和防治方法； ④了解化学肥料、农药、植物生长调节剂等给人类带来的危害	①观看影像：一氧化碳的毒性； ②讨论：在田间或市区焚烧植物秸秆、枝叶以及生活垃圾的危害； ③讨论：居室及厨房空气的污染物主要是什么及如何减少或避免危害； ④查阅并讨论：饮酒、吸烟、毒品对人体健康的影响； ⑤交流讨论：农药 DDT 的广泛使用对生物带来的危害； ⑥资料收集：“绿色食品”的发展

注：表 3–7 中的 DDT 的化学名为双对氯苯基三氯乙烷。

七、职业中学烹饪专业化学课程评价

课程评价是课程改革成功的关键因素。在过去的课程评价中，评价的目的是甄别学生的学习能力，以便对学生进行优劣分类，而现在的教育以学生的发展为本，提高学生的科学素养水平。所以，我国必须改变课程评价过分强调甄别与选拔的功能倾向，重视发挥课程评价在促进学生发展、改进科学教学实践和促进教师职业发展的功能。

①在评价主体上，不再是教师对学生学习的鉴定和检查，而是教师评价与学生的自评、互评相结合；小组的评价与组内个人的评价相结合；等等。其中以学生的自我评价为主。职业学校应让学生学会自我评价，使学生形成主动学习的态度，培养其自主学习的习惯和能力，让学生成为自己学习状况最主要的评价主体，以体现学生发展的需要和社会发展的需要。由于是让学生自我评价，其压力较小，学生可以充分畅谈自己参与活动的体验和收获，自由地交换意见。同时，这种集体评价和个人的自我评价也可以使学生受到健康的民主风气的熏陶和教育，有利于学生创新精神的培养。

②在评价内容上，转变过去那种单纯重视学科知识、技能考察的倾向，改

为注重对学生基本能力（包括学习能力、解决问题的能力等）、创新精神和学习习惯的考察。职业中学烹饪专业化学课程的目标重点在于培养学生的用化学知识和技能解决烹饪专业和生活中的化学问题的能力和创新精神，所以职业学校要关注学生学习的过程和方法，关注学生的交流与合作，关注学生的动手实践能力以及所获得的经验与教训，重视对过程的评价和在过程中的评价，使评价成为学生学会实践和反思、发现自我、欣赏别人的过程，形成激励广大学生积极进取、勇于创新的氛围，引导学生把注意力集中在更广阔的文化知识和社会生活上。

③在评价标准上，转变过去那种主要偏重于量的评价和排列名次等级的做法，现在注重对学生学习的质的评价，让学生更多关注自己本人的学习，使其看到成绩并找出问题，让所有的学生都能在学习活动中获得自信并明确努力的方向。评价可采用多种方式，如对书面材料的评价与对学生的口头报告、活动、展示的评价相结合的方式。评价人员应尽可能采用集体讨论和交流的形式，将个人和小组的经验及成果展示出来，并鼓励相互之间充分发表意见和评论。这样的评论不仅可以使学生借鉴他人的有益经验，而且可以促使学生加深对问题的认识，有助于培养学生敢于和善于发现问题并发表个人见解的优良品质。

④在评价功能上，转变过去那种注重评价的鉴别与选拔功能的倾向，改为注重评价的诊断性、发展性功能。评价标准应从评价主体层面体现多元化趋势。评价内容、评价标准、评价功能应能引导学生积极主动参与教学过程，评价方法、学会学习、评价形式等应能使学生成为真正的学习主体。

第二节　实现旅游管理英语职业教育课程口语化改革

一、旅游管理英语职业教育课程现状

（一）课程目标与应用能力培养目标相脱节

1. 应用型人才培养目标的现状

《国家中长期教育改革和发展规划纲要（2010—2020年）》的“序言”部分也尖锐指出，“我国教育还不适应国家经济社会发展和人民群众接受良好教育的要求”。“两个不适应”直观地指出了当前我国教育存在的根本性问题。“两个不适应”的实质，一方面是指人才培养不适应，另一方面是指应用型人才能力培养的不适应。从教育发展的趋势看，培养应用型人才应该是各类以学科教

育为主的院校的发展趋势和必然选择，不同类型、不同层次的院校都应更重视学生应用能力的培养。与应用技术型本科和专科高职相比，中等职业教育培养的人才能力要求相对单一，对学生的技能只求“规范熟练”，对学生的理论知识只求“必需够用”，因此职业教育缺乏“实践性”特征。但同时，中等职业教育在现代职业教育体系中具有基础性作用。但是从现今人才质量的现状看，很多职业院校的毕业生处于十分尴尬的境地：学术理论基础和研究能力拼不过大学本科生，而实践动手能力又不能满足企业的需求。

旅游管理专业是我国在职业院校开办较早的一个专业，为全国的旅游行业输送了很多一线的从业人员。截至 2011 年底，全国旅游院校包括完全的旅游院校和设旅游相关院（系）或旅游相关专业的院校，共计 2208 所，其中高等院校 1115 所，中等职业学校 1093 所。当前，很多旅游院校虽然把自身的人才培养目标定位为培养应用型人才，但是能够按照这个培养目标来进行课程设计和教学活动的院校是少之又少。很多旅游学校受本科教育的影响，在课程设置方面完全照搬一些本科学校，着重理论课和文化课的教学。以知识灌输为主，以动手实践为辅，并且所开设的英语课程缺乏对职业应用型的考量，没有对学生的就业前景展开针对性教学；而且其教材完全跟不上时代的发展，有的教材甚至还是十多年前的版本，知识缺乏更新。另外，教师在课堂教学中给予学生动手实践的机会并不多，根本体现不出培养应用型人才的课程目标。

2. 英语课程目标脱离了企业需求

1996 年 9 月 1 日起施行的《中华人民共和国职业教育法》的第三条规定:“职业教育是国家教育事业的重要组成部分，是促进经济、社会发展和劳动就业的重要途径。国家发展职业教育，推进职业教育改革，提高职业教育质量，建立、健全适应社会主义市场经济和社会进步需要的职业教育制度。”第四条规定:“实施职业教育必须贯彻国家教育方针，对受教育者进行思想政治教育和职业道德教育,传授职业知识,培养职业技能,进行职业指导,全面提高受教育者的素质。”因此，职业教育是教育体系中最具有市场性的。而中等职业教育又承担着培养具有高中阶段的文化基础教育和中初级应用型高素质劳动者的双重责任。但是现在的很多中等职业学校陷入了“非高中”“非职业学校”的尴尬境地。很多学校为了提高升学率，在征订教材时往往忽略了一些专业的特殊性，选用的往往都是一些公共基础教材，如《新世纪英语》（由外教社出版）、《英语》（中等职业学校通用教材，由科学出版社出版），重文化课轻技能课，没有突显出专业性。这样的课程模式与以培养学生技能为主的职业教育目的是相违背的。

于是，在很多中等职业学校中出现了教师感觉“教无法”，学生感觉“学无用”的状态。中等职业学校在这样与社会和企业需求相脱节的课程目标下培养出来的学生很难就业，即使就业也很难满足用人单位的需要。

这一问题在旅游管理专业上表现得尤为明显。在受访的旅游企业中，有86%的企业负责人表示，他们的员工急需的是旅游英语专业培训；而有51%的企业负责人在被问及旅游人才培养过程中存在的问题时，都不约而同提到了毕业生的英语理论知识与企业需求相脱节这个现象。其中有一位旅游企业负责人表示，他们招聘过一些高分的员工，有的过了全国大学英语四级考试，甚至有的过了全国大学英语六级考试。但是他们发现这些员工在工作中表现出来的工作能力跟他们的分数并不相符。可能连最简单的迎接客人、展示菜单、送别客人活动中所需的最基本的英语交际能力都不具备。

旅游管理专业的毕业生主要面向的职业岗位群包括景区景点讲解、旅行社业务、客房、饭店前厅、餐厅等部门的服务与管理。这些岗位要求毕业生知识、能力、素质并重，要求学校的毕业生需获得导游资格证书、英语等级证书、普通话等级证书等，同时还应具备一定的表达能力、组织能力、协调能力、交际沟通能力、随机应变能力等。虽然旅游行业和高档酒店的各种岗位分工差异巨大，但都需要从业人员有较好的外语应用水平。但是，现行的旅游管理专业英语课程目标的设置不能够满足企业对外语人才的基本需求。

（二）课程内容未能体现专业应用特色

1. 旅游管理英语课程教材内容陈旧，没有与专业相结合

学校的教学是有其特殊性的。因为进入学习的学生大部分初中毕业，而且基本上是因为没有达到高中的录取分数线而选择进入职业学校学习然后就业的。这些学生的基础参差不齐，学习兴趣不是很浓厚。但是笔者对3所职业学校的调查反映出一个普遍的现象：这些学校并没有实行分级教学，而是好坏一把抓。当被问及“你所在年级和专业开设针对特殊职业目的英语教学课程了吗（如旅游英语、酒店英语等）？”这个问题时，74%的受访学生表示没有开设。83%的受访学生认为学习英语对自己的专业课程学习没有任何帮助。

在笔者所做的上述调查中，86%的受访学生表示他们所使用的教材为公共英语教材，有的教材甚至还是20世纪90年代初出版的。这些学校所在区域不同，每个地方的实际情况也不同，但是不同地区的不同院校一个专业的几百位学生，全部都使用同一本全国统一的教材。这些教材没有专业特色，脱离了本

专业的实际。而现行的英语课程教材的编写主要依据传统的三种课程编写模式，即基础英语交流、基础英语阅读和专业英语。而其中，英语交流和英语阅读占据了每所职业学校英语课程中的大部分时间。而且很多教材的内容还停留在20世纪的英语教学水平上。职业学校并没有根据旅游行业的发展相应地更新内容。目前，旅游管理英语课程并没有一套完善的“听、说、读、写、译”相结合的教材。而一些现行的旅游英语教材有的针对本科生，有的适用于研究生。职业学校缺乏相应的配套教材。而有的是编写人员直接把较难的旅游知识翻译成英文，从而编写出旅游英语教材，导致很多学生反映现行的教材新词偏多，课文长度太长并且难以理解，而且内容与旅游行业关联不大，不能提供一些专业词汇，也没有包含与专业知识有关的阅读材料。所以，现在旅游管理英语课程缺少成体系的系列教材，没有提供对本专业有帮助的并且覆盖了听说读写各个方面的实用英语内容。

2. 旅游管理英语课程重理论，轻实践

现在很多职业学校过分注重专业课程的学习，而忽视了基础课程的学习。所以现在英语课程的课时在逐渐减少，从每周四节减到每周两节甚至是一节。而在这样的环境下，课程中重理论教学，轻实践教学的问题越发明显。笔者调查的3所学校总共开设了四个学期的英语课，二年级开设的英语课时为每周4个课时。其中，77.4%的学生承认英语口语课只占了每周4个课时中的1个课时。受访的大部分学生认为自己应该提高的是英语的听说读写的综合能力，但是现行的教学内容对以后的工作帮助不大。

因为一些学生要面临考试和毕业的压力，学生的英语学习主要局限于读和写。注重读写能力的培养本也无可厚非，但是课堂教学中的口语实践所占的时间比例很小。而英语口语的训练目标也仅仅停留在最基本的日常问候和日常生活中，与旅游管理专业相关的一些名词和话题从始至终甚至都没有出现过，而且教师在讲解这些教材时的方式也并不科学。在受访学校中，3所学校没有开设口语课，只有1所学校的学生表示在每周4个学时的英语课中，教师用了1个课时的时间来教授口语，而这些口语课的内容也并不与旅游管理专业相关。如《新世纪英语》（第一册）的课文编排：Unit 1　Meeting People（第1单元　与人会面），Unit 2　Thanking People（第2单元　感谢他人），Unit 3　Making Apologies（第3单元　道歉），Unit 4　Asking for Permission（第4单元　请求原谅），Unit 5　Expressing Wishes and Congratulations（第5单元　表达愿望和祝贺），Unit 6　Making Requests（第6单元　提出请求），

Unit 7 Extending an Invitation（第 7 单元 发出邀请）。从这些单元内容中可以看出，旅游管理英语课程的重点偏重于语法和语言学习，与实践教学相脱离。旅游管理专业的学生毕业后基本上会在旅行社和涉外酒店工作。例如，旅游和酒店专业的学生就业后会用到旅游英语或饭店情景英语，商务专业的学生会用到商务英语和商务英语口语。但是现行的英语教材中的课文大部分为文化类和语言类，与本专业相关的内容很少。

（三）课程教学方式不合理

1. 旅游管理英语课程教学方法单调

近些年来，职业院校的生源质量一直在下降。当然，这有其历史背景和原因。因为社会的发展，职业院校原来只招收优秀的初中毕业生，而现在只要填报了的学生都可以被录取。这些学生的英语水平参差不齐，但大部分学生基础差，词汇量少。所以在他们的眼中，英语课堂是枯燥无味的。而大部分教师并没有针对这种情况设计出多样的能够吸引学生兴趣的教学方法，只是采取单一的讲授法，照着教材和教学大纲枯燥地讲着单词与课文，没有和学生进行充分的互动。超过半数的学生反映，英语课堂教学以传统的板书教学为主。而在笔者对旅游专业英语课程教学模式的调查中，有 84. 6% 的学生表示他们所上的英语课是以教师为中心的，也就是教师讲，学生听；只有 9. 2% 的学生反映教师在英语教学过程中会以满足学生需求，开展学生活动为主。以教师为中心的教学模式忽视了学生的学习需求，所以造成的局面是，教师在课堂上口干舌燥地讲着，学生在下面迷茫地听着。

2. 英语课程教学手段落后

众所周知，语言的学习离不开读、说和听。而这些活动需要现代化的语音室、实验室和多媒体教室。但是目前职业学校的英语教学手段改革的步伐跟不上其余高校，依然奉行传统教学模式。教学的中心是课本，教学手段也只有传统的黑板和粉笔。在受访的学生中，只有 47. 4% 的学生表示教师在英语课堂上运用了多媒体教学。在这样的条件下，学生学习的知识只能局限于课本知识，无法拓宽自己的知识面。而一些部分拥有多媒体教室的院校也存在着设备简陋落后，没有得到及时修理和更新的问题。甚至有的院校旅游管理专业的学生从来没有进过多媒体教室，没有使用过语音室。语音室和多媒体教室没有得到充分的利用。

另外，网络、电视、录像等多媒体资源在很多院校的旅游管理专业也没有得到很好的应用，从而影响了旅游专业英语的教学水平和教学质量的提高。旅游管理专业的学生的特点在于毕业后可能要面对很多外国游客，要向他们介绍一些景点。因此，学校对旅游管理专业学生的听说水平的要求比别的专业的学生会更高。旅游管理专业学生需要很多对自己专业和英语水平有帮助的硬件设施，因此，教学硬件设施落后是现在英语课程教学中存在的一大问题。

（四）课程评价体系不科学

1. 现行的课程评价未能体现出其作用

课程的效果和价值可以通过课程评价工作得以体现。课程评价也对课程目标的设定、课程内容的规划、开发和改进提供了非常重要的信息。它可以鉴定学习的结果或情况，筛选优劣，还能够改进学生学习方法，激发学生学习动力。所以，课程评价环节在整个课程改革过程中是必不可少的一部分，它可为实现课程目标提供重要依据。

但是在笔者的调查中，当学生被问及考试内容这个问题时，有 93% 的学生选择了“旅游专业方面的理论知识”，只有 7% 的学生选择了“旅游专业英语应用能力”。这个结果表明：在现行的以笔试为主的考核方式下，学生被检验出的主要是语法知识和阅读能力的掌握情况，而无法测查出在今后工作中最需要的口语表达和交流能力。那么这样的课程评价对课程目标和课程内容的确定也无法提供客观可靠的信息。

2. 英语课程评价方式过于单一

现在职业学校实行的课程评价方式主要以笔试为主，考核的有效性不高。在笔者的调查结果中，只有 1% 学生表示他们的期末考试以口语测试为主，6% 的学生反映他们的英语考试结合了口语与笔试，93% 的学生的英语考试只有笔试。这就反映出一个普遍的问题：旅游英语的考试偏重于书面和语法知识，而不侧重于口语和听力的测试。目前旅游专业英语课程的考核方式多数采用期中期末笔试答卷的方法，而忽视了学生其他综合应用能力的培养。有的学校给学生出的一份试卷中甚至连听力题目也没有，可能随便从网络找几篇阅读理解再加上一些单项选择题就出完了一份试卷，没有根据课程的内容和学生的实际来设计考核内容。有的学校可能会加入口语的部分，但是这个成绩在总分中占的比重也是非常少的，可能只占了不到 10%，而且考核范围也局限于课本，并没有根据专业的要求做出相应的调整。很明显，这样传统老旧单一的评价模式的理论性远大于实践性，是不能够全面地对一门课程进行评价的。

二、实现旅游管理英语职业教育课程口语化改革措施

（一）明确旅游管理专业人才培养目标

在课程目标设定上，首先，范围不能太过狭窄。课程目标既要注重技能的培养，又要包括习惯、精神的培养；既要强调专业能力的培养与提高，又不能忽视非专业的一般能力的培养与提高。而且，职业学校在制定课程目标时要考虑到目标的有效性和可行性，即这个课程目标是不是在学生已有的知识基础和能力上可以实现的。其次，课程目标应该与教育目的、培养目标相一致。最后也是最重要的一点就是，课程目标要明确。因为只有明确和具体的课程目标才能有利于职业学校正确选择课程内容，组织课程实施，为课程评价提供有效的可检验的依据，使职业学校对课程改革的进度和过程有清晰的认识。正如课程研究专家普拉特所说："课程目标应十分明确，应让不同的人从课程目标中对所期望的结果获得相同的理解，这样，目标才能发挥作用。"

《中共中央国务院关于深化教育改革，全面推进素质教育的决定》中明确阐述了高等职业教育人才培养目标是"培养一大批具有必要的理论知识和较强实践能力，能适应生产、建设、管理、服务第一线和农村急需的专门人才"。把教育人才的培养模式定位在"应用"上，这是职业教育在人才培养模式和人才培养目标上的最基本的特色。院校旅游专业英语课程应该把职业培训目标和工作能力需求作为课程的目标，把专业英语教学放在中心的位置上，依据学生的年级及其英语基础水平制定相应的课程标准。同时，传统的基础英语教学的重要位置应该逐渐被专业英语教学所取代。帮助学生获得语言的能力、语言的学习能力和语言的文化影响力应该是英语课程开设的三大目标。旅游管理专业的学生跟大学本科生有所不同，他们的理论基础弱于大学本科生，但是社会对其旅游技能应用能力的培养的要求更高。他们应该是旅游基本理论知识和实践能力相结合的应用型人才。因此，旅游管理英语课程目标的设定应当是根据人才培养目标来制定，以期为社会培养更多的应用型、实用型人才。

（二）确立旅游管理英语课程目标

职业学校应当根据旅游管理专业人才培养目标来制定旅游管理英语课程目标。旅游管理英语课程目标应该以培养应用型人才为中心，强调学生英语综合能力的培养，特别是与旅游活动相关的英语口语与听力能力的培养。在课程学

习过程中，学生应当积累旅游专业词汇，提高表达能力，在今后的社会交往和工作中能够流利地运用英语进行交流。但是从对一些旅游企业的调查来看，大部分的旅游管理专业毕业生不能够达到这个要求。所以在课程编排完整的前提下，职业学校要提高旅游管理专业学生的英语听、说、读、写、译综合能力。而且要在课程计划中加入适当的旅游专业知识以更好地培养能适应于工作岗位的应用型旅游专业人才。

（三）设计基础性与应用性相融合的课程内容

课程内容的改革是课程改革的核心问题，也是最关键的问题。首先，职业学校在改革课程内容时，要注重内容的基础性和有效性。课程内容要有让学生能够学到走上工作岗位后和今后继续深造所必备的基础知识和技能，也要反映当今时代最新的科学知识和研究方法。其次，课程内容的改革也要符合学生的兴趣和需求。兴趣是学习的动力，有趣的课程内容当然也能够激发学生更多的学习动力。最后，课程内容还要符合社会现实。下面，笔者将从以下几个方面来具体谈一谈英语课程内容的改革措施。

1. 英语课程教材要新颖

英语课程教材在我国20世纪形成了以教科书为主的形式，它包括与英语学习教学有关的练习册、故事书、活动册、自学手册、录音、录像、卡片等。在这里，笔者所讨论的部分主要关注在英语教科书部分。

英语教材的编写因中外教学观点的不同而在不断地发展。成功的教材一是要有助于教学目标的实现，二是要有利于教学方法的贯彻。信息时代的发展和知识经济的到来，以及社会对应用型人才的需求，我国应对英语教材进行改革创新，首先在内容上要选择与时代相接轨的真实语言。进入信息社会后，知识的更新速度加快，信息量也在增多。而作为传授知识的英语教材，也要跟上信息更新的速度，在内容的选择上要贴近学生所学的专业，也要贴近学生的生活。而且编写人员在编写英语教材时不能照搬国外的一些外语教材，而要立足于我国的国情。我国学生学习英语所缺乏的是英语语言形式，他们有口难言，见闻难懂。所以我国在英语教材的编制上要力求新颖。

2. 英语课程教材要注重于实用性

英语教学的目的是能够帮助学生更好地适应未来的工作岗位，因此教材的设计一定要以“实用”为目标。教材的内容的设计要在保证学生英语基础知识量的前提下，增加语言技能的训练；以单词、固定句型和结构语法为前提，以课文内容为依托，把英语语言转化到学生的实际运用中。

以旅游管理专业为例，它涉及旅行社、饭店、机场、景点介绍、不同国家的文化习俗等方面。那么该专业的教材内容的编排应该紧紧围绕学生的工作生活中这些可能遇到的真实场景。课程内容可以进行如下设计。

Unit 1　Greeting and Introduction（第 1 单元　问候和介绍）；

Unit 2　Checking in at the Hotel（第 2 单元　入住酒店）；

Unit 3　At the airport（第 3 单元　在机场）；

Unit 4　Travelling plan（第 4 单元　旅行计划）；

Unit 5　City sightseeing（第 5 单元　城市观光）；

Unit 6　Dinging（第 6 单元　用餐）；

Unit 7　Shopping（第 7 单元　购物）；

Unit 8　Visiting（第 8 单元　参观）；

Unit 9　Money Exchange（第 9 单元　货币兑换）；

Unit 10　Dealing with Complaints（第 10 单元　处理投诉）。

在以上这 10 个单元中，其中 Unit 1 ～ Unit 4 是旅行社一名工作人员所必备的英语知识，在平时的教学活动中，可以在这 4 个单元中重点讲解一些基础词汇和语法。Unit 5 ～ Unit 10 则是比较专业的酒店旅游英语的内容，其中必然会有很多专业性的词汇和对话。教师在设计教学活动时可以采用多样的教学方法，循序渐进，以便让学生可以更好地掌握这些内容。这 10 个单元不仅要有与主题有关的课文，还要有配套的口语练习和角色扮演练习。教师应让学生在吸收进相关知识的同时，也要使其能够运用所学的知识。教师也要适当引导大家进行正确引领游客入住酒店、兑换货币、购物用餐和参观景点等语言活动。

（四）运用多样化的课程教学方法

教学方法总是在英语课堂教学中发挥着重要的作用。教师在具体的课堂教学中也不应该只采取某一种教学方法。采取灵活多样的教学方法和整合利用现有教学资源能对课堂教学产生积极的影响。教学方法的灵活使用是课堂教学成功的一个重要因素，俗话说得好："教学有法，教无定法"。"教学有法"指的教师在教学的过程中，可以依据某些方法和计划；"教无定法"指的是教师应该根据教学中所碰到的一些具体的情景、专业、学生能力水平来进行适当的调整和变换，运用多样化的课程教学方法。其中最适用于英语课程教学的教学方法有以下几种。

1. 小班教学

小班教学从字面概念上说是与“班级规模”联系在一起的。小班人数的界定在不同的国家和地区是不尽相同的。在美国，与原来的 25 人班级相比，18 人的班级就可以被称为小班。但在我国，人数在 30 人以下的班级一般就可以被称为“小班”。

小班教学法可以在不改变课堂教学时间和空间的情况下，增加每个学生参与课堂的机会，相对地，每个学生也拥有了更多的课堂教学空间和时间。在以往的传统的大班英语教学中，可能因为人数和时间的关系，一个 50 人左右的班级一堂课可能只有四分之一的学生可以参与正常的课堂活动。而且平均下来，每个人的时间也只有一分钟左右。但是在一个 30 人左右的班级中，这些机会就增加了一倍多。在这种环境下，教师和学生之间的心理距离也更近了，关系更融洽了。学生普遍的学习问题在于基础不好，跟不上教学进度，缺乏学习的积极性，也不愿意跟教师多交流。在小班教学的情境下，教师更愿意去了解学生，学生也有更多机会跟教师进行交流。在许多已经实行小班教学的课堂上，教师普遍反映学生的积极性比大班中的学生要高很多。小班教学法可以让学生发挥自身的学习主动性，也激发起他们的学习动机。

从培养应用型人才的角度来看，教师要抛弃从前单一的教学方法，转而运用多样的教学方式，要让学生主动参与课堂活动，发挥学习的积极性，勤于探究，交流合作。除了在课堂上可以采用一些比较传统的提问的方式外，比如请学生起来朗读课文和回答一些教师提出的问题；也可以把学生分成若干个小组，使他们以小组为单位进行讨论，这样做既可以让学生在课堂上既锻炼了口语，又培养了其合作交流的能力。对于课本内容，教师可以采用一些角色扮演、制作、游戏等方法让学生都能够参与到教学活动中来，还可以给学生布置一些课后的针对旅游企业和单位的调查和实验，在课堂上让学生来展示自己的调查成果。而在备课过程中，教师也不应再像以前那样照本宣科，而要深入地了解每一位学生的情况，如他们的英语基础知识的掌握情况、口语表达能力等，根据学生的差异与特点来设计教学内容和教学进程。

2. 情境教学法

建构主义理论提出，语言学习是和一定的社会文化背景——“情境”相联系的。利用一些学习情境，学生可以把已有的知识和经验与所学的新的知识联系起来，并将新知识纳入自己的认知结构中。照这种理论，教师可以在教学活动中设计一些可以引导学生积极参与的与学习活动有关的情境。

运用情境教学法时，首先，教师要向学生呈现出学习任务。学习情境则可以通过一些视频或者音频的方式得以呈现。其次，教师要向学生提供一些相关的范例。这些例子要包括解决问题的多种思路和观点。

例如，在讲解 Unit 2　Checking in at the Hotel（第 2 单元　入住酒店）时，教师可以首先让学生先观看一段导游带领游客入住酒店的视频，并引导学生提出这个单元的教学主题——入住酒店，同时设定一些情境。例如，如何集合所有旅行团成员？如何给游客分配房间，等等。然后，教师可以把学生分成若干组，让学生在组内对这些问题进行讨论，让学生勇敢提出疑问并积极回答他人提出的问题。最后，教师可以让他们以角色扮演的方式来展示自己的处理方法。

在以上的例子中，教师在设定的情境下引导学生围绕一节课的主题内容进行自我探索，不但调动了学生学习的积极性，也体现出了学生的学习主体作用，还促进了体验式学习和合作学习。

3. 交际教学法

交际教学法是以社会语言学理论、心理语言学理论为基础，以交际功能为大纲，以交际能力培养为目标的教学法体系。在英语语言环境中，相同的语法结构在不同的语境中所表达的意义可能是完全不一样的。如“I'm cold”这句话可以是对别人描述冷的事实，也可以是对别人打开窗户时的抱怨，或者是想表达想回到温暖环境下的请求。所以，旅游管理专业的学生在面对以英语为母语的游客时，要用英语进行得体的表达。例如，学生在想请别人提行李时，可能会说“Please，you carry this suitcase.”，而较为正式的说法应该是“How about carrying this suit case for me？”。又如，如果想让服务生端咖啡，学生可能会表达成“Please bring more coffee.”，而更为礼貌的说法为“Could I have another cup of coffee？”。

在教学活动中，教师应该多使用交际教学法，以培养学生的交际能力和社会交往活动的能力。教师可以运用猜词的活动让学生掌握每个单元的一些重要词汇，然后根据每个单元的教学主题让他们来设计一些简短的对话。教师可以让学生可以根据一些提示性信息来完成角色扮演的活动，或者也可以通过辩论、讨论的形式来开展角色扮演活动。

（五）优化课程教学设备配置

随着科技的进步与发展，英语课堂的教学设备不再局限于一根粉笔、一块黑板和一个录音机了。多媒体已经逐渐走进了教室。教学中所提到的多媒体是指用计算机把各种电子媒体，如数字化的文字、图形、动画、图像、音频和视频，集成控制起来，并在这些媒体之间建立逻辑联系，使它们整体地表达形象化的复杂信息。所以，多媒体教学也被称为计算机辅助教学。把多媒体技术运用于旅游英语的教学中，可以发挥以下作用。

①教师可以利用计算机和网络模拟到一些著名景点的场景，生动地呈现出语用情境，让学生可以身临其境地进行英语讲解，让课堂更有趣味性和生动性。

②多媒体教学可以让学生运用多种感官参与到语言学习中来，抛弃了以往的“哑巴英语”，让大家的听说能力得到了更好的锻炼。

在运用多媒体教学时，教师首先要注意课件的制作要遵从趣味性、实用性和针对性原则，并且要充分利用高科技优势，调动起学生的各种感官，以激发起学习兴趣。从培养应用型人才出发，为了帮助学生达到学习语言和提高语言水平的目的，教师在设计课件时要结合学生和教材的实际情况，利用形象的图画创设语境。这样更容易激发一些英语基础不好，对英语课程兴趣不大的学生的兴趣。而且利用多媒体，教师还可以突出课程的强调显示功能，突出重点，列出难点。对于一些在课堂上要讲解的重点和难点，教师可以加上一些黑体或者其他美术体的演示方式，使学生在听教师讲解时能更加地清楚所学内容。在针对旅游专业的学生进行口语教学时，教师也可以利用多媒体模拟相关画面：先让学生跟着电脑画面学口语对话，练问答，然后给对话设置静音，让学生分组为画面配音。这样，不仅可以有效地练习口语，还有助于学生培养在未来工作场景中用英语思维和表达的习惯。

（六）加强旅游英语的实践教学

旅游管理专业的英语课程的设置与教学注重应用，因此加强旅游英语的实践教学显得十分重要。这些实践教学活动可以包括课内实践、校内实训和企业见习。

课内实践主要是指教师在课堂上引导学生利用英语进行听、说、读、写、译的活动，从而突出旅游英语的应用内容。教师也可以让学生在课外利用网络、图书等多媒体收集一些跟教学内容相关的材料，然后在课堂上以小组的形式进行讨论和交流。校内实训主要是指开展一些丰富多彩的课外英语活动，比如英语演讲比赛、英语歌曲大赛、英语导游大赛等。企业见习指的是学生可以利用假期的时间到一些酒店或者旅行社从事一些相关的英语活动。例如：在酒店接待外国游客，安排他们入住；在旅行社接听一些外国游客的电话或者跟着一些资深导游带团讲解，积累一定的工作经验。这些活动可以帮助学生把英语理论知识与实践能力有机结合起来。

（七）确立旅游管理专业的英语课程评价的原则

传统的课程评价体系往往都以期中或期末考试成绩来评价学生的能力和课程实施的情况。这种评价体系太过于片面。在进行课程评价时，评价人员应当采用过程和结果并重的评价原则，将总结性评价和形成性评价结合起来。形成性评价是指在教学过程中对学生掌握所学课程知识的程度进行的系统评价，是对学生行为和能力发展的过程性评价。而总结性评价是指在某一相对完整的教学阶段后对整个课程目标实现的程度做出的评价。此外，英语课程的评价原则应该从培养应用型人才角度出发，以提高学生语言技能为最终目标。旅游管理专业对学生英语水平的要求很高。从事涉外旅游这项工作的员工必须要流利地跟外籍游客进行对话，了解他们的需要，以更好地为他们服务。如果是涉外导游，则要用更为地道的英语向游客介绍中国的风土人情和一些名胜古迹，让外国游客能够更好地了解到中国文化和中国文明。这样就要求学生可以熟练地进行英语与汉语之间的翻译。由此可见，在不同语境下，学生对语言知识技能的掌握和学生听、说、读、写译技能的应用能力是课程评价的指标。以培养应用型人才为出发点的英语课程评价体系应该建立在这两个评价指标上。

1. 实现多元化的课程评价方式

近年来，课程评价改革没有得到国家的重视，课程评价改革的速度明显慢于整体教育改革进程。现行的课程评价方式主要是考试。但是现行的考试评价方式以“知识本位”为主，达不到人才培养的“能力本位”的要求。而且在现今旅游人才市场上，在涉外旅游企业和用人单位招聘时，除了看应聘者的考试成绩之外，对求职者的英语语言表达能力和应变能力等综合素质都非常看重。因此，旅游管理专业英语课程评价体系改革势在必行。

首先，改革旅游管理专业英语课程的评价方式要树立符合科学发展观的评价理念。考试改革应以培养应用型人才为目标，要遵循教学规律，充分发挥考试的检测、督导、鉴定、评价等功能，在卷面结构上要能够客观地评价学生解决实际问题的能力和基本素质的发展。职业学校应给学生选择题目的自由，不同的题目可以有不同的侧重点。

其次，课程评价方式应多元化。考试并不是学习的目的，而是实现学习目标的手段。新型的考试标准可以让各个旅游企业和学校来共同来制订和修改。让企业参与课程评价可以让学校和学生更加明确现今旅游市场对人才的需求，让学生更加明确今后努力的方向。旅游管理专业英语考试着重考察的应该是学生对于语言的理解能力和应用能力。在考试内容上，语言的基础知识和基本理论应该占到30%，运用语言的能力应该占到50%，创新的能力应该占到20%。

在考试形式上，职业学校也可以采取多元化的模式。以前职业学校一直采取的是单一的闭卷一次性考试，以一次成绩来判断一个学生一个学期的学习成果。那么，职业学校采取的新的课程评价方式可以是将平时的考核、阶段性考核和期末考试结合起来的分阶段考核的形式。平时的考核内容主要包括课后作业是否按时交，课堂表现如何，课堂上的口语表达情况，小组活动的角色扮演得如何，等等。阶段性考核主要是指每个单元结束后给学生准备的小测试、期中测验、给学生安排的一些英文小论文等。期末考试就是指学期末对英语这门课程的一个学期的总的终结性考试。不同的学校可以根据自身的情况来安排这三种考核分数所占的比值，最后得出对学生一个学期的英语成绩的总体评价。另外，在现今多媒体教学已经基本普及的今天，职业学校可以改变以往单一的在教室里采取笔试的方式，利用网络和多媒体来测试学生，比如，可以让学生在不同的场景下进行人机对话，如跟游客初次见面、带游客入住酒店、介绍旅游行程、安排游客返回等，来考核学生的语言应用能力。

在考试内容方面，考试的内容不能仅仅局限于课本和一些死记硬背的东西，以选择题的形式来考核。职业学校要以“能力为本位”，应着重培养学生的语言应用能力，把文化课与专业课结合起来；多为学生设计一些与未来工作有关联的题目，特别是主观题；鼓励学生积极思考，发表新的观点和见解，培养他们的书写和口语表达能力。

在评分方面，职业学校要淡化分数和排名的概念，最好进行实质性的评价，可以按照学生能力的高低用A、B、C、D四档来评分。

2. 满足人才的需求

自我国进入经济飞速发展的时期以来，涉外旅游业也快速发展，因此对外语旅游人才的需求急剧增长。在未来几年，旅游人才要向单一型人才向复合型人才转变。这就对旅游管理专业的英语课程提出了更高的要求。要改变现存的旅游专业英语课程的现状，解决应用型人才培养这个突出的问题，需要调节课程设计和教学过程的各个环节。笔者通过调查的方法，对4所具有一定规模的且有涉外旅游资格的企业和3所不同地域的学校旅游管理专业学生，针对现行的英语课程进行了一系列的调查。调查结果基本可以客观地反映在全国范围内旅游管理专业的英语课程中存在的一些问题。笔者根据一些教育理念，再结合自身的一些教学经验，针对本次的调查研究提出了一些相应的改革方法。首先，职业学校要意识到课程的目标与培养应用型人才之间的差距，实行校企合作，根据企业的实际需求来制定课程目标和人才培养方案。其次，职业学校要重视英语教材的时代性和实用性。职业学校要从培养学生实际应用能力的角度出发，制定一套完善的、系统的、实用的旅游英语专业教材。最后，职业学校要重视科学的课程评价体系的建立。笔者希望可以为以培养应用型人才为目标的英语课程改革提供一些参考。当然，因笔者的研究经验、理论知识、分析能力有限，对一些问题的研究发现还不够深入透彻，所提出的建议也并非十分完善，还有待于在今后的学习研究中继续探索和完善。

第三节　实现物流信息技术职业教育课程创新化改革

近年来，物流作为服务行业发展十分迅速，对人才的需求极为迫切。作为培养物流人才的职业院校，不断地对物流信息技术课程进行改革与创新，不仅是满足高职教育发展的需要，也是培养适合社会需求人才的基本要求。

一、课程定位

物流信息技术课程是专业核心课程，旨在提高学生的信息收集、加工、存储、专业软件使用、物流信息技术设备的使用、电子产品说明书阅读和理解等综合能力，同时，使学生把已修课的知识与能力有机地联系起来，通过实践，培养学生综合运用知识和物流管理信息技术的能力。

该课程特点是实践性强，并且与相关技术工作岗位技能紧密结合，因此，我国应将其定位为“理论够用，学会应用，动手能用”的新模式，即以岗位为导向；以技能为核心；以现代物流前沿信息技术，如以物流自动识别技术、GIS（地理信息技术）技术、GPS（全球定位系统）技术为课程重点；注重理论与实践相结合，加强学生的实际操练，让学生在熟悉现代物流信息技术基本原理与流程的同时，较熟练地掌握物流信息技术操作与运用的基本方法与技能，成为专业的操作与维护、管理与协助开发的应用型人才。

二、教学模式的设计与创新

物流信息技术理论部分的学习任务，既要求学生掌握各项技术的组成及原理，又要求其熟悉不同企业的业务流程，才能了解物流信息的处理方式，并能够将所学知识应用到实际工作之中。实训部分的教学任务有一定的难度，要求职业院校学生在结合各种物流信息技术硬件与软件的基础上，操作不同的模拟软件，这就要求职业院校设计好教学模式。

（一）保证学生在校学习与实际工作的一致性

物流信息技术课程的教材综合了企业、专家、教师的实践、科研、教学成果，包括最新的物流企业信息流程和具体案例，将企业实践与理论教学有机结合了起来。

1. 模拟企业工作过程

职业院校应提供各类物流企业的真实运作环境，让学生能够在接近于真实的运作环境中，按不同的岗位，不同的角色，对物流软件进行操作实践，熟悉物流企业的运作模式和工作流程。

2. 采用工学结合的培养模式

针对理论教学内，职业院校应严格贯彻高等职业教育“必需、够用”的原则，以提高学生运用物流信息技术的能力为主线，融知识传授、能力培养、素质教育于一体；应通过加强实训环节的教学，让学生能够了解国内企业物流技术使用的情况和国外物流企业对先进物流技术的运用情况，并让学生实际操作企业的物流软件，以缩短理论学习与实际物流的距离。

3. 强调“以学生为中心”的教学理念

职业院校强调“以学生为中心”的教学理念，注意引入创新教育理念，引导学生综合运用知识，培养学生创新能力。物流信息技术课程建设有自主学习的网络课程网站，学习资料齐全，可提供多种形式的学习资料供学生下载和在线学习；学生通过该网站可以自主学习，并能实现在线实训。

（二）教学内容设计

职业院校应本着以职业能力培养为本位的教学理念，注重学生的技能培养，与企业合作进行基于工作过程的课程开发设计，以“面向工作一线、立足岗位流程、注重综合素质、突出应用、强化物流实践、培养物流信息处理能力”为指导思想，将实践课程和理论教学结合起来，以物流管理专业应用能力为主线，设计基于专业培养目标所要求的应用能力的教学内容。

为让学生在学习过程中能紧密联系实际，职业院校应建立“以能力目标为核心，以模拟任务为驱动，以先导案例为启发，以业务流程为主线”的体系，按照职业教育“理论够用，实践为主”的理念，形成“企业参观认知见习 + 理论教学 + 课程技能实训 + 课程综合实训 + 校外实习”的教学运行模式。

1. 以岗位为导向，技能为核心

职业院校的教学团队应走访各类型企业，聘请物流一线专家成立专业指导委员会，共同制定出用于课程教学资源开发、课程教学实施的岗位能力标准。职业院校尤其要针对本校学生的特点，确定各岗位所需的技能，应以岗位为导向，使衡量岗位能力的专业知识和技能作为教学的核心内容融入课程设计之中。

2. 精心设计课程模块

职业院校应从教学标准的制定、课程组织与内容模块、学时的分配到教学与实践的全过程，紧紧围绕物流一线岗位技能的需要来设计与实施；根据物流信息技术这门课程各项技术知识点相对独立且实践性很强的特点，将教学内容按不同核心物流信息技术分为若干模块，采用“先导案例 + 任务驱动 + 相关理论 + 知识链接 + 课堂实训”的模式来设置每个模块。即在学生学习理论之前，教师可通过解读实际案例，让学生对本次所要学习的内容有一些感性认识，然后通过给出模拟任务或提出实际问题，引出相关的理论知识点，提高学生把理论知识运用到实践中的能力；同时，应为学生提供尽量多的课外相关“知识链接”，使学生能够了解最新的物流动态和发展，最后，让学生进行课堂实训。职业院校应针对物流信息技术各个模块按能力目标均设置了不同的课堂实训项目，让学生实现“教、学、做、用”四结合，使其既能学会专业知识，又能掌握职业技能。

3. 基于工作过程的课程综合实训

职业院校可在物流信息技术课程中引入 3 个工作项目作为课程综合实训，即连锁经营管理系统流程操作、第三方物流系统综合应用流程操作以及 POS（销售终端）系统软硬件操作。这 3 个工作项目均采用基于工作过程的实训模式，模拟真实的工作任务。职业院校应让学生独立或分组操作完成整个工作流程。这样学生不仅可以掌握不同物流企业的工作业务及相关技能，同时能够切实感受企业工作的氛围。此外，职业院校还可以自编物流信息技术实训讲义以供学生上实训课时使用。学生在该实训讲义的指导下，能够较好地完成实训任务，掌握实践操作技能，完成不同物流设备及应用软件的操作。

（三）教学方法设计

教师应在物流信息技术课程教学过程采取理论与实践相结合、教学做一体化的方式进行，以调动学生积极性为核心，以实践教学为主线，设计多种教学方法。

1. 模块化教学

教师应根据课程内容以不同的物流信息技术为核心，建立八大教学模块，并为每个模块制定知识目标和能力目标，针对不同模块特点采用不同方法进行教学。

2. 任务驱动法

教师应根据每个模块的能力目标制定相应的模拟任务，先让学生带着任务和问题进行相关理论知识的学习，然后，让学生采用调研、查找资料、分组探讨等模式对任务进行处理，最后，让学生进行任务分析。这种方法调动了学生的积极性，拓展了学生的思维和提升了学生的表现能力。

3. 案例分析法

教师应精心选择教学案例，对于每个模块的教学都应从导入案例开始，梳理出问题；在课程结束前，再进行综合性应用案例分析，或通过课外知识链接与学生进行探讨，使学生能融会贯通，加深理解。

（四）角色扮演法

教师可通过让学生分组扮演物流公司的不同岗位角色，来完成某项工作任务，这样做既能使学生体验自身角色的内涵活动，又能使学生了解物流企业在运作时需要综合考虑的问题，充分展现社会中各种角色的“为”和“位”，从而达到培养学生社会能力和表达能力的目的。在综合实训中，教师可根据不同系统的不同岗位，在实训中配置多个不同的岗位角色权限使学生进行实训操作。

1. 实物操作法

实物操作法是指将学生带进物流操作实训室，使学生进行实物操作，从而使学生掌握各种设备的使用方法，如条码枪、条码打印机、标签称、POS 机等，属于一种直观教学方法，可以提高学生的学习效果。

2. 工作过程导入法

工作过程导入法是指在课程教学过程中，模拟企业的工作流程使学生进行综合实训的一种方法。首先，教师应为每个学生开通物流信息系统的所有权限，给出模拟数据，并让学生独自完成工作的所有流程；然后，再让学生分组、分角色进行操作。这种方法既能使学生掌握企业的整个工作业务流程，又能使学生了解各角色的权限与职责，对学生将来步入工作岗位，迅速进入角色，并能与同事分工合作，打下了良好的基础。

截至目前，我国对物流信息技术课程进行了近 3 年的摸索与改革，加强了课程职业岗位教学的针对性。这对职业教育类课程的设计和改革起到了良好的作用。

第四章　基于经济领域的职业教育课程改革基本走势

第一节　实现会计职业教育课程科学化改革

一、中等职业教育会计专业的培养目标及课程设置概况

（一）中等职业教育会计专业培养目标

职业技术教育的培养目标具有明显的行业性，不同学校或同一学校的各个不同专业，它们的培养目标也各不相同。教育部颁布的《中等职业学校会计专业教学指导方案》表明，中等职业教育会计专业的培养目标是“培养与我国社会主义现代化建设要求相适应，德智体美等全面发展，具有综合职业能力，面向基层企事业单位从事会计核算与会计事务管理工作的人员”。中等职业教育会计专业毕业生应具备“从事具体行业会计工作的能力；熟练珠算、点钞、计算器操作等技能；具有计算机操作技能和使用会计软件的能力”，具备文化基础知识、计算机应用知识、财税统计知识、财经法律知识、金融基础知识、会计核算知识、行业基础理论和生产管理知识。

目前我国各中等职业教育会计专业的培养目标基本是在《中等职业学校会计专业教学指导方案》确定的培养目标的基础上进行具体扩充后建立和制定起来的。这些培养目标大致可以分为三类（见表 4–1）。

表 4-1 我国中等职业学校会计专业培养目标

类别	培养目标
第一类	培养商贸、企事业、机关等单位财会专业技术人才；培养从事企事业及外贸单位经济核算、会计事务管理、会计核算、基层办税、银行出纳、商业服务收银、统计等工作的专业技术人才
第二类	培养从事财务管理与会计核算及会计事务管理工作的中层管理人才；培养具有扎实的财会技能和高中文化知识的高素质毕业生，为学生的全方位发展打下坚实基础；培养具有良好职业道德，从事各大银行金融业务，企事业单位投资理财工作的中等实用型专业人才；培养掌握会计、统计基本理论和方法、熟悉财经方针政策、具有从事具体行业会计工作的能力、计算机操作技能和应用会计软件能力的复合型人员
第三类	培养与我国社会主义现代化建设相适应，德智体美劳等全面发展，具有综合职业能力，在企事业单位、银行等从事财会工作的高素质劳动者和中初级财会专门人才，以及为高一级院校提供后备人才； 培养大批专业人才并将之送入高等学府继续深造，同时培养部分掌握电算化会计具体业务的专门人才，以适应政府机关、企事业单位和各类事务所从事会计核算和财务管理的需要； 培养能适应社会需求、具有一定理论水平和熟练的实际操作技能的应用型财务专门人才，以及为高一级院校输送合格新生。培养学生掌握初、中级会计技术，以及从事会计核算与会计事务管理工作所必需的财务管理基本知识和基本技能；提高学生的综合职业能力，提高学生适应职业变化和继续学习的能力，为高等职业院校输送人才

（二）中等职业教育会计专业课程设置现状

指导中等职业教育会计专业教学的文本主要是 2001 年 8 月由教育部职业技术教育中心研究所编写的《中等职业学校会计专业教学指导方案》。该指导方案详细规定了中等职业学校会计专业设置标准和课程设置，还制定了会计专业的 12 门专业主干课程具体的教学基本要求。在专业课的设置上，各所学校既有相同之处，又有各自特点。相同之处在于各所学校都将基础会计、财务会计、财务管理、税收基础、会计电算化等设置为主干课程，而且，几乎都没有单独开设财经法规与职业道德课程。不同之处在于各所学校在设置了上述主干课程的基础上设置了国际贸易基础知识、经济法律法规、审计基础知识、关系型数据库、市场营销基础、证券市场、财政与金融基础知识、成本会计、商品流通企业会计、会计英语、出纳实务、财经应用文等课程中的数门课程，还有个别中等职业学校采用高等教育课程设置方式，将专业课细分为专业必修课、专业选修课和限制性专业选修课。

在设置的全部课程中，文化基础课和专业课的比例基本是 1 ∶ 1，专业课中实践课的比例偏低，实践课时安排最多的学校的实践课课时占专业课总课时的百分比还不足30%。

（三）中等职业教育会计专业课程设置存在的问题

1. 专业培养目标与社会人才需求不完全相符

随着社会经济和教育事业的发展，各中等职业学校在会计专业人才培养目标上进行了一定的调整，将培养目标从培养“中等人才”改为培养“应用型人才”或“复合型人才”，对中等职业学校会计专业人才培养目标重新进行了定位。这在一定程度上提高了培养会计人才的指向性。通过对28所中等职业学校培养目标的比较，笔者发现，中等职业学校会计专业人才培养的目标定位有三类：第一类培养的是从事财务工作的专门技术人员，因此，这类学校以使学生获得基本的财会理论知识和熟练的实际操作技能为主要教学任务；第二类比第一类要宽泛得多，它要求毕业生不仅要具有一定的会计理论知识和操作技能，能从事基础的财会工作，同时还要了解一定的管理、法律方面的相关知识，能胜任统计、分析、管理等复合型事务工作；第三类以让学生进入高等职业院校继续学习深造为目的，同时以培养掌握初、中级会计技术，具备从事会计核算与会计事务管理工作所必需的财务管理基本知识和基本技能、综合职业能力、适应职业变化和继续学习的能力的财会专门人才。由于高考要求的限制，采取第三类培养目标的学校更加注重的是文化基础课和专业基础理论知识的教学，对于学生自学能力的培养、实践性操作能力的培养相对薄弱。在采取第一、二类培养目标的学校中，其实也有小部分毕业生参加高考进入高等职业学校学习。这些学校会在第三学年对学生进行分流，对于希望毕业后直接就业的学生，让其去企业实习，对于希望参加高考的学生，由学校老师继续授课，加强指导文化基础课和专业主干课等高考必备知识。

但将各中等职业学校确定的培养目标与现阶段的社会需求相比较，会发现仍存在着一些问题。

①针对当目前中等职业学校的会计专业毕业生就业岗位严重不对口的现象，及会计人员跳槽、转岗情况十分频繁的情况，若学校仅将培养目标定位于“从事会计核算与会计事务管理”，范围明显偏窄。

②随着社会用人市场对会计人员要求的提高，以及高等职业院校的兴建和扩招，中等职业学校毕业生中有一定比例的学生有机会考入高一级院校继续学习深造，或进入工作岗位后参加自学考试、大专函授等。但是，许多学校未为了使继续学生具有更深的文化基础知识和系统的专业基础理论知识，以及有更

好的自学习惯，而在制定培养目标时考虑到学生今后接受继续教育的需要。

2. 课程设置的针对性不强

课程是实现教育目标和培养目标的重要手段，是使学生定向发展的重要途径，是学校及培训机构进行一切教育和教学活动的中心。中等职业教育会计专业课程设置大致包括文化基础课和专业课。其中文化基础课主要是语文、数学、英语、体育与健康以及德育。专业课中的主干课有基础会计、企业会计和财务管理、经济法和税法等。其中，某些课程内容偏难，不适合培养基层会计人员；有些课程专业针对性、目的性和指向性不强，中等职业学校没有按照企业的岗位群所需的知识、能力、素质要求来组织教学和设计课程。在课程设置上，主要集中在会计业务处理方面，对于相关行业课程安排较少，导致学生专业知识面过窄，学生应用能力差，很难适应现代经济快速发展的需要。比如，针对目前进出口业务的增加，新旧会计准则交替，外贸会计和新旧准则比较等课程都应该是会计专业可以设置的选修课程，可许多学校现有课程设置中却没有这样的课程。而且学校教学还是以课堂教学为主，缺少培养学生综合素质的课程。另外，会计行业对人才在职业道德、职业能力等几方面都有着明显不同的要求，如会计人才应该具备良好的职业道德，等，而这些能力的培养就必须由一些非学科课程才能完成。目前，学生在这些综合课程方面所得到的东西还太少。在实践性课程设置上，学校在教学时间里安排的技能实训课较少，学校往往以“毕业实习”形式，通过生产实习来完成教学要求。例如，一般学校只安排学生在校学习两年。学生在校期间几乎没有实践教学环节，两年时间里只上理论课，第三年就被安排到企业自行“奋斗”，名义上是专业实习，实则是打工、找工作。这样，必然造成学生的实际工作能力和应变能力等的欠缺，用人单位极不满意，所以各用人单位在招聘会计人员时纷纷要求“有实际工作经验”，从而导致许多毕业学生拿着资格证、毕业证却无法就业。

3. 课程内容陈旧，且缺乏整合

在职业学校现有的各个专业课程设置中，笔者注意到其课程内容相对陈旧，严重滞后于实际发展。近年来，会计制度和会计准则发生了较大的变化，但目前各职业学校所使用的会计课程教材还是根据老旧的《企业会计准则》编制的，其中一些内容已不符合当前的实际。近几年来，我国的各类税种的征收规定发生了很大的变化，但目前职业学校所使用的教材依然是老版本，这不利于学生的学习。这种陈旧的课程内容在现有的各专业课课程中还大量存在，这肯定是不能适应现代企业对人才的需求的。同时，数门课程内容中存在重复、交叉问题，而且有些课程对中等职业学校学生而言难度较大。另外，许多职业学校又缺乏必要的能提高学生综合能力的课程，教师只是在片面、单一地传授相关专业的基础知识和技能。随着经济的发展，会计人才必须全面发展。因此职业学校应该随着社会的发展不断调整和整合课程，联系实际。

4. 课程实施随意性大，科学性不强

笔者通过对一些职业学校教师和学生进行访谈了解到一些学校在实施课程过程中不够科学，随意性较强，现有的专业课程的设置和实施基本是按照现有的专业课教师和教学条件来进行的。有的学校由于现有的师资和实验条件的限制，在专业课程设置和实施时往往考虑有什么样的教师才开设什么样的课程，有什么样的教学条件就进行怎样的教学。虽然一些职业学校的教学计划安排的会计专业课程内容可能比较多，但教师在每学期的实际授课过程中往往将一些会计专业课程的教学内容淡化。比如，对于税收基础知识、经济法规基础知识，教师往往将其列为了解类知识，课程考核时流于形式，只要学生背背复习答案就能顺利通过考试。这严重违背教育的科学性。

二、中等职业教育会计专业课程设置存在问题归因分析

结合前述情况，笔者进行了深入分析，得出造成上述问题的原因主要有以下几个。

（一）缺乏对人才发展和市场需求的综合分析

中等职业学校多年来沉浸在前几年会计专业的辉煌中，在设置会计专业课程时缺乏对会计行业的新形势和新需求的了解，盲目地跟着感觉办学。职业教育各专业的培养目标没有以市场和工作岗位的需求为出发点，从而导致培养出来的学生不能适应新的会计人才市场的需求。会计行业具有很强的实践性和操作性；而且会计电算化的广泛运用要求会计人才必须能够熟练使用计算机和现代化办公室及信息系统；同时，在会计信息失真严重的经济环境下，会计人员应具有较高的政治修养和职业道德修养。可是，中等职业学校却没有以这样的职业能力分析作为依据，课程设置较笼统，涉及的面较狭窄。而造成这一局面的原因主要在于中等职业学校没有很好地分析当前会计人才发展方向，没有深入了解当前人才市场的需求，对会计专业人才培养目标没有进行更进一步的研究。因此，中等职业学校有必要通过对当前会计人才发展方向和市场需求进行

综合分析，然后对培养目标进行一定的整合与调整，使之更好地为中等职业学校会计人才的培养指明方向，也使之能更准确地指导中等职业学校会计专业课程设置优化体系的建立。

（二）缺乏良好课程设置的条件

在中等职业教育会计专业课程设置方面存在不足的原因，不仅仅是课程设置本身不够科学合理，还在于中等职业学校缺乏良好的课程设置的条件。第一，各中等职业学校大多都以教导处为指导部门，各专业部门通过对行业的调研进行专业课程设置，而各专业部门的这个工作又主要是由专业教研组长来执行的，没有专门的课程设置机构，对课程设置的研究也就缺乏力度。第二，课程编制人员缺乏良好的课程设计能力。学校的课程编制人员主要由专业课教师兼任，他们几乎不具备课程设置的专业理论知识。中等职业学校主要沿用以前的一些课程的设置，或者套用别的地区和学校的一些课程设置，缺乏对本地区本学校的具体情况的研究。以上两点是目前绝大多数中等职业学校中都存在的一个普遍现象。第三，校企合作不密切，忽视了校内外实训设施和基地的建设，不能保障职置业教育对学生动手能力的重点培养。很多学校的实验和技能练习用具与会计行业现有设备不匹配。中等职业学校学生动手能力不能得到有效的培养。校外见习和实习的基地不能满足大量实践性课程的教学需要。

（三）缺乏良好师资以保证课程实施的质量

要培养出优秀的高素质的专业人才，必须首先要有优秀的高素质的专业课教师，但目前中等职业学校的专业教师的素质却滞后于专业的发展的需求。学校内的“双师型”教师少，名师更少。专业教师绝大多数是大学本科毕业生，他们又缺少行业实践经验，从而造成教师只能“照本宣科”，专业理论水平较高，但实际动手能力不强。若想要增设多种类、多层次的专业课程，使课程综合化，专业教师的知识结构和能力水平必须相应提高。国内外的先进经验表明，会计专业这类实践性很强的专业，聘用来自行业、具有几年从业经验的会计人员兼职教师，把行业专家“请进来”，或者通过进修、培训等方式提高现有教师的学历层次，完善教师的知识结构，让专业教师“走出去”，都可以很好地优化师资队伍。可是，目前大多数学校在师资队伍的建设上，在“请进来，走出去”这两个方面都做得不够，教师的综合能力急待提高，无法有效地进行课程设置，培养的学生的技术含量也就非常低，无法满足知识经济时代强势企业的要求。

三、完善中等职业教育会计专业课程设置的总体思路

（一）设立科学的专业培养目标

培养目标是学校教学的质量标准，专业培养目标的确定是进行课程选择的基础，而课程设置又是实现培养目标的途径和手段。课程体系是否合理直接关系到所培养人才的质量，换句话说就是，培养目标和课程设置是直接相关的。根据课程设置的“目标模式”，专业培养目标的确定是课程设置的第一个步骤，也是最重要的步骤之一。美国课程学者泰勒从“八年研究”中探索出来的课程设计模式，便是目标模式的典型代表。1949 年，在被称为“现代课程论的奠基石”的《课程与教学的基本原理》一书中，泰勒提出了一套基本原理以引导学校发展新课程。综合国内外学者的观点，笔者认为，影响培养目标确定的因素主要为以下三个。

①学生自身的特点对培养目标的影响，如心理健康状态、知识层次、认知水平、活动能力、就业观念等。

②外界环境对培养目标的影响。外界环境主要包括学生就业地区的区域经济发展趋势、主要行业类别和企业性质等经济环境因素，以及社会用人市场相关岗位责任的要求。

③相关政策和教育法规对制定培养目标的意见。

因此，中等职业学校要优化中等职业教育会计专业的课程设置可运用“目标模式”，即设立科学的专业培养目标；同时，要达到专业培养目标，必须通过建立和实施与之相适应的课程设置体系来完成。

美国会计教育改革委员会认为，传统的会计目标已不能适应会计职业发展变化的需要，会计教育的目标不是让学生在刚从事会计职业时便成为合格的会计工作者，而要使学生具有作为一名会计人员所应具备的能力，使其能终身学习。这些能力如下所示。

其一，技能，即沟通技能、会计专业技能和人际交往技能。

其二，知识，包括一般性知识和会计知识。

其三，专业认同，即会计专业毕业生应认同会计专业，乐于学习会计专业所必备的知识、技能，熟悉会计职业道德准则，能进行价值判断，随时准备探讨与会计专业的诚实性、客观性、适当性以及与公共利益有关的问题。

我国会计教育培养目标的研究不少，但其中多是针对高等职业教育，直接针对中等职业教育会计专业培养目标进行研究的资料实在是少之又少。杨汉东

认为，中等职业教育会计专业培养的毕业生应是在中小企业或基层核算单位工作的，具有全面素质和综合职业能力、具有较强实际操作技能的会计员一类人才。戴波认为，中等专业学校、高等专科学校、职业技术学校应培养德智体美劳全面发展，具有较强实践能力，能满足基层需要的应用型财务会计人员。

结合以上各方面的陈述和分析，笔者认为现阶段我国中等职业教育会计专业的培养目标可以确定为，培养与我国社会主义现代化建设要求相适应，身心健康，德智体美劳等全面发展，具备知识更新能力和职业判断能力的基层会计专业技术人员。

这一培养目标将中等职业教育会计专业毕业生的就业岗位定位于基层，有别于高等职业教育的培养目标层次；强调“专业技术人员”，体现了中等职业教育的特点；突出知识更新能力，旨在使所培养学生能适应会计制度的变更、会计知识的深化，具有自我学习能力，具备成为一个中、高级会计专业技术人才的潜质；同时，注重在压力下学生身心健康的形成；增添“职业判断能力”的提法，以使学生具有独立解决问题、进行正确抉择的能力，在工作上能独当一面；此外，还兼顾了学生毕业后继续接受教育的意愿。

（二）明确中等职业教育课程设置原则

随着社会经济的快速发展和就业结构的调整，中等职业教育面临着严峻的挑战。要使中等职业教育会计专业在市场经济中办出特色、创出品牌，中等职业学校必须根据社会结构的变化和会计专业的发展对人才规格的具体要求来调整课程设置，改革课程内容。对于会计行业而言，人才的思想素质是关键，文化素质是基础，专业素质是重点，身体素质是前提，心理素质是保证。因而中等职业学校在进行课程设置改革时，应该遵循如下原则。

①基础性原则。职业教育是定向教育的基础环节，为受教育者进入社会以后终身接受定向教育奠定基础。不论从生存的角度，还是从发展的角度，职业教育的课程均应强化为受教育者职业生涯奠定基础的价值取向。从生存角度看，受教育者必须具有在一个职业群甚至几个相关职业群中转岗的基础。从发展角度看，受教育者必须具有继续学习的基础。继续学习既包括面对全体受教育者的不与学历挂钩的、更新的知识与技能的学习，也包括面对部分受教育者的取得高一级学历的学习。

②发展性原则。职业是不断演变的，随着科技转化为生产力的速度越来越快，21 世纪的职业演变速度将快于 20 世纪。在联合国教科文组织召开的面向

21 世纪教育国际研讨会上，学者们指出，平均 50% 的职业可能在一代人的时间内发生变化，每 3 ～ 5 年就有约 50% 的职业技能需要更新。因此，与职业社会密切相关的职业教育的课程必须及时反映职业的发展。

③实践性原则。课程设置既要体现职业岗位所需要的实践环节的内容，又要体现交叉复合岗位和职业的实践内容和形式，还要体现各种实践的可操作性。会计专业技能形成的实践环节是中等职业教育课程设置的重点，因此，中等职业学校要增加专业课的实践课时，根据会计专业不同方向的教学需要，尽可能单独开设一些与专业紧密相关的实践课程，如出纳实训、手工会计模拟实训、会计电算化模拟实训等；同时，在开设一些相关的课程开出以后，应安排一次综合实习。

（三）优化课程结构

课程结构是将课程目标转化为教育成果的纽带，是课程实施活动顺利开展的基础。中等职业学校应该将课程设置理论与对学生需求、行业需求、专家的建议等的多维度分析结合起来，从基础课程与专业课程、理论课程与实践课程、必修课程与选修课程三个方向合理安排各门课程的课时比例，整合不同课程的相近部分，从总体上优化课程结构。

对于中等职业教育会计专业课程的优化设置，笔者认为，职业学校应当从用人单位需要的会计人才的能力结构出发，有的放矢，提高学生的操作能力，增加实践课程的课时，加入以往不太注意的会计职业道德的课程，相应地，应减少政治、语文的课时数；针对培养目标中的“基层”定位和“专业技术人员”，应更注重会计专业基础课和专业主干课在设置和实施过程中理论知识的基础性、实用性，以及学生对专业基本技能掌握的熟练程度。为了使学生具备适应行业多岗位转换甚至岗位工作内涵变化、发展所需的知识和能力，应适当广泛地开设与会计岗位相关的基础课程作为任意选修课，而且为了更好地培养学生知识更新能力、团队协作能力、职业判断能力、人际交往能力等综合能力，职业学校在会计专业课程设置中也应该开设培养、提高这些综合能力的课程。如开设“综合实践活动”课程以培养学生自己发现问题、析问题、解决问题的能力。总之，课程设置过程中应统筹各门课程的基本任务，使各门课程始终围绕着会计专业人才培养的目标而展开。

（四）建立会计专业与地方中小企业的有效沟通机制

中等职业教育会计专业的培养目标与各地区中小企业的人才需求密不可

分，各中小企业是会计专业毕业生最直接的就业市场，也是会计专业学生实习、实践的重要阵地。保持学校与中小企业良好的沟通，可以避免学校在学生培养方面“闭门造车”的弊病，使学校培养出来的人才更好适应企业的需求；同时，可以让企业对学校和学生有更深一步的了解。建立良好的校企沟通机制，有利于解决“毕业生就业难”的问题。职业学校可以通过聘请企业财务经理、主办会计来校任教等方法解决这一问题，这样，一来增强了学校教师力量，二来提高了企业参与学校培养人才的积极性，学校也能够参照企业的标准培养会计人才。

（五）结合地方经济发展特点成立教育集团，校校联合

在我国经济区域划分中属于长江三角洲及沿江地区，以及宁波、台州、温州、舟山等地区沿海区域，产业经济发达。因此，各地区或县市的中等职业学校应结合地方经济发展特点，试着成立教育集团，增强学校和学校之间的紧密合作关系，共享教学资源上，提高实验实训设置的利用率，在提高学生实践能力的基础上，降低教学成本，在教育和教学过程中渗透为经济服务、为市场服务理念，保证会计人才培养方向不发生偏差。

（六）进一步加强师资队伍建设

《教育部关于“十一五”期间加强中等职业学校教师队伍建设的意见》中指出，“十一五”期间中等职业学校教师队伍建设的工作目标：教师队伍的数量规模满足职业教育事业发展的需要。

为了贯彻国家大力发展职业教育的方针，实现中等职业教育快速健康发展的目标，各地方和中等职业学校要积极采取措施，进一步加强师资队伍建设。而且，专业课程设置也需要有一支教育观念新、创新意识强、师德高尚、水平高超的“双师型”教师队伍作为后盾。为此，笔者认为，中等职业学校可采取以下措施加强师资队伍建设。首先，要努力提高校内现有教师素质和能力，让教师参与中等教育会计专业培养目标的研究，明确教学对象的特点和预期达到的教学目标；同时，通过岗前培训或利用暑假让骨干教师深入企业兼职锻炼等方式提高教师的实践水平。其次，面向社会广泛吸引那些具有一定工作实践经验、企事业单位离职待岗或退休的专业技术人员、高技能人才，使其到职业学校教学一线，承担专业课或实习指导教学任务。再次，制定具体明确的聘请兼职任教人员的基本条件或录用标准，聘请会计领域具有丰富实践经验和特殊技能的能工巧匠到学校兼职任教。最后，加强师德和教风建设，努力提高教师的

思想道德素质，增强教师的责任感，使教师不仅把教学工作当作分内职责去做好而且将其作为一项事业去努力拼搏。

四、改革中等职业教育会计专业课程设置结构和具体课程内容

以“宽基础、活模块”为特征的集群式课程模式自 20 世纪末以来在全国 21 个省、市、自治区的众多和部分高等职业院校里已经得以实施，在职教界引起了广泛反响。但在 1 所学校开展该课程模式，对学校而言，在师资和教学设施上存在一定的困难。同时，单纯的集群式课程模式的“活模块”阶段提倡以技能为主，这对文科类的会计专业而言，稍有不妥。而阶段模块式课程模式则将各阶段的课程安排为第一阶段文化基础课、第二阶段专业基础课和第三阶段专业课，当前也有一部分中等职业学校的课程设置是这种模式，但单纯的阶段模式课程不利于发挥学生的专长，使学生的就业面狭窄。因此，我国中等职业学校课程设置模式应为集群式模块课程理论和阶段模块式课程理论相结合的课程设置模式，同时应兼顾“多证书”教育教学模式。我国中等职业学校在设置课程时应既分阶段又分模块，而且应结合专业资格证书制度。第一阶段和第二阶段的基础课学习使得学生具备会计基础理论与技能。同时学生应获得会计人员从业资格证书、会计电算化初级证书，为毕业后直接上岗做好准备。第三阶段选修课的学习使得学生在具备会计基础理论和技能的基础上，提高综合职业能力，扩大就业范围。

（一）课程设置结构

中等职业教育会计专业课程设置具体方案是将全部课程分为基础课和选修课两大部分，分阶段进行课程实施。其中，基础课下设公共基础课和专业基础课；选修课下设专业必选课和任意选修课，任意选修课以“小模块”的方式供学生选择。课程设置结构见图 4–1。

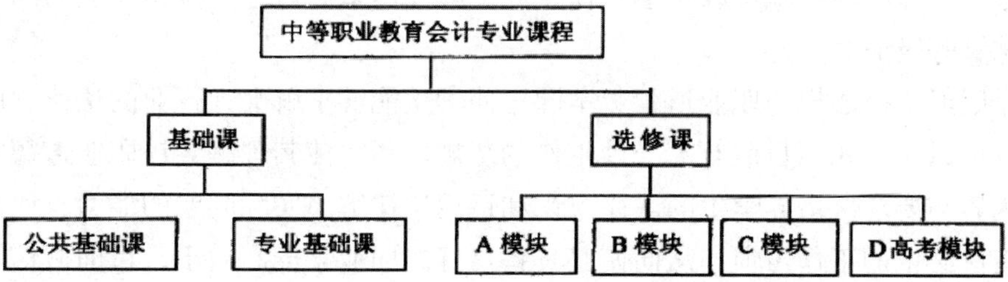

图 4–1 中等职业教育会计专业课程设置结构图

（二）具体课程内容

1. 基础课内容

基础课包括公共基础课和专业基础课两类课程。

公共基础课是中等职业学校根据中等职业教育的总目标和普遍要求开设的，有利于保证学生德智体美劳全面发展。中等职业教育会计专业课程设置结构中的公共基础课包括德育、英语、数学、语文、计算机应用基础、体育与健康、法律和心理健康教育。其中心理健康教育课程是针对当前人们的工作、学习压力普遍较大，抑郁症等精神层面疾病频繁出现的现象而开设的，目的是指导学生形成积极的竞争意识，学会正确疏导压力、宣泄情绪的方法，保持健康向上、积极乐观的处世心态，更好地学习、工作和生活。

专业基础课是教师向学生传授从业必需的专业基础知识、基本职业技能的课程。专业基础课具有基础性、整合性、实践性和必需性的特点。中等职业教育会计专业的专业基础课应主要包括基础会计、会计基础技能实训、财经法律法规与职业道德、会计实务、税收基础、财务管理、会计电算化、会计综合模拟实训。

基础会计：本课程是会计专业基础课的第一门课程，中等职业学校开设本课程的目的是通过本课程教学使学生熟练掌握会计基本理论、基本方法和基本操作技能。本课程的教师在本课程的教学过程中要充分重视学生学习的规律和特点，以学生能力为本位，从学生实际出发，充分调动学生学习会计知识的主动性、积极性，为学生进行后续的会计专业知识学习打下良好的基础。

会计基础技能实训：本课程以实训周的方式得以实施，具体内容包括珠算、点钞、电子计算工具的应用训练，并有规定的技能等级标准；简单的会计业务处理，凭证的编制与审核、账簿的登记和报表的编制。本课程教师应以学生为主体，因材施教，充分发挥学生的主观能动性，将教学、训练和比赛有机结合起来。本课程的实施可以使学生在充分了解和熟悉会计基本操作技能的同时获得珠算等级证书。

财经法律法规与职业道德：本课程使学生能够了解会计行业的法律制度，使其可以熟悉我国目前有关会计工作的法规体系，使其理解会计职业道德的具体内容与要求，培养学生的法律意识和运用法律解决实际问题的能力，使其养成有法必依的工作习惯，从而使其具备良好的职业素养。由于，目前诚信问题已受社会公众，尤其是会计行业的广泛关注，在此背景下开设职业道德教育方面的课程，有利于学生形成良好的道德观念和职业素养。同时，本课程的日常教学也应与会计从业资格证考试相结合，为学生顺利通过会计从业资格考试做铺垫。

会计实务：中等职业学校应删减该课程内容中的与财务会计、成本会计、管理会计学科之间的重复交叉部分和基层会计人员难以用到的、较难的理论知识，按“基础、够用”的原则将以上三门学科归集整合成综合性的“会计实务”，以构成会计专业主干课程的核心内容。中等职业学校应在基础会计课程以后开设本课程，使学生掌握财务会计核算、财务成本管理的相关理论知识和基本技能，为学生以后会计专业的学习和工作打下扎实的专业基础。

税收基础：本课程内容包括与基层会计工作岗位相关的税收基本理论和基本知识。通过本课程教学，学生可以熟悉我国现行税收制度、税收法规及税收管理的基本模式，能够较为熟练地处理涉及税收核算的会计业务，为各类企业依法履行纳税义务服务，初步形成解决税收实际问题的能力。

财务管理：通过学习本课程，学生可以掌握市场经济条件下基层会计人员从事相关岗位工作所必需的财务管理基本知识和基本技能，掌握财务管理的相关概念、基本原理、相关资产管理、财务收支及利润管理、简单的财务分析，提高综合职业能力，提高学生适应职业变化的能力和继续学习的能力。

会计电算化：随着我国企业信息化建设的大力开展和会计电算化工作的逐渐普及，有关电算会计的知识、技能在会计实践中的应用越来越广泛。通过本课程的学习，学生可以了解电算会计的基本原理和流程、电算会计工作的相关法律规定，熟练掌握用友 U850 和金蝶 2003 财务软件的具体应用技能，初步具备独立应用计算机进行会计核算的能力。该课程是融理论性、技术性、实践性于一体的课程，尤其强调学生实践技能的培养，属于专业核心课程。本课程教学以上机操作为主，课程考核形式可以与会计电算化合格证书考试相结合。

出纳岗位实训：本课程突出出纳员岗位的实际工作，包括出纳员岗位实训基本知识、出纳员基本职业素质、出纳员的基本技能、现金业务处理实训、银行存款日常业务实训和银行转账结算业务处理实训 6 个方面的内容，模拟企业出纳工作，针对出纳员岗位，突出对出纳业务处理能力的训练。

会计综合模拟实训：本课程是一门专业主干课程，也是一门专业实践性课程。中等职业学校应在基础会计、会计实务、税收基础、财务管理和会计电算化等课程后开设本课程。该课程教师应当在会计模拟实验室进行教学，在条件允许的情况下应采用会计岗位轮岗实习的方式，通过对仿真会计资料的演练和操作，增强学生对所学专业知识的理解和感性认识，使学生熟悉较全面的经济业务处理过程，掌握会计核算基础知识和基本操作技能，具有基层会计人才必备的会计实践能力、分析和解决实际问题的能力。

中等职业教育会计专业学生毕业后大部分是要立即走上会计岗位的，因此在学校期间应该取得会计从业资格证书以获得会计上岗资格。目前，会计从业资格证书考试科目主要为会计基础、财经法规与会计职业道德、初级会计电算化（或通过珠算五级考试）三门。专业基础课中的基础会计、财经法律法规与职业道德、会计电算化、会计基础技能实训等课程，为会计从业资格证书考试做了很好的铺垫。中等职业学校在考核学生学习情况时，也可将各证书考试成绩与这些学科的课程成绩结合起来，从而将知识的学习、课程的评价与职业证书的取得统一起来。

2. 选修课内容

选修课分模块进行，由学生自由选择学习，主要设置能够增加学生专业理论知识的相应课程和提高学生各方面能力素养的相关课程。会计专业选修课力求全面提高会计专业学生必须有的能力与素养，为其能够继续学习、胜任工作或更好地生活奠定基础；同时，学生可根据自身性格、兴趣的不同特点任意选修其中的某个模块，以发展长处或弥补不足，突出自己的专长。选修课的课程内容具有灵活性、先进性、扩展性特点，主要包括企业顶岗实习、专题讲座、就业指导与创业、统计基础、审计基础、财政金融基础、证券投资、经济法律基础、预算会计、商品流通企业会计、外贸会计、国际贸易基础知识、商务英语口语、会计英语、行业会计实务、财经应用写作、市场营销基础、综合实践活动、公关礼仪等课程。各学校可以根据自身的特点和条件开设具有地方特色、学校特色、专业特色的“校本课程”供学生选修。

企业顶岗实习：学生基本完成所有专业课程学习后会进入企业进行综合顶岗实习。企业顶岗实习一般被安排在最后一学期。本课程是学生将理论应用到具体实际，强化职业技能、提高其全面素质和综合职业能力的重要环节。

专题讲座：会计专业具有较强的政策性、实践性和技术性。教学应注重理论联系实际，紧随政策法规变化，注重知识的变动和更新。因此，中等职业学校可以通过开设专题讲座课程，定时邀请会计岗位相关人员，特别是一线会计人员来讲授关于会计行业发展动向及国家颁布的新制度、新准则、新技术，国家最新的财政经济政策和制度，会计人员应具有的素养能力等相关知识专题，使教学内容得以更新、与时代同步。这样可以使学生毕业后能快速学以致用，缩短了其从学校学习到会计工作实际的过渡时间。

就业指导与创业：中等职业学校针对本校绝大部分毕业生直接就业的特点开设本课程，以对学生进行就业指导。该课程可以使学生了解职业选择、职业理想的基本知识与要求，树立正确的就业观念，学会依据社会发展、职业需求和个人特点进行职业生涯设计，增强学生提高自身全面素质、自主择业、立业、创业的自觉性，为学生毕业后顺利就业、快速适应工作岗位提供帮助。

统计基础：通过本课程学习，学生可以掌握基层会计人员必备的统计基本理论、基本知识和统计调查、统计资料加工整理与量化分析的基本方法和基本技能；提高认识社会、分析和解决问题的能力；培养综合职业能力。

审计基础：本课程可以使学生掌握审计学相关的基础知识和基本技能；帮助学生树立从事会计工作的法制观念；使学生明确执业规范要求；提高学生综合分析、评价和处理问题的能力；为学生进一步学习专业知识和职业技能，提高综合素质，提高适应职业变化的能力奠定一定的基础。

财政金融基础：本课程可以培养学生关心国家财政金融政策的兴趣及对社会经济现象进行初步分析的能力，使学生具备从事基层会计工作所必需的财政、金融的基本知识，基本经济政策及分析与运用政策的能力，为学生学习专业知识和职业技能、提高综合素质、增强职业道德观念奠定一定的理论基础。

证券投资：随着我国证券市场的不断发展和规范，证券市场在社会经济运行中的地位日益显现，证券投资、融资活动已成为社会各行各业以及广大居民经济生活中的重要内容。因此，开设证券投资课程可以使学生了解证券市场结构、证券投资工具、资本市场理论、投资管理等知识，掌握证券投资分析的基本方法和技巧。

经济法律基础：通过学习本课程，学生能够初步了解经济运行过程中的相关经济法律及经济法基础知识，熟悉企业法、公司法、破产法、合同法等相关经济法律。

预算会计：本课程可以使学生了解预算会计的基础知识，明确和掌握财政总预算和行政事业单位会计核算原理及方法，学会政府与事业单位经济业务的日常账务处理方法，为学生毕业后从事政府机关或行政事业单位的会计工作奠定基础。

商品流通企业会计：本课程可以使学生了解并掌握商品流通企业会计的基本理论、会计核算的基本方法及操作技能，为学生毕业后从事流通企业的会计工作奠定基础。

外贸会计：通过本课程的学习，学生能够具备从事涉外企业会计工作的基本知识和基本技能，掌握主要事项的处理方法，了解外贸会计与一般会计的差异，满足市场经济对具有外贸会计知识的复合型会计人才的需要。

国际贸易基础知识：通过本课程学习，学生能够了解国际分工、跨国公司、经济全球一体化等基本概念，理解关税及非关税壁垒对贸易活动的影响以及鼓励出口与出口管制措施的作用，了解主要国际贸易政策与措施及有关国际经济贸易组织的基本知识。

商务英语口语：全球一体化促使越来越多的外资企业在我国投资、经营，国内企业与国外企业的业务往来也越来越频繁。通过商务英语口语学习，学生能够具备外事商务活动中的交际能力及语言表达能力，了解现代商务活动的基本常识，掌握商务活动中的英语对话模式，学会如何在各种外事商务活动中得体、自然、灵活地运用英语进行交流。

会计英语：本课程可以使学生掌握会计专业基本英语词汇和常用语，使其提高会计专业英语听、说、读、写的能力，使其看懂用英语编制的企业会计报告和相关财务资料。

行业会计实务：通过学习本课程，学生能够了解其他行业会计核算的特点，掌握行业典型经济业务会计核算的基本理论、基本方法和基本技能；进行行业会计核算方法的横向比较，简要了解我国主要行业中典型经济业务会计基本核算方法、基本理论与实务，拓宽学生的视野。

财经应用写作：本课程可以使学生了解应用文写作的基本理论知识和财经应用文特点、文体等相关知识，使其掌握常用财经应用文写作的基本规范和方法，提高学生文字组织能力与写作能力，为从事会计工作中的财经公文写作提供理论基础。

市场营销基础：通过学习本课程，学生可以掌握市场营销的基本理论、基本知识和基本方法，认识在社会主义市场经济发展进程中加强市场营销管理的重要性，了解、分析市场营销环境，研究市场购买行为，制定市场营销组合决策，掌握组织和控制市场营销活动的基本程序和方法，培养正确分析和解决市场营销管理问题的能力。

综合实践活动：通过案例分析、社会调查、问题研究、专题讨论、小组协作等探究性活动，学生可以学习科学研究的方法，发展综合运用知识的能力，培养团队合作精神、科学的探究精神、积极的创新意识；提高自主学习能力，独立分析问题、解决问题的能力，动手操做能力，讨论交流能力；为能合理妥善解决今后在工作、生活中遇见的问题奠定基础。

公关礼仪：礼仪既是文明社会交际活动的行为准则，又是待人处事、塑造个人与社会组织良好形象的重要手段。本课程的教师通过讲授和实训，使学生掌握公共关系和社交礼仪的基本理论知识，增强其使用社交礼仪的自觉性，提高其处理公共关系问题及与人和谐交往的能力。

专业选修课中的各课程均采用“套餐”方式选修，即学生一旦选择某模块，就必须成套选择该模块中的所有选修课程。

高考模块针对的是一小部分毕业后准备参加高考，进入高等院校继续学习深造的学生，他们的主要任务是通过高考的选拔。因此，高考模块中开设的课程均为高考的必考科目。

针对现阶段我国中等职业学校会计专业毕业生设置的高考科目以及会计专业课程考试，我国将会计专业高考课程模块分为文化基础课（语文 II、数学 II、英语 II）和会计专业课（基础会计 II、企业会计、财务管理 II）。

五、中等职业教育的展望

中等职业教育是我国高中阶段教育的重要组成部分，担负着培养数以亿计高素质劳动者的重要任务，是我国经济社会发展的重要基础。职业教育不同于普通教育，在专业设置、专业课程设置和教学内容等方面，相关部门都必须根据市场需求及时给予调整。脱离了市场需求，职业教育就失去了发展的可能和机遇，失去了存在的价值。科学设置专业和课程是实现中等职业教育培养目标和体现职业教育特色的基础工作，是职业学校主动适应国家经济结构调整、区域经济发展和社会人才需求变化的关键。

中等职业教育会计专业采用集群式模块课程和阶段模块式课程相结合并兼顾“多证书”教育教学模式的课程设置模式，一方面，安排了为学生进入会计相关岗位必备的基础知识和技能的基础课程，且为学生获得计算机等级证书、会计电算化证书、珠算等级证书、会计从业资格证书等做好铺垫；另一方面，设计安排了有针对性的职业对应“模块”。这样的课程设置一是提高了毕业生进入劳动力市场的就业应变能力，使学生获得在一类职业群中广泛就业的可能性；二是使学生就业后能在这类职业群中转换岗位，而不需要更多的再培训；三是使学生在毕业前得到针对性强的技能训练，以便就业时就能顺利顶岗；四是同一地区或县市的中等职业学校可以组成一个职业教育集团，共享资源，结合区域经济特色，适应劳动力市场的变化，把握市场主动权。

学生成绩的评价应根据目标多元化、方式多样、注重过程的原则，采取卷面笔试与实际操作相结合、考察与考试相结合、课内与课外相结合的评价方式，并应允许学生以会计相关资格证书作为相应科目的考评成绩，以鼓励学生学好专业知识与技能，积极参加职业资格考试，在毕业时获得“双证”。

笔者的研究旨在为我国中等职业学校会计专业的健全发展，完善课程体系改革，提高教学质量和人才培养规格提供依据和参考。但由于研究时间短，所制定的课程设置体系及其内容还未能在中等职业学校会计专业教学实践中试验实施，只是一个课程实施建议。同时，由于个人理论知识水平的限制，在课程设置中对于教学内容如何选择，以及课程评价等问题，都还有待相关学者继续研究和完善。

第二节　实现计算机网络技术职业教育课程理实一体化改革

为了贯彻落实《国务院关于加快发展现代职业教育的决定》精神，我国职业学校应该了解计算机行业目前的发展现状、企业对计算机人才及专业技能的需求状况，从而明确专业服务方向，确定计算机网络技术专业的人才培养方案、培养模式，并进行理实一体化课程的开发与实施。

一、依据专业设置的产业需求对接，构建人才培养体系

面向职业岗位构建人才培养体系是职业学校教学改革的核心任务。学校应根据技能型、创新型高素质人才培养目标，以地方经济发展为契机，加强特色专业群的建设；依托社会需求，准确定位学校的专业培养目标；以强化动手能力、创新能力为核心，确定人才培养模式；以工学结合为切入点，实施“理实一体化”的教学模式；以培养学生专业基础能力和技能为主线，建立以能力为核心的岗位课程体系；建立以校企合作为基础的长期稳定的实训基地。

二、根据课程内容与职业标准对接，确定课程标准

根据市场需求变化，职业学校应有针对性地调整优化计算机网络技术专业结构，使之适应行业经济及社会发展的需要；同时，要依据职业岗位（群）的任职要求，参照相关职业资格标准，合理变更课程体系及课程标准，从而使课程内容与企业岗位能力标准对接。

（一）树立企业用人理念

以就业为导向、以能力为本位的教育理念，不仅要求职业学校使学生获得胜任某种职业所需的专业技能，以使其适应毕业后的工作，更应关注学生职业综合能力和未来发展的核心能力，以利于学生适应企业在升级转型中未来转岗、转业的需要，让学生能够适应社会，能够体面工作、有尊严地生活。职业教育必须与学生终身学习、核心能力培养对接。

调查显示，企业更注重“先做人后做事”的用人理念。许多企业认为职业学校在教育方面，要突出对学生的德育教育，应时刻把诚信、卫生、礼貌等职业素质贯穿于整个职业教育过程中，将职业精神、信念、道德、团队协作、沟通交流、自学与创新等综合能力作为重要的培养目标。为此，学校要着重提高学生的综合素养。职业学校应培养学生吃苦耐劳精神、良好的职业道德、敬业精神、良好的职业素养。

（二）明确企业对网络人才专业技能和证书的需求

通过调查发现，企业认为计算机网络技术及相关专业技能人才应掌握计算机组装与维护、网络产品配置、计算机外设维护与维修、办公软件应用、局域网规划、综合布线、服务器配置与管理、网络安全管理、网站建设与维护等的主要专业技能，因此，学生要掌握扎实的专业基础知识和较高的专业技能。

毕业证书应与职业资格证书对接一项人才需求调查指出了企业对职业资格证书需求情况：电工上岗证占 23.2%，计算机等级考试证书占 39.9%，相关行业资格证书占 17.8%，其他证书占 19.6%。计算机网络专业技术人才的证书类型主要有：国家劳动部门等颁发的职业资格证书，如计算机操作员、计算机网络管理员等；企业颁发的专项认证证书；其他社会力量办学颁发的证书。

行业协会作为职业教育与社会培训工作中政策的决策者、监督和评价者、咨询和指导者，不仅熟悉教育的办学规律，而且洞悉企业运行特点。所以，在以行业为纽带，制定完善职业资格认定标准，形成人才培养有标准、学生发展有目标、企业用人有依据的状况下，校企合作将越走越宽。在学生职业技能鉴定中，行业协会应充分发挥监督与评价作用，考评员不仅要有学校教师，还要有行业专家、企业技工，只有职业学校的人才培养合格与否由行业、企业参与核定，人才培养才能适应企业的需求与发展。

三、依据教学过程与生产过程对接，做好课程实施工作

（一）融合校企文化，形成促进学生职业素养

职业学校应借鉴和吸收成功企业的企业精神、价值观、经营理念等，把诚信观念、质量意识、竞争意识、效率意识、创新意识、服务理念以及创业与敬业精神渗透到学校的校训、校风、学风、教风等中，贯穿实施到学生的培养过程中，使之融入传统课堂教学和实训活动中，让学生真实体会企业文化的真谛，培养学生的职业意识；也可以通过校企合作，实践企业文化，培养学生职业素养。此外，建立校企联合评价学生机制，用企业文化来检验学生的素质，也是促进学生职业素养形成的途径。

（二）建设校本教材

目前，许多学校计算机网络技术专业的课程体系是由上级教育主管部门制定的，所用的教材是脱离学生认知能力与特点的知识体系教材，所用的教学手段也是理论与实践脱节的填鸭式的教学手段，从而导致学生毕业后在实际工作中分析问题和解决问题的能力薄弱。在技能培养方面，职业技能训练还没有完全形成一个体系，力度小，对职业素质的教育尚没有得到全面的实施。根据一项调查中企业员工对高等职业教学质量的反馈可知，超过半数的受访者认为在高职院校所学知识、技能尚不能完全满足企业岗位生产需要，教学内容与企业生产需求还有一定距离，存在的主要问题是岗位实践少，理论和实践脱节，因此，职业学校应注重校本教材建设，根据本校特点与市场需求，编写合适的校本教材。

（三）校企合作共建校内外实训基地

校企合作是职业学校重要的办学模式，它可以起到以下几个作用。一是实训实习。校企合作可以建立实训基地，由政府出资建立场地，企业投入设备，学校输入学员，共同培养职业人才。二是师资培养。职业学校安排专业教师深入企业接受企业专家的培训，可以提高教师的专业素养，缩短教师知识、能力与企业现有技术要求间的距离。三是专业建设。职业学校根据企业需求确定专业发展方向，制定人才培养标准，可以提高人才培养的靶向性。四是招生就业。校企共同制订招生计划、共同招生，具有较强的说服力、吸引力。学生毕业后，经企业考核可安排其就业，学校应做好顶岗指导和跟踪服务。工学结合、理实一体、校企双师指导是提高学生实践技能的有效方式，校中场（厂）、场（厂）

中校是工学结合实践的有效载体，校内实训基地是课程体系改革和建设的依托，是课程内容与技能标准有效对接的重要保证，是培养学生岗位技能的重要组成部分。《国务院关于加快发展现代职业教育的决定》明确指出：研究制定促进校企合作办学有关法规和激励政策，深化产教融合，鼓励行业和企业举办或参与举办职业教育，发挥企业重要办学主体作用。规模以上企业要有机构或人员组织实施职工教育培训、对接职业院校，设立学生实习和教师实践岗位。企业因接受实习生所实际产生的与取得收入有关的、合理的支出，按现行税收法律规定在计算应纳税所得额时扣除。多种形式支持企业建设兼具生产与教学功能的公共实训基地。对举办职业院校的企业，其办学符合职业教育发展规划要求的，各地可通过政府购买服务等方式给予支持。对职业院校自办的、以服务学生实习实训为主要目的的企业或经营活动，按照国家有关规定享受税收等优惠。支持企业通过校企合作共同培养培训人才，不断提升企业价值。企业开展职业教育的情况纳入企业社会责任报告。

（四）围绕企业需求构建“双师”团队

校企人才交流，构建“双师”教学团队，是校企双赢的重要途径。首先，职业学校安排专业教师进入企业，一定要本着服务企业的目的，围绕企业需求开展工作，成立为企业提供技术攻关、员工培训等服务的教师科研队伍，共建工艺和产品研发中心、实验实训平台、专家名师工作室等，使之成为技术技能积累与创新的重要载体。职业学校应与企业开展多层次、全方位的合作，形成合作办学、合作育人、合作招生、合作就业、合作科研、共同发展的校企共赢的长效机制。其次，职业教育特色要求教师不仅是“教授”，也要是“师傅”，所以，教师的科研工作不能仅限于编专著、写论文，而要围绕解决企业生产实践开展应用型研究。最后，“双师”团队建设不仅可以教好学生，更是校企塑造形象、成就自我、宣传企业、服务社会的重要途径，所以，“双师”成员间应加强交流沟通，取长补短，共同成长。

（五）推进教学模式改革，实现教学过程与生产过程对接

计算机网络技术专业教学是一项复杂的系统的工程，我国要制定出系统的、科学的、适应社会需求的、体现职业教育特色的教育教学改革方案，必须摆脱传统教育教学模式的束缚，把学科教育转变到校企合作、工学结合的技能人才培养上来，使学生不仅要掌握文化知识，同时还应具有很强的技能应用能力和适应岗位变化的综合职业能力。

四、建立多元化的课程评价体系

课程考核是教学活动的一个重要环节，只有建立相应的课程评价标准，才能指导教材的编写及选用，指导教学过程的有效进行。在评价内容方面，评价人员应注意知识与能力并重，关注学生创新、创业意识的培养；在评价方式上，评价人员应从单纯的理论笔试考变为多种形式的过程性考核；在评价理念方面，评价人员应明白，不应为了给学生定级而进行鉴定，而应为了学生的进步进行诊断。这样的评价不仅有助于学生掌握理论知识，熟悉操作技能，而且能引导学生勤于思考、善于发现问题并提出问题，启迪学生创新、创造。

学生在工学结合的顶岗实习过程中，既是员工又是学生，由企业和学校共同管理，学校评价制度与企业考核制度是工学结合过程中对学生进行有效管理的重要依据，“以评价促管理”是对学生工作惰性的约束，对学生工作勤奋程度的肯定。工学结合中对学生的评价应坚持以企业为主、学校为辅，而不能仅由校内指导教师来评价学生。

第三节　实现金融职业教育课程时代化改革

随着互联网技术的发展，互联网在经济生活中发挥的作用越来越明显。互联网技术改变了传统的金融模式，在互联网时代，互联网金融成为金融发展的新方向。高职院校是我国人才培养的重要基地，其人才培养主要服务于我国社会经济建设。在互联网金融背景下，高职院校重视互联网技术对金融发展的影响，积极进行金融专业课程教学改革。

互联网金融成为当前金融发展的主要方向。在社会生活中，人们的资金融通方式和移动支付手段都离不开互联网金融。互联网金融改变了传统的金融服务式，对人们的社会生活产生了巨大影响，甚至改变了人们的生活方式。高职院校作为我国人才培养的重要场所，积极重视联网金融下的金融专业课程教学改革，以提高金融专业课程教学质量，为我国社会提供高素质金融专业人才。同时，互联网对传统的高职院校金融专业课程也产生了一定冲击，高职院校金融专业为了提升教学质量必须进行教学改革。研究高职院校金融专业课程教学不仅有利于解决高职院校金融专业课程教学中存在的问题，提高高职院校金融专业的教学质量，而且对金融行业的发展有着深刻的现实意义。

一、互联网金融概况

（一）技术革新

互联网金融的产生和发展离不开技术革新。随着互联网技术的发展，现代支付技术、云计算技术、网络通信技术不断出现，这为互联网金融的发展提供了技术保障。在传统金融服务模式下，金融机构在市场处于垄断地位。而非金融机构想要在市场中获取利益就要不断通过技术革新来降低交易成本。在技术革新的支持下，传统的支付结算方法发生了阶段变化，互联网金融时代随之而来。技术革新为互联网金融提供了技术支持，降低了交易成本，提高了交易效率。

（二）普惠金融理念

随着社会经济的发展，人们在生活中更加注重社会资源的公正、公平和公开。金融行业作为我国经济的重要组成部分，其对社会资源的要求也逐渐倾向于公正、公平、公开。尤其在互联网金融产生之后，普惠金融理念成为互联网金融发展的指导理念。同时，互联网金融的发展又为普惠金融理念提供了实现途径。互联网金融的发展促进了小额贷款和投资理财的发展，降低了投资理财的门槛，丰富了理财业务，有利于解决中小企业的融资问题，促进中小企业的发展。

（三）信用数据

传统的金融服务存在着金融供需双方信息不对称、真实客户信息成本高等问题。而在互联网金融下，互联网金融具有完善的电商平台和较多的用户群体。并且，互联网金融的交易记录和交易评价成为一种特殊的信息资源，构成了金融机构和客户的信用记录。同时，在互联网金融下，交易机构和企业能够通过互联网技术来检验信用记录的真实性，提高信息的利用效率。另外，互联网金融的信息数据搜集不同于传统的金融机构信息数据搜集。互联网金融的信息数据搜集成本较低，且数据资源丰富，可为互联网金融的发展提供充足的信息。

二、互联网金融对高职院校金融专业课程的冲击

（一）互联网金融对课程体系的冲击

在互联网金融下，很多高职院校的金融专业课程没有关于互联网金融方面的知识，更没有形成完善的课程体系。部分高职院校的金融专业设有互联网金

融课程，但是互联网金融课程也只是作为公共课程被开设的，缺乏专业性和基础性，同时，随着互联网金融的发展，互联网金融会出现很多变化。这些都要求高职院校金融专业不断调整互联网金融专业课程，使互联网金融专业课程符合互联网金融的发展。

（二）互联网金融对课程内容的冲击

高职院校十分重视人才培养的专业性、技术性和应用性。因此，高职院校金融专业课程十分注重职业性和操作性。但是，随着互联网金融的发展，互联网金融产品突破了原来基准利率的限制，促进了利率朝市场化方向发展。同时，互联网金融产品改变了银行支付结算手段与投资理财，有利于金融机构获取更大的利益空间。而且，在互联网金融下，在线支付、在线转账、在线缴费等手段更容易被客户接受，人们的互联网金融需求正在不断增长。在这种情况下，许多传统的高职院校金融专业课程内容缺乏互联网金融方面的知识，金融专业课程需要与时俱进，更新课程内容。

另外，随着互联网金融的发展，金融机构的传统业务交易也在朝网络化和信息化方向发展。面对互联网金融的影响，金融专业课程呈现出安全化、便捷化的发展特征，并且业务流程的信息化程度不断提高。在这种情况下，金融专业课程流程只介绍金融机构传统的已经无法适应互联网金融的发展。高职院校金融专业课程业务流程不仅要介绍传统业务，而且要介绍互联网金融的相关业务，以加强学生对网络银行、在线支付等互联网金融业务的了解。

三、互联网金融下的高职院校金融专业课程教学存在的问题

（一）课程设置不合理

目前，大多数高职院校金融专业课程设置采用专业课、公共课、专业基础课这一模式；并且，在设置金融专业课程时只重视学科的系统性和完整性，而忽视了学科之间的联系性，导致学科之间相互独立，缺乏沟通。同时，部分高职院校金融专业课程的理论课程与实践课程相互独立，导致学生的理论学习与实践锻炼脱节，缺乏应用专业理论知识解决实际问题的能力，不利于学生综合能力的提升。另外，大多数高职院校金融专业课程设置往往只具有专业性和理论性，缺乏应用性，导致学生在日后的工作中不能灵活运用专业知识开展工作。

（二）忽视实践教学

当前，我国大多数高职院校金融专业课程设置重视理论基础，而忽视了学生的实践锻炼，不利于学生实践能力的提升。但是，单纯依靠理论知识教学只能使学生了解并掌握金融方面的理论知识，而无法使其运用理论知识解决现实生活中的问题。然而，随着互联网金融的发展，社会经济对学生的动手能力和实践能力的要求越来越高。高职院校金融专业课程忽视学生的实践锻炼，严重影响学生的成长，并阻碍了互联网金融的发展。

（三）过度注重教学任务

部分高职院校金融专业教师在教学过程中一味根据教学计划对金融专业理论知识进行讲解，并采用传统理论灌输式教学方法。而在这种教学方法下，高职院校金融专业学生只能被动接受教师的知识灌输。虽然，教师在课堂上完成了教学计划，但是，学生的学习效率并不高。很多学生在教师的自言自语中失去了学习的兴趣，开始走思。有的学生因为理论知识的枯燥而对课堂产生抵触心理，导致学习效率不高。同时，部分教师一味只重视教学任务而忽视了学生的学习特征和学生的承受能力，教学效果不明显。

（四）教师素质有待提升

随着互联网金融的发展，互联网金融对高职院校金融专业教师的教学能力提出了更高的要求。高职院校金融专业教师不仅要具备完善的专业知识结构和完备的教学技能，而且要具备基本的信息技能，能够运用信息技术向学生讲解互联网金融方面的知识。但是，当前，大多数高职院校金融专业教师没有受到过系统的信息技术教育与训练，不能使用信息技术开展互联网金融课堂。同时，部分高职院校金融专业教师缺乏对互联网金融的了解，专业知识结构不完善，这严重影响了高职院校金融专业教学质量的提升。

四、互联网金融下的高职院校金融专业课程教学改革策略

（一）提升教学理念

面对互联网金融的发展，高职院校金融专业课程教学应积极提升教学理念。首先，高职院校金融专业课程应树立与时俱进的理念，及时了解金融行业发展的新动态，学习金融行业发展的新知识，根据金融行业的发展变化进行金融专业课程教学改革，使高职院校金融专业课程教学符合时代的发展；其次，高职

院校金融专业课程教学应树立普惠性理念，加强学生对普惠性理念的认识，并通过企业实习、专业培训等途径加强学生对金融理念的认识，引导学生树立普惠性金融理念；最后，高职院校金融专业课程教学应积极树立师生共建理念，充分尊重学生的主体地位，加强重视学生的自主能动性，提高学生的自主学习能力，进而实现教学质量的提高。

（二）完善课程设置

在互联网金融下，高职院校金融专业应积极完善课程设置，增加互联网金融相关的专业内容。同时，高职院校金融专业课程设置应加强重视学科之间的联系性，不仅要加强学生的金融营销技能和业务技能的培养，而且要积极开展信息技术课程，加强学生的信息技术教育，使学生掌握基本的信息技能，保证学生能够运用信息技术进行数据分析，提高学生对风险的预测和管控能力。另外，高职院校金融专业应根据互联网金融的发展变化及时调整课程设置，使高职院校金融专业课程符合金融行业的发展，为金融行业的发展提供高素质专业人才。

（三）更新教学内容

教学内容是教师在教学过程中向学生传递的知识信息，也是学生所必备的专业知识。在互联网金融下，高职院校金融专业应积极更新教学内容，向学生传递互联网金融相关知识。这是因为传统的高职院校金融专业课程侧重于传统金融机构业务的介绍和业务能力的培养，无论是教材内容还是教师的教学内容都缺乏关于互联网金融方面的知识。因此，高职院校金融专业应积极更新教学内容，加入互联网金融相关知识，提高金融专业课程教学内容的使用性和前沿性。为此，高职院校金融专业应积极开展新技术、新产品、新信息等金融方面的教学，使学生充分认识互联网金融的发展，培养学生的互联网金融业务技能。

（四）改进教学方法

互联网金融的发展以技术革新为依托，因此，高职院校金融专业课程教师应积极改进教学方法，提高现代教育技术，进而实现教学质量的提升。首先，高职院校金融专业应优化教学内容，加强信息技术教育，培养学生的信息技能和数据分析能力；其次，高职院校金融专业课程教师应积极运用信息技术开展金融专业教学，改进传统的教学方法，加强信息技术在金融专业课程教学中的应用，积极利用网络中的教学资源，提高金融专业教学的趣味性和吸引力，培养学生学习互联网金融的兴趣，进而提高高职院校金融专业课程教学质量。

（五）提高教师素质

金融专业课程教师在教学中发挥着关键作用，直接影响高职院校金融专业课程的教学质量。在互联网金融下，要加快高职院校金融专业课程改革就应积极提高金融专业教师的综合素质。首先，高职院校金融专业课程教学改革应积极完善教师的专业结构，引导教师树立终身学习的观念，鼓励金融专业课程教师积极学习互联网金融相关知识，完善教师的知识结构；其次，高职院校金融专业应不断提高教师的教学水平，鼓励教师使用先进的信息技术开展教学活动，加强教师对学生主体地位的重视，引导教师正确对待自己在教学过程中的角色，使教师能够主动培养学生的自主学习能力、创新教学方法、提高教学质量；最后，高职院校金融专业课程的教师应不断提高自身的业务能力，增加实践锻炼，组织教师参加企业培训，使教师深入企业生活，近距离接触互联网金融，加深对互联网金融的了解，提高互联网金融业务能力，能够成为学生的互联网金融学习良好的榜样。

综上所述，随着互联网技术在经济发展中的作用越来越明显，互联网金融成为当前我国金融行业发展的新方向。互联网金融具有技术革新、普惠金融理念和信用数据保障等特点，对高职院校金融专业课程的课程体系、课程内容产生了巨大冲击。高职院校应高度重视互联网金融对金融专业课程的冲击，并加快金融专业课程教学改革。但是，由于受传统金融专业教学模式的影响，高职院校金融专业课程教学中存在着课程设置不合理、教学设备不完善、过度注重教学任务、教师素质有待提升等问题。为深化互联网金融下高职院校金融专业课程教学改革，高职院校金融专业必须提升教学理念、完善课程设置、更新教学内容、改进教学方法、提高教师素质。在互联网金融背景下深化高职院校金融专业改革不仅有利于提高高职院校金融专业的教学质量，而且对互联网金融的发展有着重要意义。

第五章　基于智慧农业领域的职业教育课程改革基本走势

第一节　实现园林技术职业教育课程技能化改革

一、园林技术职业教育课程改革

（一）园林工程课程改革措施

园林工程是园林技术专业的核心课程，其内容涵盖了工程技术、生物技术和艺术三大专业门类，是一门综合性和应用性都很强的课程，对学生的实践能力要求高。在以往的园林工程课程教学中存在教材内容陈旧，重视理论教学、忽视实践环节，重工程设计轻工程施工等问题。因此，针对以往教学中存在的问题，结合课程特点，从行业发展的要求出发，坚持“以就业为导向、能力为本位”的课程设计理念，以职业技能为标准，对本课程进行改革探索能取得较好的效果。

1. 根据专业岗位（群）进行课程定位

根据高等职业教育的人才培养目标，通过对园林技术专业岗位群的分析，我国确定本专业的核心岗位主要有三大类，分别为设计（绘图）员、项目经理（施工员、预算员）、种植（养护）员。笔者在分析这些岗位必须具备的核心能力的基础上，确定园林技术专业的人才培养目标是培养具备园林技术专业必备的职业技能和综合素质，能够适应园林工程设计、施工、养护和生产一线工作的高素质技能型人才一。项目经理（施工员、预算员）岗位所对应的核心课程之一就是园林工程课程，本课程主要是培养学生的园林工程施工管理能力，要求学生能够合理进行工程设计，掌握园林工程施工工艺和标准，能够进行施工现场的组织和管理，是园林工程施工员职业技能鉴定的重要课程之一。

2. 根据职业技能标准进行课程改革

课程改革的核心是课程教学内容的构建，因此，职业学校应通过对园林技术专业相应工作岗位的分析，根据园林工程施工员的岗位技能标准和各施工环节所需要的知识、能力和素质要求来进行课程改革。

（二）重构课程内容，实现模块化教学

我国职业学校可围绕园林技术专业的人才一培养目标及将来所从事的工作岗位，构建了土方工程、园林给排水工程、园林砌体工程、水景工程、园路工程、假山工程、栽植工程和园林照明工程等 8 大教学模块；具体可设计园林用地的竖向设计、土方工程量的计算、土方工程施工、园林给排水系统设计、园林喷灌、花坛设计、园林砌体工程施工、水体驳岸设计、小型喷泉设计、水池设计、水池施工、园路结构设计、园路装饰设计、园路施工、置石布置、假山设计与模型制作、塑山与塑石设计、乔灌木栽植工程施工、大树移植工程施工、园林照明工程施工共 20 项工作任务。

在内容组织上，职业学校应根据实际情况突出土方工程、水景工程、园路工程和栽植工程等重点内容，提高学生掌握的深度和精度，保证学生在有限的课时内获得更加实用有效的知识体系，从而使其更易满足实际工作的需要；同时应将给排水工程和园林照明工程作为一般教学模块，因为这些内容专业性非常强，在实际工作中一般由专业技术人员来完成，学生在较短的时间内很难将这些知识学懂学透，所以它们在教学中作为学生应了解一般知识，主要强调怎样与专业技术人员沟通协调。

在内容选取上，职业学校应结合本专业学生将来可能从事的岗位来更新课程内容，从而实现学生就业的“零适应期”，例如，在介绍有关园林喷灌技术的内容时，可结合草坪的建植与养护更新这部分内容。

在内容补充上，职业学校应增加园林工程的新技术、新工艺、新材料、新设备，缩短教学与生产之间的差距，体现科技发展的新动态，引导学生去探索本行业的前沿知识和发展趋势。园林技术专业教师应把教材中没有涉及但实际工作中经常用到的知识介绍给学生，如广场的铺装形式、广场的结构、古典园路的装饰设计等。课程内容的调整和补充，有利于学生掌握更多的实用性知识，提高学生的综合素质。

（三）改革实践教学，提高职业能力

职业院校学生实践能力的培养越来越受到重视，我国职业学校可构建一套合理的实践能力培养体系是培养学生岗位职业能力的重要保障，因此，我国职业学校可根据园林工程施工员的职业技能鉴定要求设计 20 项工作任务，使技能训练、理论知识、工作态度等融于工作任务中。学生可在完成工作任务的过程中，形成解决问题的综合能力。另外，职业学校在综合实训环节安排学生到施工现场，把实训课堂搬到工地，使学生直接参与园林工程项目的实施，使其在真实的学习情境中培养施工管理能力；引导学生参加园林设计协会，让学生参与一些园林设计项目；同时，还可通过实地调查、参观园林绿地来培养学生进行实地调查及材料收集、记录、整理。这样不仅强化了学生的实践技能，而且培养了学生合理安排各项工程、正确进行施工与组织的能力，使其为将来的毕业实习和工作奠定良好的基础。通过实践，学生不仅增加了感性认知，而且提高了技能，培养职业综合能力，提升了园林工程施工员的岗位素质。

（四）改进教学手段，提高教学质量

提高教学质量的关键在于课堂教学，而课堂教学的良好效果又离不开教学手段的改进。在课堂教学中，教师主要采用传统教学和多媒体教学相结合的方式。多媒体教学的优点是信息量大、形象、直观、生动，更容易激发学生的学习兴趣。例如，在水景工程之小型喷泉设计中，教师可把喷头类型和喷水形式做成幻灯片，以图片或视频的形式演示给学生，学生的感受会非常深刻，可为以后的喷泉设计打好基础。但多媒体教学作为一种辅助教学手段并不适用于所有内容。例如，土方工程中土方工程量的计算由于公式运用较多，教师需要将解题思路、解题过程等一步步地介绍给学生，只有使用黑板才能较好地完成这个过程；如果采用多媒体教学，就会使学生有囫囵吞枣之感。另外，多媒体教学不能像传统教法一样做到言传身教，如它在语言、情感的交流中就很难派上用场。因此，教师在授课时根据具体内容采取合适的教学手段，不仅能保证学生接受足够的信息量，而且课堂气氛活跃，教学效果较好。

同时，教师在课堂上应注重与学生的互动、交流。教师应经常在课上给学生提供提出问题和自我解决问题的机会。在教学中，教师可安排学生课前预习某些章节，再在分组讨论的基础上，由各组派一名代表上台讲解，然后由其他同学和教师进行提问，最后由教师评述。课程内容的分组练习培养了学生的团结协作和与人沟通的能力；让学生备课、上台讲课可以培养学生的语言表达能

力，激发学生的学习兴趣。

（五）改革教学方法，提高教学效果

教师在园林技术职业教育课程改革中尝试采取媒体仿真教学、案例分析教学、实景教学、操作顶岗教学等多种教学方法，可取得良好效果。

1. 媒体仿真教学

教师运用大量实地拍摄的施工图片和施工现场录像来制作多媒体课件，可以使学生更直观、更形象地了解园林技术专业，如在园路工程教学中播放水泥混凝土路面、花岗石铺装和鹅卵石园路等各种铺装的施工图片，在栽植工程教学中播放大树移植的现场施工录像等。媒体仿真教学可以将时间压缩，将空间移位，将丰富多彩的操作现场搬到屏幕上，使学生感受到真实的教学情景，激发了学生的专业兴趣。

2. 案例分析教学

教师在综合实训时可以某一工程实例来强化学生综合掌握各项知识的情况。例如，教师可以使学生对“某绿化广场工程”施工组织设计进行分析，可以强化学生土方工程、园路工程、栽植工程等各方面的知识，这样做不仅可以将不同的工程技术结合起来，培养学生的综合应用各项工程的能力，而且进行了模拟训练，实景仿真，提高了学生的专业兴趣。

3. 实景教学

职业学校可以安排学生去苏州园林及南通的公园等地进行实景教学，不仅可以使学生对园林有了感性认识，而且开阔了学生的视野。另外，职业学校还可以组织学生到施工现场参观考察，这样，学生可以在施工现场了解园林施工的工艺流程和施工的技术要点，提高职业能力。

4. 操作顶岗教学

教师可以组织指导学生进入园林施工现场，通过真实的操作提高学生的综合技能。现在的学生普遍缺少吃苦耐劳的精神、团结协作的意识，在教学中经常安排学生到施工现场顶岗实习。学生在施工现场不仅能感受到工地上紧张、忙碌而有序的工作气氛，同时通过顶岗实习，学生培养了吃苦耐劳的精神、团结协作的意识。

二、职业院校园林技术专业学生语文阅读课程改革

“课程资源”这一概念由美国人提出之后，我国的教育家也对此概念进行了研究探讨。其实从我国古代的春秋时期开始，我国的文人已经开始自觉地创造和利用课程资源了。在《论语·里仁篇》里，孔子就说过：“父母在，不远游，游必有方。”这里的“游”包括“游学”这一特殊的学习活动，这种学习活动源于孔子周游列国的行为。孔子历经十四载，讲学论道，虽然自己的政见不被采纳，但回到鲁国之后，他对学术思想进行了总结。这行程数千里的历练是他理论成熟不能绕开的重要经历资源。之后，“读万卷书不如行万里路”又成了我国文人的座右铭。那时的文人就已经认识到人的知识获取途径不能局限于书本，要在实践中体会、运用书本上的旧知，在学习游历中获得新知。离开熟知的环境，到一个新环境里游学、游历，不是单纯的学习，更不是纯粹的旅游，而是要在新的社会环境中开阔视野，体验人生，历练自己。所经各处、所遇各人、所看各景俱是资源，能扩大自身的知识面，也能为自己曾经获得的书本知识增加丰富的注释。徐霞客“达人所之未达，探人所知未知”，他将所“达”所“探”的各种人文地理、动植物、社会百态，写成《徐霞客游记》的做法，其实就是在获取资源之后，又将资源反馈到书本中，为书本的内容扩展提供了自己的素材资源。尽管我国文人很早就开始自觉地利用课程资源，但一直以来都是一种自发的原始状态，并没有形成系统性的理论。在美国人泰勒提出“课程资源”这个概念之后，我国的教育学家才开始有意识地对课程资源进行探索研究。他们对课程资源研究的方向与程度不同，各自对概念的界定也各有不同。

（一）概念界定

1. 课程资源的概念

“课程资源”的概念最早是在《课程与教学的基本原理》一书中出现的，我国的教育学家也随之对此进行研究，他们对“课程资源”有着不同的解释。

有学者认为，“课程资源是指富有教育价值的、能够转化为学校课程或服务于学校课程的各种条件的总称”。

也有学者认为，“课程资源的概念有广义与狭义之分。广义的课程资源指有利于实现课程目标的各种因素，狭义的课程资源仅指形成课程的直接因素来源”。

还有学者认为，“课程资源是在课程设计、实施和评价等课程编制过程中

可利用的一切人力、物力以及自然资源的总和，它具有多样性、潜在性、具体性和多质性的特点”。

以上是几种对于课程资源比较具有代表性的论述。第一种说法可以作为一个定义，但没有具体的指向性，较为笼统。第二种说法与第一种说法相似，只是将定义的范围拓宽了一些。第三种说法指向性较为明显，表述的课程资源涵盖的内容不仅有具体指向，还指出了课程资源具有的特点，是较为容易理解且较为准确的归纳概括。显而易见，课程资源应该包括所有能够为学校课程服务的教育教学资源，涵盖面十分广。

编写人员在编写各个学科教学中所使用的教材时，不仅要考虑学科特点、教学规律，还要考虑学生的基础和接受度，之后在各类资源中选取最具代表性的资源并将之放进教材中，因此教材中的资源无疑是较为适合该年龄段的学生学习的经典范例。但正因为需经过层层的挑选，再加上教材的容量有限，所以能够进入教材的资源极为稀少。大多数与教材内容没有直接关系的间接资源素材是无法被放入教材中的。被放入教材的这部分课程资源从课程的设计规划、实施方案、评价体系再到能构成课程的各要素，涵盖面广，延展性强，具体可感，内容十分丰富，体现了极强的包容性，这就是所说的课程资源的“多样性、潜在性、具体性、多质性”特点的体现。当然并不是所有的素材都能被简单地归到课程资源里，只有对课程教学有帮助的，并被运用到教学中实现功能化的资源，才能称之为课程资源。

2. 语文课程资源的界定

语文课程资源包括课堂教学资源和课外学习资源，例如：教科书、教学挂图、工具书、其他图书、报刊，电影、电视、广播、网络，报告会、演讲会、辩论会、研讨会、戏剧表演，图书馆、博物馆、纪念馆、展览馆，布告栏、报廊、各种标牌广告，等等；自然风光、文物古迹、风俗民情，国内外的重要事件，学生的家庭生活，以及日常生活话题等也都可以成为语文课程的资源。各地区都蕴藏着自然、社会、人文等多方面的语文课程资源，相关部门和人员应积极利用和开发。

语文课程资源可分为课堂教学资源和课外学习资源两大部分，且具有众多载体。课堂教学资源覆盖面较窄，因为语文课堂教学的时间、内容、教学实施计划等都有严格的规定，所以课堂教学资源所能容纳的要素要少一些。这些要素是教师为了完成教学计划和任务的需要配备的。而课外的学习资源内容就丰富得多，几乎涵盖了学生学习生活的方方面面，学校、家庭、社会都是这些资源的载体和来源。

语文学科，是人文社会科学里一门重要的学科。简单来说，“语文”包含“语言”和“文学”。“语言”突出的是学科的工具性，“文学”则是文化的重要载体和表现形式。人们经常听到的一句话是“文史哲不分家”，这样的表述也许不够准确，但也从另一个角度说明了中国的文学，不仅仅是诗歌散文等艺术形式，还具有更丰富的文化内涵。中国传统文化典籍浩如烟海，借鉴西方的图书分类法修订的《中国图书馆图书分类法》（简称《中图法》），都无法将这些典籍全部概括归类。四部分类法的产生和使用，就是中华文化丰富内蕴的体现。“四部”即“经、史、子、集”，“经”收儒家经典，如十五经及相关著作；“史”涵盖的史书（主要为二十四史）和“子”部诸子百家的典籍，都是中国经典的文学作品；“集”是诗词文的总集和专集，这两部分是纯粹的文学内容。因为所有的著作都需要语言文字准确精练地加以表达，文饰和内涵兼具，所以不论是哲学、名学还是兵学、法学、天文学，大部分的典籍都具有文学作品的天然属性。文学的社会性和真实性使得进入文学领域的资源异常丰富，而以文学作品为主要内容的语文课程资源，涵盖面之广，内容之丰富可见一斑。

（二）改革措施

1. 以语文教材的知识系统为总纲

园林技术专业学生获取的语文阅读课程资源极其有限。尽管随着科技的发展，获取课程资源的途径越来越多，但学生并不会主动去获取自己所需要的课程资源，他们获得课程资源的主要途径还是语文教材。经过多年的教学改革，语文教材的知识体系不断改善，如今已经较为完备。各出版社的职教语文教材既立足于整体，又有鲜明的职教特色，阅读与欣赏、表达与交流、语文综合实践活动一应俱全。各出版社的职教语文教材都分为“基础模块”“职业模块”和“拓展模块”，这些相对独立的模块式教材，较好地形成互补，对学生的文化素养、专业技能和终身发展能力的培养较为全面，是当前较为适合学生学习的课程资源。园林技术专业的学生也非常需要教材提供的知识体系，因此园林技术专业语文阅读课程资源必须以现有的语文教材为基础来构建知识系统。

2. 以园林艺术构成要素为切入点

现在的园林技术专业的语文教材具有完备的范文、导读、知识、作业四大基本系统，自成一格，分为不同的独立模块，也有不同的侧重点。就与专业学习关系较为密切的职业模块而言，选文不能将兼顾理工科类的所有专业内容。因此，该模块的选文多侧重于对学生良好职业素养和道德的培养，这样的范文系统对于园林技术专业的学生来说，并不适用，因为该范文系统不能充分发挥语文学科对园林技术专业教学的辅助作用。

世界园林体系分为东方园林、西亚园林和欧洲园林三大体系，我国园林技术专业学生学习的主要是东方园林体系的内容。东方园林体系以我国古典园林为典型代表。我国古典园林是中华文化的结晶，它扎根于中华民族深厚的传统文化积淀之上，蕴含多种艺术门类，有独特的意境，在世界园林中自成一体。我国古典园林崇尚自然，讲究源于自然，高于自然，与自然融为一体，因此构成我国古典园林的景观要素都是自然界的各类景观物体。在我国文学作品中，有大量的对自然界景观物体及其组成的景观小品进行赏析的诗词文，这些诗词文所蕴含的精神恰恰又能与教材中传达的某些精神相应和、印证。因此，职业学校完全可以适当选择一些文学作品作为阅读课程补充资源。

3. 以学习基础和需要为出发点

古今中外描写园林的文学作品非常多，但语文阅读课程资源的开发有一定的限制，不能囊括所有描写园林的诗词。此外，园林技术专业语文阅读课程资源必须以园林技术专业学生的语文学习需要与基础为出发点。能将中国古典园林的造林理念与园林艺术理解得最为透彻深入，除了我国古代的文人不做他想。与现在人们去古典园林只是进行观赏活动相比，我国古代文人是我国古典园林的参与者，他们不仅参与建造园林，还在园林里生活，进行各种文学活动，他们对园林意境的体会尤为深刻。可以说，要深刻理解我国古典园林的内涵与精髓，莫过于阅读我国古代文人的各类作品。对于园林技术专业的学生来说，他们在专业课的学习中，能将园林设计的各种技巧学得很熟练，但对我国古典园林中蕴含的内在精神品格和审美旨趣的理解却是短板，这是他们专业课学习的瓶颈。因此，园林技术专业语文课程资源在内容选择上以古代诗词文为主，也有小部分的现当代的著名诗词文。这样的选择，既考虑到了园林技术专业学生的基础，又满足了他们的学习需要。

园林技术专业学生的文化基础薄弱，语文水平不高，职业学校在选文时应以简单为要，尽量选取一些短小精悍的古诗词文。从小学到中学，园林技术专业学生学过许多古代诗词文，但比较杂乱，且并不以园林要素为标准来分类，学生没有进行系统化的学习，体会不深。选文时，职业学校应将学生学习过的熟识名篇优先编入序列，让学生从另一个角度来学习这些熟识的古诗词文，学生必定另有一番新的体会和感悟。在不打乱语文教材编排思路的前提下，补充课程阅读资源可以帮助解决学生阅读量少、知识面窄、文化常识积累不足的问题。

4. 坚持“双学科”适用原则

园林技术专业语文阅读课程资源在内容设计上以园林艺术构成要素为切入点，因此在具体教学活动中，可以作为教学内容的拓展资料，直接用于园林技术专业的专业课教学，不存在使用不方便和资源零散难以查找的问题。专业课教师在教授园林景观要素内容时，可以直接将此资源作为教学内容的佐证材料，使用方法和应用程度由专业课教师自行把握。

园林技术专业语文阅读课程资源选取的语文教材的补充多是文学类作品，因此文学作品也能直接应用于语文课教学中，以增加学生阅读量，增加学生的文化常识储备量。

5. 使学生具备良好的文化素养与实践能力

园林技术专业学生的文化基础比较薄弱，因此在日常的教学工作中，除了良好的阅读理解能力和表达交流能力外，提高学生的文化素养，也是语文课的教学重点。我国园林最初就是我国的文人和工匠一起建造起来的，所以园林中蕴含很多文化元素。对园林文学作品的感悟，对造园意境的体会，不是一朝一夕就能学会的。学生只有通过学习文本才能逐步理解我国古典园林的内涵。园林技术专业的语文教学，更准确地说，是让学生了解、懂得与园林相关的我国古代诗词，对他们进行文化的熏陶，这对学生的园林技术专业素养的提升有很大帮助。例如，学生应在园林规划设计的前期，进行概念设计时，能够合理布置园林各要素并合理配置植物；在组合盆栽及插花艺术中，学生又应具有相应的美学鉴赏能力，熟悉不同植物所具有的寓意及文化内涵。这些知识要点在大量的我国的古诗词文文本中都有所体现。因此，良好的文化素养是园林技术专业学生必备的重要专业素养。

不论是阅读理解、表达交流能力，还是良好的文化素养，最终学生都要将它们运用到实践中，它们不是单一的能力素养，而是综合实践能力的体现。例如，园林技术专业学生要能按客户的需求有针对性地进行园林景观设计，客户需要什么风格的园林景观或园林小品，都要能够设计出来，这就十分考验学生的综合实践能力了。在设计之前，学生要充分理解客户需求，要清楚客户喜欢的风格是古典中式风格还是新中式风格，或是其他风格；这些风格在建构和空间上的特点；它们蕴含怎样的文化内容、意境的表达；等等。这些会考验到学生的文化素养。完成设计后，学生还要对设计方案进行设计说明，写的设计方案必须条理清楚，重点突出。在给客户介绍时，学生又需要有较强的口语表达能力，必须思路敏捷地根据客户需要分清详略介绍点。如果是别人做出的设计方案，学生要能从方案中提炼出设计者的设计理念、设计思路，对设计方案进行分析。这也需要提炼筛选信息的能力，良好的表达能力和较好的文学素养。

要成为一名合格的园林技术专业学生，学生必须不断鉴赏各地优秀的园林景观，为将来自己的设计积累素材和经验，学生对于参观的园林景观的特点，还要做出景观的效果分析。如对于当代的园林景观，学生要对设计理念（如“人与自然共生”“空中森林”等）、规划策略（如营造神秘气氛、结构的复杂性及秩序性等）、功能分区（如建筑物、水景等景观功能，网状路、正交路、斜交路或叠合路等）、交通分析（如景观小路、城市道路及人行道等）、周边环境（如景观与周边环境结合的空间组合关系及效果等）、地标性景观等进行分析。欣赏了景观之后，学生要对造景要素进行筛选、汇总、分析，将结论以文字的形式系统性地表述出来。

如果鉴赏的是我国古典园林，学生就要侧重对园林的风景构成与意境进行分析，这要求学生有较高的文学文化素养。比如，在园林空间中对表达主题起控制作用的一种艺术手法为“中轴对称”。“中轴对称”不仅具有美学的内蕴，还有中华文化“权利中心”的含义。再如，园林空间布局中的“天人合一”理念讲究自然的山水与园林景观自然融合，将建筑化入山水，师法自然。《红楼梦》中，曹雪芹借贾宝玉之口阐述过自己的造园理念：“此处置一田庄，分明见得人力穿凿扭捏而成。远无邻村，近不负郭，背山山无脉，临水水无源，高无隐寺之塔，下无通市之桥，峭然孤出，是非大观。”“古人云‘天然图画’四字，正畏非其地而强为地，非其山而强为山，虽百般精而终不相宜”。“天人合一”理念是中华民族的核心思想，万物应顺其自然，不逆向而行，就不会产生矛盾，人就能与自然和谐共处。又如中国四大名亭中的“醉翁亭”和“爱晚亭”就分别因宋代文学家欧阳修的《醉翁亭记》和唐代诗人杜牧《山行》而得名。还有湖南的岳阳楼，不仅有千古名篇《岳阳楼记》为之增色，它的建筑更有丰富的中华文化内涵：三层楼体分别代表“天时、地利、人和”的“天人合一”“和谐共生”的文化思想，第一、第二层楼的 12 个翘角，分别代表一天的 12 个时辰和 1 年的 12 个月，第三层的 28 个翘角代表天上的二十八星宿。此外，苏州拙政园中的远香堂因园中荷花池每到夏季荷花盛开时，荷香随风飘到堂内而得名。另外，扬州个园先有郑板桥“未曾出土先有节，纵凌云处也虚心”的诗意在前，后又因“个”字为“竹”之半字，加上水墨画中“竹”的基本笔法就是“个”，园主人便于园内遍植修竹。凡此种种，不胜枚举，因诗生意，因意造园，因园点景，是我国古典园林景观营造的常态。体会园林的意境，了解中华文化的内涵，领会诗歌描写的意蕴，并将之形成书面材料，进行园林景观分析，述之于口，对学生的综合实践能力要求就更高了。

所以，园林技术专业的学生，除了需要具有听、说、读、写等基本技能之外，还要有良好的文化素养和丰富的文化知识积累。

第二节　实现园林绿化职业教育课程有效化改革

一、园林绿化职业教育实践技能课程体系改革

全国职业技能大赛提升了职业教育的社会影响力，推动了职业教育办学理念的创新，引导社会各方在教学质量评价上，更多地考虑是否与职场的岗位要求标准保持一致，考察实践技能操作的速度和质量，同时还要考察操作者的职业道德。但因为全国学生职业技能大赛中能走进国赛现场的毕竟只是少数，更多的学生无缘国赛，职业技能大赛的赛项也只是相应专业中的几项。学校需要在日常教学工作中让学生掌握更多职业技能。我国职业院校正是在这样的背景下实施实践技能课程体系改革。

（一）实践技能课程体系改革的主要目标

第一，师资队伍建设。职业学校应按照实践技能体系的构成与师资队伍现状，组建核心技能团队，每个团队应由 4 人组成，其中，应至少包括 1 名企业技术人员。职业学校应使每名成员通过学习、实践，成为该技能项目的一级教练员，共同承担该项目的教学工作。第二，教学资源建设。校企合作是实施课程改革的重要途径。为使实践技能体系与职业岗位要求和标准相符合，校企双方应共同完成实践技能体系的构建、技能标准和考核标准的制定及实训指导书的编写。第三，实训条件建设。实训条件建设是实施实践技能课程体系的必备条件，且标准要求更高，因此职业学校需要加大对实训基地、实训室的投资力度，要与更多有实力的企业建立深度的校企合作关系，以满足一技、一师、一室、一企（一项技能、一名教练型教师、一个工作室、一家著名企业）的总体要求。

（二）实践技能课程体系改革的主要措施

1. 校企合作

校企共同组建专业建设指导委员会，确定园林绿化专业人才培养目标，根据人才培养目标及规格要求，进行行业企业调研，明确职业岗位人才需求及职业岗位能力需求，组织教育专家和行业专家进行研讨，明确典型工作任务和知识、技能、素质要求，确定园林绿化专业通用技能、专业技能和拓展技能，依此构建园林绿化专业实践技能课程体系。校企合作，以国赛为引领，以行业标准为标杆，将各门课程中的技能项目提炼出来。

2. 加大资金投入，强化实训条件建设

职业学校应建设模拟仿真实训室、植物医院，日光玻璃温室等实训基地，更新实训基地、实训室设备，改善实训条件，提高实训接纳能力；同时与企业合作，采取学校出厂房和基础设施，企业投入流动资金、技术、管理人员和生产设备等方式，共同建设校内园林生产性实训基地。

3. 结合农时季节按周课表实施教学

为确保技能项目的学习能与生产过程紧密结合，使学生能在真实的生产环境中学习，职业学校应变一学期一个课表为"周课表"，做到生产季节在基地上课，农闲季节在实训室上课，实现项目教学的"讲知识，教方法，练技能"的总体要求，增加项目实施的科学性和灵活性，最大限度地提高教学的有效性。

（三）实践技能课程体系改革的保障条件

第一，教练型师资队伍建设是基础。教师是教育教学活动的主导，实施实践技能课程体系的最终目的是全面提高学生的专业技能和职业素养，因此，教师要具有娴熟的实践技能和较强的实践教学指导能力，要努力使自己成为一名教练型教师。这是实施实践技能课程体系改革的前提和基础。第二，完善的实践教学条件是保障。第三，要实施实践技能课程体系，职业学校必须创造满足实践技能课程体系实施的实训条件，其中关键条件是实训场所、实训工位数、实训耗材等。没有完备的实训条件作为保障，实践技能课程体系改革只能成为空谈。

职业学校应把校企工作作为一把手工程，应成立校长任主任、企业高管任副主任、行业专家任委员的校企委员会。校企委员会应负责制定校企合作委员会章程工作制度，确定与企业的战略合作关系。职业学校应形成校企管理委员会、校企办、专业科室校企领导小组和专项工作组的四级校企一体化管理体系，建立由校企双方管理人员、教师、企业教师组成的教育教学管理机构，制定并完善教学改革相关的教学管理制度，将参与教学改革的情况作为企业管理人员和教师绩效的一部分，提高他们参与实施实践技能课程体系改革的主动性与积极性。

（四）实践技能课程体系改革的实施成效

1. 快速推动教练型教师队伍的建设

职业学校和企业合作构建实践技能课程体系在时直接对专业教师进行了定位，使教师明确目标和努力方向，在企业教师指导下，在企业生产岗位上，边干边教，边干边学，实践教学指导能力普遍提升。

2. 极大地调动学生学习的积极性和主动性

实践技能课程体系的实施使学生的学习心态发生明显改变。学生会变得积极主动，一改以往的“要我学”为“我要学”，对新知识、新技术有了渴望，学习方式方法也变得更加灵活多样，培养了创新精神和合作意识。

3. 提升学生实践动手能力和综合素质

园林绿化专业教师通过实施实践技能课程体系，在植物生长全周期内结合农时季节施教，使学生在企业生产岗位上反复实践，提升了其职业道德水平，提高了其专业技能。

实施实践技能课程体系是我国北方地区园林绿化专业深化教学改革的基本方向，我国虽然尝试了多轮的改革，取得了一定成效，但是从专业建设长远角度看，还需要进一步加强校企合作长效机制建设和教练型师资队伍建设以及教学资源建设，特别要加大资金投入，进一步完善校内外实训基地建设。

二、中等专业学校园林绿化设计专业图案课教学现状及改革措施

（一）中等专业学校园林绿化设计专业图案课教学现状

从表 5–1、表 5–2 中可以看出大部分学生学习园林绿化设计专业图案课的目的不明确，绝大多数学生只因为学校的安排而上课，还有一部分学生漫无目的。造成这一问题的原因之一是许多任课教师不善于将国家确定的图案课的目标具体化，不善于将大目标分解为一个个小目标，从而通过每一堂课的教学目

标的实现，循序渐进地接近最终教学目标，导致图案课的教学目标始终处于宏大而空泛的难以实现的状态。于是，在教学目标大而空的课堂上，教师顾及不到教学的针对性和学生的实际状况，从而弱化了图案课的目的性。

表 5–1 学习园林绿化设计专业图案课的目的

学校安排	为以后设计打基础	没有目的
43.9%	21.2%	34.9%

表 5–2 对园林绿化设计专业图案课态度

喜欢	不喜欢	一般
36.90%	19.6%	43.55%

（二）中等专业学校园林设计专业图案课的教学改革措施

1. 转变教学观念，明确图案课教学的目的

首先，园林绿化设计专业的图案课教学要求教师在观念上改变片面追求装饰性的倾向。传统的图案课教学只强调装饰性，主张不结合专业和实用，认为这样会限制学生在学习过程中创造性思维的发挥，但是设计本身就是在一定的客观条件限制下完成的，尤其当今的社会更重视设计的目的性、经济性、功能性、实用性。作为园林绿化专业的专业基础课，图案课教学必须结合园林绿化专业设计的需要，认真考虑形态与功能的关系、形态与植物材料和空间环境的关系，使设计兼顾审美与实用的双重功能。

其次，图案课教学在园林绿化设计专业中，强调设计的实用性和功能性，要求制作精细，符合生产要求。这些作为园林绿化设计专业学生的基本素质是十分重要的，但仅有这些无法满足飞速发展的现代社会的需要，也无法满足现代艺术设计专业的需求。园林绿化设计专业教育作为一个完整的体系，应该注重培养学生的社会适应性及创新意识，从基础教育到专业教育应该是循序渐进的，不能将两者分开。因为学生设计观念的形成不是一两天的事，所以教师一开始就必须站在创意的高度，使学生树立良好的设计理念，培养学生的创新思维能力。学生必须学会自己理解和表现客观世界，而非模仿和抄袭。要培养、训练学生的创新能力，教师在图案课上具体应做到以下几点。

（1）教学应以学生为中心

教师不仅要传授教材知识，更主要的是要培养学生的学习能力与实践能力，为学生营造生动活泼、主动探索的课堂氛围。

（2）尊重学生个性

教师应发挥学生的主观能动性，使学生主动思考问题、解决问题，最后达到预期的学习目的。创造型的学生往往具有独特的人格特征，教师应因材施教，通过激励学生、调动学生的潜能，促进学生学习的自觉性。

（3）建立新型师生关系

教师应以平等宽容的态度鼓励学生大胆质疑与创新，教师不再是绝对的权威，而是保护、激发学生创造力的支持者。教师不应轻易否定，而应以讨论、启发、指导等互动方式帮助学生进行创新设计。

（4）重视实践活动

教师应让学生积极参加实践活动。实践活动与创造力的开发是非常重要的。教师可以通过让学生实际考察社会的园林绿化行业，使其参与校内外园林绿化项目中的图案设计、收集相关资料，锻炼学生的动手能力，激发学生求知求新的欲望，使学生不断发现问题，并寻求解决问题的办法与方式。具体的设计实践活动有利于培养学生的创造性，培养学生不怕挫折、勇于创新的精神。

2. 不断更新、完善教学内容

教师应不断更新教学内容，使学生学习园林绿化中图案的材料知识、制作技术、管理的先进知识和技术。学生要具有令人信服的设计理念、思路。学生深厚的基础知识积累是前提，是源泉。因此科学完整的教学内容是保证教学质量、实现教育目标的重要条件。在教学内容上，教师应注意以下几点。

（1）使教学内容符合培养目标

21 世纪中等职业学校园林绿化专业人才培养的目标就是要培养具有一定理论基础的高素质应用型人才——“高级蓝领”，即活跃在一线的高级技师和专业管理人员。适应这一培养目标，园林绿化设计专业图案课的教材也就应该注重突出职业教育特色，加大实践性教学的比重。

（2）不断更新教学内容

教师在确定教学内容时应以为专业服务的原则，以讲明为度，够用为宜，将重点放在专业知识上。教师应及时把科学技术的新成果补充到教学内容中，要强化技术、技能的训练，体现社会实际岗位技能、技术、工艺的新水平，删去与培养岗位技能关系不大的内容，同时要注意补救原有各教材的盲点或真空点，立足于应用。教师应时刻关注相关学科的发展新动向，及时地在教学内容中纳入新理论、新材料、新技术、新工艺、新方法、新结构，努力使教学内容与时俱进。

（3）减小教学内容的难度，简化内容

近些年来，中等职业学校的招生情况发生了很大变化，从按高分数线录取到按低分数线录取，从按成绩录取到免试录取，再到凭证录取，一降再降。因此，教学内容要考虑到现在在校学生的实际情况。教师应减小教学内容的难度，简化内容。例如，图案的组织形式中的四方连续纹样就可作为选学内容，教师可针对学生的实际情况接受能力来确定选学内容。

3. 改进教学方法、教学手段

（1）不断改进图案课教学方法

现在许多园林绿化设计专业学生对图案课的教学方法是不满意的，这一问题直接影响着教学效果。长期以来一直沿用的单一的灌输模式已经不能适应新形势下的图案课教学，新形势下图案课教学方法应当着眼于更好地发挥学生的主体作用，激发学生学习的积极性和主动性，提高学生自我教育的意识和能力，应当努力贴近学生实际，符合教育教学规律和学生学习特点。同时，学生主体性作用的发挥有赖于教师主导作用的发挥，二者相辅相成。因此，教师要精心设计和组织，把教学过程设计为启发式、参与式、研究式的过程，多用通俗易懂的语言、生动鲜活的事例、新颖活泼的形式，活跃教学气氛，启发学生思考，引导学生去创作、探索和实践。

对于图案课，谁也没有绝对好的教学方法，因此，教师不必遵循一套死板的行为规则，而要运用自己的判断在具体的情境中选择适合的方法。笔者认为，从总体上讲，教学方法的选择要以充分调动学生主体性为前提，在此基础上，教师还应当针对具体的授课内容和教学目标来使用。多数情况下，教师以一种方法为主，以其他方法为辅。对于基本理论的教学，教师宜以专题讲授方法为主，在学生没有系统理论基础的情况下，必要的讲授是不可缺少的，在此基础上，还要结合作品分析的方法。对于图案课的教学，实例教学就是一种讲授、对话师生互动的教学方法。实例教学是教师在的精心策划和指导下，根据教学目的和教学内容的要求，运用典型实例，使学生能够身临其境地进行分析并理解园林绿化中的图案作品的一种方法。这个实例有两种形式：一种是图片，另一种是现场。教师也可以根据实际情况，课前留一些题目让学生准备、组织材料，然后以学生为主体来完成这一课题，教师再对学生的课题内容进行启发、引导和点评，最后发表自己的观点并进行总结。通过这样的训练，一方面能够调动学生的学习积极性，锻炼他们的思维能力和口语表达能力；另一方面，也有利于教师了解学生的学习成效，及时发现存在的问题并有针对性地加以解决。

（2）积极运用现代化教学手段

教学手段是用以完成教学活动的媒介。把现代化教学手段引进课堂，可以在有限的时间内增加课堂教学的信息量，通过形象化的教学手段来辅助课堂教学，增强课堂教学的直观性。这种做法深受广大学生的欢迎。利用多媒体课件等作为课堂教学的有效辅助手段，会取得事半功倍的教学效果。例如，在分析图案发展、组织形式、设计方法、技巧等内容上利用多媒体课件教学，结合图片、实例讲解，会使讲解内容更清晰、更明了；教师也可以把国内外最优秀的园林图案作品用课件形式及时地展示给学生，让学生开阔眼界。

（三）加强实践教学

1. 注重设计实践

在园林绿化设计专业图案课中，教师除了要讲授专业理论知识、分析作品实例外，往往还要通过设计课题作业、实践操作来进行教学训练，这是园林绿化设计专业的教学特点。图案设计课题实践是学生运用创造性思维的过程。在这个实践教学环节中，教师的角色应该是专业理论知识的传播者以及实践操作技能的培训者，同时，又是学生设计课题的模拟客户。从一开始就要学生养成良好的园林绿化设计思维与习惯尤为重要。图案课教师在基础设计课程上对园林图案设计观念以及对技能规范的教学和引导，将给学生未来的工作实践带来很大的影响。园林绿化设计与人类生活有着密切的关系，在生活中可以感受到无处不在的园林绿化设计。要使学生在生活中感受到图案设计的价值，在实践教学中主要分三步。一是加强图案创作实践。在课堂上的课题创作是培养学生创作能力的最好方法。二是加强图案教学实习。图案教学实习是园林绿化设计专业图案课的重要实践教学，是培养学生园林施工能力的一个重要方法，是学生的图案设计作品在园林绿化中得以实现的途径。三是加强园林设计专业毕业生的社会工作实践即毕业实习。毕业实习是园林绿化设计专业设计实践教学中的最后一个环节，是培养学生工作沟通和交流能力的最好途径。园林绿化设计专业的学生只有真正走向社会，才能真切感受到设计时间、设计成本、设计沟通等的现实压力。同时，毕业实习也能培养学生在工作环境中与人相处的能力，并在工作中反思和弥补自己在园林绿化专业学习过程中的不足。

2. 实施多渠道的设计实践教学

实施校内、校外或校内外结合的多渠道的设计实践教学，是当今园林绿化设计专业教学现状的需求，也是促进园林绿化设计专业教育改革与进步的重要步骤。在学校教学实践环境中，职业学校应该加强校内实践基地教学的建设。校内实践基地就如同园林绿化设计专业技能培训场。让学生承揽校园绿化任务，既能让学生得到实际锻炼的机会，又为学校绿化做出了贡献。在园林绿化设计实践教学中，职业学校还应加强校外实践，如让学生到园林绿化公司、公园、小区绿化地等实习。学生在学校练的是“内功”，但终究必须接受社会的检验。对于园林绿化设计行业内优秀的设计师、养护人员，学校也可以采用聘任方式，请他们讲课或举办讲座，加强校内外的设计实践经验的交流，让社会了解学校园林设计教学，给学生以便利。另外，学校应让学生深入多层面的社会生活，以使其了解社会需求的多样性，并使学生在考察社会生活的经历中，增加自己的人生阅历，开阔自己的眼界。学生对社会生活的实践及考察，同样也是园林绿化设计实践与教学的一条重要渠道。

总之，园林绿化设计实践是复杂多样化的，学生需要通过多层次、多渠道理解设计实践与教学的关系，因此加强园林绿化设计实践环节的教学，促进设计理论与实践教学的进步，对学生的设计观念、能力及专业技能的培养和提高均有重要意义。

21 世纪是一个社会加速发展的时期，中等职业学校的园林绿化设计专业只有抓住社会需求，培养技能型的合格人才，才能更好地发展。当前园林绿化专业的竞争十分激烈。可以想象，今后的园林绿化人才就业市场竞争将会是空前激烈的。在这种形势下，中等专业学校只有明确自己的位置，在办学过程中以培养园林绿化行业高技术应用能力为主线，努力办出专业特色，根据社会经济的发展与城乡环境建设的需要，精心设计园林绿化专业学生的知识、能力、素质结构和培养方案，不断调整专业面向，加大创新力度，才能立于不败之地。

（四）尝试多种评价方式

教学评价是完整的课程结构的组成部分，也是教学过程的一个重要环节。中等专业学校应该对之予以足够的重视。但是，教学评价不仅仅是一个技术问题，更是一个观念问题。从理论上讲，教学评价是指对课堂教学获得过程与结果做出的一系列的价值判断行为，是教学活动不可缺少的基本环节。园林图案教学评价与许多学科不同之处是它以质性评价和形成性评价的方式为主，而且评价具有多层次、多维度的特点。以前图案课教师简单地用作业和理论试卷来对学生进行评价。这种评价试不具有科学性和可信度，不能有效反映出学生实际掌握的水平。园林图案教学本来是充满感情色彩的艺术活动，采用量化评价难以实现评价目的，而以描述为主的质性评价是基本的方法。形成性评价主要关注学习发生过程和学生活动表现，突出评价的整体性和综合性。学生对于图案课学习的结果不仅仅体现在学生的作业上，教师要针对不同基础和不同个性的学生确定评价的层次和角度，采用的评价方式应面向每位学生的自主发展。

1. 形成性评价与总结性评价相结合

形成评价又称过程评价，是在教育过程中为调节和完善教学活动、引导学生正确而有效地学习而对学生学习结果和教师教育效果进行的评价。学生的发展是一个过程。教师在学生发展过程中对学生发展全过程要不断关注，而不应只在学生发展过程终了时对学生发展的结果进行评价。形成性评价以测验或检查这一过程的形式，及时使学生明确自己是否达到了教学目标和进一步应当努力学习的方向，使学生发现存在的问题，并对问题进行分析，使学生进行有效的矫正学习，从而使学生随时修正和调节教学和学习活动。其目的不是单纯为了考查学生，而是为了控制教学过程，使教师不断改进教学工作、提高学习效率。

总结性评价，又称结果评价，是在某一相对完整的教育阶段结束后对整个教育目标实现的程度做出的评价。它以预先设定的教育目标为基准，考查学生达成目标的程度。它是在形成检测的基础上，对学生进行的终结性检测和评价。其作用在于对教育活动做出总结性的结论，甄别优劣，鉴定分级，为决策者提供参考依据。

形成性评价与终结性评价是教育评价中常用的评价形式。形成性评价可以为终结性评价提供鉴别评定依据；终结性评价以具体的形成性评价的过程分析教学的全过程，其结论的依据丰富、真实，结论本身具有很强的公正性，为决策提供依据，同时终结性评价的结论亦可以为下一次教育活动做出方向性的指导。

2. 教师评价与学生评价相结合

教师评价是教师利用一定的技术工具，测量与评价学生的学习情况，并向学生和家长报告评价结果。学生评价是学生利用一定的技术和工具，测量与评价学生的学习情况。学生评价又分为学生自我评价和学生互相评价。教学评价的对象是学生的学习过程及结果，评价者有教师和学生，其中任课教师是主要评价者。有效的教学取决于教师对学生的经验、能力、兴趣、动机和情感的了解。这种了解是提出现实的学习目标，并控制适当的数学情境帮助学生达到既定目标的基础。在园林设计专业图案课教学过程中，为了发展学生的自我意识，学生除了要接受图案课教师进行的外部评价外，还要接受其他学生的评价，并且必须学会自我评价，这是使学生的学习动机产生于学习过程本身的一个重要条件。在缺乏某种强化物时，学习是不可能发生的。但是，如果教师的目标是使学生独立和自我教育，那么教师应当力争创造出那种具有自我强化潜能的学习环境。在园林绿化设计专业图案课教学中，学生的自我评价消除了由他人评价引起的极度焦虑，而自我评价所带来的适度的焦虑有利于学生的专业学习。所以，降低学生焦虑程度的有效方法之一，就是帮助并鼓励学生进行自我评价。

教师在实际教学中会发现，一部分学生对其他学生的作品不大关注。但是图案课的学习过程是一个互相交流的过程。只有交流，学生才能吸取别人的优点，启发自己的创作灵感，才能使自己有更快的进步。为了改变这种现状，中等专业学校采用了教师评价与学生评价相结合评价方式，让每个学生都与教师一起评价其他学生的作品并参与对学生成绩的评定。逐渐地，一部分学生能够主动地关注他人作品的优缺点，看到别人进步的同时，也能够增强自己学习的信心。在教师评价与学生评价相结合的过程中，评价是以学生为主体，教师作为主导的方式进行的。这种结合的评价方式有利于调动每个学生的积极性，发挥他们在评价中的主体作用，有利于形成了教育的合力。

3. 促进发展的激励性评价

每个学生都渴求成就感或被别人的认可，希望得到他人的表扬和赞许。在教学过程中，教师有时不经意一句鼓励性的话，就能给学生带来学习上的无穷力量和信心，甚至可能把学生尚未被开发的潜能挖掘出来。因此，教师在教学过程中要多给学生激励性的评价，激发他们发挥各自最大的潜能并投入到图案设计中。激励性的评价有多种形式，如书面形式、面对面口语的形式等，但最有利于师生对话的是面对面口语的形式。它能在给学生鼓励的同时，指出学生的不足之处，如“你的作品很有创意，再考虑一下在绿化实践中能不能行得通”等。激励性的评语更能促进学生好好学习。即使有些学生设计得不好，教师也应该以鼓励的语气来评价学生，同时也指出其不足之处。高尔基曾说过：“人的天赋就像火花，它既可以熄灭，也可以燃烧起来。”而教师给学生的评语可以让这天赋的“火花”燃烧或者熄灭。教师激励性的评价可以是使天赋的“火花”变成熊熊大火的干柴，反之就是浇灭“火花”的一盆凉水。所以，激励性的评价能使学生在进步与发展的同时，激发他们的潜能。学生也会在获得认同、表扬和鼓励的同时，及时看到自己的不足。这种评价不仅有利于学生的自主建构和全面发展，而且会使学生更加乐于投身到对话的活动中。另外，教师应注重对学生综合素质的考察，不仅应关注学业成绩，而且要开发学生多方面的潜能，重视学生实践能力和创新意识的培养。

（五）提高教师素质

1. 图案课教师应具备创新精神和创新能力

随着科学技术的迅猛发展，国力的增强，优化园林绿化环境的要求也越来越强烈，急需具有创新能力的绿化人才。培养具有创新精神和创新能力的高质量学生的重任，必然会落到具备良好创新能力的园林图案课教师身上。毫无疑问，教师只有自身具备较强的创新意识和创新能力，才能从自己的创新实践中发现创新能力形成、发展的规律，从而在教学过程中，自觉地将知识传授与创新思想结合起来，主动发现学生的创新潜能，捕捉学生创新思维的闪光点，多层次、多角度地培养学生的创新精神和创新能力。

2. 图案课教师应提高教学能力

教师的教学能力包括对于知识的处理能力和对于教学的掌控能力等。教师对于知识的处理能力要求教师有很强的表达能力，在教学过程中，应简明扼要、富有条理、生动有趣地把学习知识和经验的方法有效地教给学生；教师要有对知识的组织处理能力，应选择恰当的教学方式，使教学适合于学生的认知发展水平；教师对于知识的处理能力还要求有很强的接受能力，以站在科学文化的前沿。而教师对于教学的掌控是指教师为了保证教学的成功，达到预期的教学目标，在教学的全过程中，不断地对教学活动进行积极主动的计划、检查、评价、反馈、控制和调节。可以说，这是教师的反省思维或思维的批判性在其教学活动中的具体体现。教师在对教学进行掌控的过程中需要把民主、公正和尊重学生的原则落到实处，以提高教育的有效性，使教育效果达到最优化。这就要求教师具有很强课堂驾驭能力，即除了具有精通图案学科的专门知识和具有较为广的知识面以外，还要求教师懂得教育理论，掌握教育方法，具备一定的表达能力、逻辑思维能力、组织管理能力和教学能力。

3. 图案课教师应提高现代教育技术与学科的整合能力

随着信息社会的到来，大量的信息资源得以传播和利用。如果教师不会使用计算机等先进的信息工具，将成为新的“功能性文盲”。在以计算机网络为基础构筑的现代教育体系中，课堂不再局限在一间教室内，甚至不局限在一座城市、一个国家内。遍布世界的计算机网络把各种教育机构、科研机构和公共文化设施联结在一起，给学生创造了极大的学习空间。因此，这就要求教师必须掌握基本的网络知识，具有网络操作技能，能够充分利用网络资源搜集教学信息，不断丰富和改革教学内容、教学方法和教学手段。

4. 图案课教师应不断学习

课程不断变更，内容不断更新，这就需要园林图案教师不断地学习新知识、新技能，及时调整自己的知能结构，以适应不断变化的需要。教师除应注重教法的学习外，更应注重随着企业和市场的变化选择学习内容，调整学习活动。这种学习带有针对性、适应性、变化快的特点，与中学教师偏重教法学习和综合大学教师偏重学科理论研究的学习活动有所区别。

5. 图案课教师应强化技能培训，提高实践能力

教师如果缺乏技能，要让学生掌握良好的操作技能是不现实的。因此，必须加强现有图案课教师加强技能培训、技能考核。教师应做到，要求学生会的技能，自己先掌握，甚至更高一层。为此，教师应多参与集体性活动，如参加校园绿化设计施工、承揽各种绿化工程等。

第三节　实现宠物健康护理职业教育课程全面化改革

宠物护理与美容是一门重要职业技术课程，主要对应的工作岗位为宠物护理与宠物美容岗位。通过该课程学习，学生要能辨识常见宠物犬、猫的品种，了解其习性；学会使用常用的宠物美容工具，并掌握宠物犬、猫基础护理、特殊时期护理技术；能完成常见宠物犬造型修剪。该课程的实践性很强，与学生的职业资格证书——宠物美容师、宠物健康护理员的考证内容密切相关。近几年，不少职业院校通过增加实训设备，加强与宠物医院合作，有针对性地开展了相关实训，但从用人单位反馈来看，学生在就业后很难将学到的技术有针对性、熟练地应用到实际工作中，不能做到“学以致用”。因此，如何有效实现课程与岗位的紧密对接，提高学生的实践工作能力，是职业院校在教学中不断研究和探讨的问题。

一、分岗位教学的意义

目前，大多数职业院校宠物护理与美容课程教师主要是按照宠物基础护理、宠物特殊时期护理、常见宠物犬修剪、宠物犬包毛与染色等四大操作技术，由

简单到复杂的顺序组织教学的。教学的内容虽然涵盖了学生就业后需要用到的知识，但是整体结构较散乱，没有系统地与岗位工作内容关联起来。学生在学习完课程后，不能有针对性地将学到的技术直接应用于实际工作中，教学效果不理想。池州职业技术学院生物技术系于2015年在兽医（宠物医护专业）、动物防疫与检疫专业开展了分岗位教学综合实训，选择了安徽省内几十家长期合作企业为合作单位，为学生提供了宠物医师助理、宠物护士、宠物美容师助理、动物生产技术人员、化验员等工作岗位，学生在前期学校学习的基础上，利用4周的时间去企业真实岗位进行了专业综合能力实训。实习结束后，学生返校再进入校内进行学习与交流，将在实习过程中发现的问题及薄弱环节带回学校，有针对性地学习。根据反馈结果，学生普遍对于这种分岗位教学模式很感兴趣。分岗位教学模式能够帮助学生明确今后的职业目标，明显提升学生对专业的认知度，显著增强学习的兴趣、学习的积极性。

因此，职业学校可以在分岗位教学模式的基础上，在课程中采用分岗位教学进行课程的改革与实践，将课程按照对应的工作岗位重新进行设计，将课程内容与所对应的岗位工作内容有机结合起来，系统地培养学生的岗位实践能力，为其顺利进入企业工作夯实基础。

二、分岗位教学改革思路

分岗位教学即打破传统课程体系，由教师根据学生将来就业后主要从事的工作岗位，确定课程教学模块；根据岗位具体工作职责，设计岗位工作任务，重构课程体系。分岗位教学的实施需要学校与企业共同配合，在整个教学过程中，学生置身于仿真的工作岗位环境中，体验不同岗位角色，以身临其境的代入感，切实提高学生学习兴趣，帮助学生明确就业方向，加强职业综合能力培养，使学生在就业后能很快地适应岗位。

宠物护理与美容课程主要对应的工作岗位是宠物护理员、宠物美容师岗位，学生除了要全面系统地掌握专业操作技术外，还需要对动物有爱心、耐心，与主人有良好的沟通与服务能力。在深度的校企合作基础上进行丰富的实践，是当前行之有效的培养教育手段之一。因此该课程采取的分岗位教学是由校企双方结合岗位需求，共同参与课程的设计、实施与评价的。分岗位教学使企业的经营服务、岗位职责、考核标准与课程的教学内容、评价体系融合起来，以岗位工作任务代替传统的章节理论学习。

三、分岗位教学改革的具体实施

（一）构建课程体系

宠物护理与美容课程对应的两大工作岗位——宠物护理、宠物美容把课程分成了两大模块。职业学校应根据岗位职业能力需求，整合教学内容，制定课程标准。职业学校应通过走访企业，与宠物行业专家、一线工作人员交流，确定宠物护理与宠物美容两大工作岗位的工作职责，再由岗位工作职责确定课程职业能力目标；根据两大岗位具体工作任务，整合课程内容，设计课程项目与典型学习任务，最终构建课程体系。

（二）设计教学情境

教师在设计课程教学任务时应在真实案例的基础上设计不同教学情境。教师可以通过与企业沟通收集真实案例，或整理分析自己在宠物医院工作时实际遇到的情境，设计出与实际工作一致的教学情境，让学生置身于不同情景中，以提高其分析问题、解决问题的能力，并使其学会如何与宠物主人进行沟通、如何灵活处理日常工作等。

（三）模拟职业环境

职业院校可以将原有的实训室布局稍加改变，按照宠物企业的宠物护理操作间、宠物美容工作室等形式重新布置，让学生置身于高度仿真的职业环境中，完成宠物护理与宠物美容相关实训以提高学生不同岗位间的沟通协作能力。

分岗位教学不是让学生提前选岗位，而是让学生通过模拟不同角色来适应不同岗位的要求。教师可以采取分组的形式进行岗位轮换，将学生分成宠物护理、宠物美容 2 组，让学生模拟宠物主人、宠物医院前台工作人员、宠物美容师、宠物美容师助理等不同角色。等学生扮演完一个角色后，教师应再让学生进行轮换模拟，以保持学生的新鲜感。学生通过考核后可进入另一组的岗位进行轮换学习。教师应确保学生在就业时对宠物护理与美容的不同岗位都实践过，以使学生就业后就能快速适应工作。

（四）改革考核评价体系

①完善课程评价体系，注重过程性考核。职业院校应鼓励学生课程改革后，原有的课程评价方式不能适应新课程的需要，职业院校必须建立完整的课程评价体系，注重形成性评价与终结性评价的结合。在形成性评价中，教师应主要

对学生完成任务的熟练程度、完成效果、团队合作意识等方面进行考核。学生每通过一个岗位考核方可进入下一轮岗位的模拟，以确保学习效果。通过让学生在不同岗位亲身实战，尽可能保持学生对新岗位的新鲜感和学习兴趣。同时将职业资格证书——宠物健康护理员纳入课程考评范围。

②成立兴趣小组。提高学生实践能力。职业院校应鼓励学生利用课余时间成立宠物护理与美容兴趣小组；应利用实训室现有设备和工具，为学院教职工、社会爱狗人士提供宠物饲养、宠物护理、宠物美容方面的咨询；每月应设立1次免费护理美容日，根据学生的工作量、完成质量给学生适当加分，这样做，一方面增加学生的实践机会，另一方面，通过免费服务，可以提高专业社会影响力。

③以赛促学，提升学生对专业的认知度。宠物护理与美容课程的实践性很强，学习成果较容易表现出来，因此，职业学校可以通过举办技能比赛提升学生对专业的认知度。职业院校可每年在学期末举办宠物护理与美容技能大赛，邀请来自合作单位的工作人员与校内教师共同组成评委团，按专业岗位的实际任务来设置技能项目，按职业岗位评价方式对参赛选手的竞赛成绩进行评定，并按工作任务中的各知识与技能评价点规定评分细则。职业院校可根据比赛情况，推进和检验课程改革结果。同时，通过举办宠物美容成果展，学生也会增强自信心。

（五）加强课堂管理

分岗位教学是以团队的形式来完成教学任务的，需要学生模拟不同角色。如果个别学生不积极参与，就可能影响整个团队任务的开展，进而影响课堂秩序。如何有效管理课堂，是教师需要解决的难题。教师在课前要制订详细的工作任务表，合理安排好每个学生的任务。在课上，教师可以让一组进行实操，另一组观摩并记下实操组出现的问题，实操组完成任务后，由观摩小组指出问题，教师与学生共同探讨解决办法；接下来，两组交换学习任务，重复上述过程。教师作为课堂的管理者，课后必须要多动脑筋，调动每个学生都积极参与进来。学生完成任务后，教师应给予赞扬与肯定，提升其自信，全面综合地评价其能力，发展其心智，培养学生对专业的热爱之情。

（六）加强专业师资队伍建设

分岗位教学的实施对教师的要求越来越高。除了需要充分备课外，教师应熟悉宠物行业主要岗位的工作职责，单纯地在校园里做研究已经不能满足课程教学的需要。因此教师要利用课余时间，深入企业锻炼，应常与宠物行业工作人员交流，倾听其对该专业人才培养的要求，还要深入一线岗位，亲身顶岗实践，再把自己的体验设计到课程教学情境中。目前，随着宠物行业的发展，宠物数量逐年增多，宠物主人对宠物护理与美容的要求也越来越高。分岗位教学的实施可以提高学生学习兴趣，使学生从“被动学”转为“主动学”，培养学生自主学习能力，提高其分析问题、解决问题的能力。但在具体实施过程中，学校还需要与企业相互合作。企业应积极参与课程的教学设计，参与课程标准的制定，同时为课程的部分实训提供保障；教师是具体实施者，要合理安排组织好课程教学，自身也要提高实践动手能力，真正把课程与岗位“零距离”结合起来，培养出适合企业需要的应用型人才。

第六章　基于职业教育课程综合化改革的总结与启示

第一节　基于职业教育课程综合化改革的总结

一、对课程教学内涵的理解

许多学者一直认为课程与教学是两个分离开的领域，课程是学校教育的实体或内容，它规定学校“教什么”，课程作为学科，《中国大百科全书》是这样定义“课程”的：课程是指所有学科的总和，或学生在教师指导下各自活动的总和，这通常被称为广义的课程；狭义课程则是指一门学科或一类活动。教学是学校教育的过程或手段，它规定了学校“怎么教”。教学是教师与学生以课堂为主渠道的交往过程，是教师的教与学生的学的统一活动。通过这个交往过程和活动，学生可以掌握一定的知识技能，形成一定的能力态度，其人格获得一定的发展。教学既是科学又是艺术。

课程是教学的方向或目标，是在教学过程之前和教学情境之外预先规定好的，教学的过程就是有效地传递课程的过程，而不应该对课程做出任何变革。这样，课程与教学就被割裂开来，二者机械地、单向地、线性地发生关系。

而“课程教学”是美国学者韦迪提出的，他第一次把教学与课程看作两个不可分割的统一体。对于这个问题，笔者同意从以下三个方面来理解。

（一）课程与教学过程的本质是变革

用“变革”的观点看教学，教学是教师和学生在具体教育情境中对内容进行根本变革的过程。传统的教学内涵是，教学是基于教育心理学原理有效传递内容的过程，是实施既定课程计划的过程；教学的重心是有效传递内容，而不是变革内容，教学研究因而也成为关于内容传递的工效学。而现代教学的内涵是，用变革的观点看教学，教学是教师和学生在具体教育情境中对内容进行根本变革的过程——创造内容与建构意义的过程，其核心是不断变革与创造内容。

（二）教学是课程开发过程

当课程与教学在“解放理性”的基础上重新被整合之后，教学就不只是一种人际交往过程，而是课程开发过程。解放理性的核心是对主体进行“权力赋予”。教师的主体性充分发挥的过程即教师开发课程的过程。在课堂情境中，学生的主体性得以充分发挥的时候，是当学生积极参与到课程开发过程中的时候。在课堂教学中，教师与学生的主体性得以充分发挥的过程，即共同开发课程的过程。课程的开发是一个动态过程。在这个过程中，课程内容持续生成与转化、课程意义不断被建构与提升。正是在这种动态过程中，学生发现了自我。也正是在这种动态过程中，教师与学生创造并解释课程事件，并由此使内容不断转化与意义得以不断建构，这也正是教学的本质所在。

（三）课程是教学事件

在课堂教学的情境中，教师与学生不断创造、解释着课堂事件，在这种创造与解释过程中，内容不断变革，意义不断生成。课程正是这一系列课堂教学事件及由此实现的内容的变革与意义的生成。从这个意义上说，课程是动态的过程，是不断变化的课堂教学事件。

二、确定中等职业教育目标的依据

《教育部关于制定中等职业学校教学计划的原则意见》规定：中等职业学校培养与我国社会主义现代化建设要求相适应，德、智、体、美方面全面发展，具有综合职业能力，在生产、服务一线工作的高素质的劳动者和技能型人才。这一培养目标的确定既没有体现对当代学生的研究状况，也没有提到学科专家的建议，还是一个模糊的中等职业教育培养目标。而对培养目标的确定才是中等职业学校课程改革的关键。泰勒在他的《课程与教学的基本原理》中明确指出，开发任何课程和教学计划都必须回答 4 个基本问题——确定教育目标、选择教育经验、组织教育经验、评价教育计划。泰勒认为确定教育目标是课程开发的出发点，是课程的灵魂。而教育目标的确定主要依据对以下三个方面的研究。

（一）对学生的研究

在确定教育目标时，对学生进行研究的目标有两个：一是了解学生的现状；二是把学生的现状与可接受的常模做比较，从中找出差距。这种差距是学生的需要。泰勒认为，只有当把有关学生的信息与一些期望的标准接受的常模的观念做比较，从而确认学生的现状与可接受的常模间的差异时，对学生的研究才能暗示着教育目标。

（二）对当代生活的研究

首先，随着现代科学知识的飞速发展，学校再把教育目标的来源仅限于文化遗产，是不能适应时代需要的。教育目标应能体现当代生活的特征，应为学生参与社会生活做好准备。其次，心理学关于迁移的研究进展，也为当代生活成为教育目标来源之一提供了依据。桑代克等人的研究认为，学生只有觉察到学习情境与生活情境之间的相似性，才有可能将学过的内容迁移到生活情境之中。

（三）对学科专家建议的研究

以前学科专家提出的许多教育目标之所以不恰当，可能是因为人们向学科专家求教的问题不对，人们求教于学科专家的问题常常是，“我们应对将要在该学科领域从事极高深研究的学生提供什么样的基础教学”。而人们应求教的问题应该是，“你这门学科对那些不打算成为该学科领域专家的学生的教育能做出什么贡献”。学科专家根据后一个问题制定教育目标更恰当。可见，泰勒对学科专家的建议的看法是要求他们站在学科的立场上，从更广阔的教育视野出发提出教育目标。教育目标明确了，课程目标就会明确，课程改革的方向也才会明确。

三、“宽基础、活模块”的课程体系结构改革的实施

中等职业教育现行的单科分段式课程体系，由于过分强调知识结构的系统性、完整性，造成不同学科间的知识交叉重复，且缺乏联系，从而容易导致理论教学脱离职业岗位的实际问题，不利于培养学生的全面素质和综合能力，也不符合社会对中等职业学校学生的就业定位。

“宽基础、活模块”的课程体系以全面素质与综合职业能力的培养为核心，以岗位技能训练为特色，既强调相关职业通用知识与技能的集合，又重视选择一个特定职业所必备的知识与技能。“宽基础、活模块”的课程体系呈现出与其他课程模式不同的结构特征。

所谓“宽基础”就是满足科技进步和经济发展的要求，拓宽职业培训、专业基础课的教学范围，加强通用性知识和技能的培训，以社会职业岗位群的知

识、素质、技术、能力要求设定课程目标。从总体上看，尽管基础科学的学科分类越来越细，但是将科学研究成果转化为生产力的社会职业呈现综合性发展的趋势。不同领域的科技知识交叉、渗透和组合，使社会上出现了许多涉及多学科知识的职业和现代社会所需要的新兴职业，如机电一体化类的职业、环境保护类职业等。德国出现了“信息销售人员”；美国则出现了“信息抢救员”，当客户电脑出现故障、信息丢失时，只要打个电话，“信息抢救员”就会立刻登门服务，帮助客户找回丢失的数据信息，并使电脑恢复正常工作。比尔·盖茨提出了“知识工人”的概念，他认为，知识工人不仅仅是指那些坐在办公桌后面的员工，而是包括公司各部门，从总部到具体岗位的各个工作人员。因此，从事新兴职业的劳动者，不仅需要掌握传统的知识、技能，还需学会基本的信息技术、技能，甚至还要具备经济学、社会学、心理学、法律和管理等社会科学、人文科学方面的知识。也就是说，许多新兴职业所要求的许多技能和知识已超过了传统职业所界定的内容范围，它们不只是某种职业，而是许多职业的共同基础。同时，在现代社会里，职业活动中人与人的交流更为活跃，人与环境的互动更为频繁。由此，现代社会对劳动者的交流能力、应变能力、心理承受力等提出了更高的要求。

由此可见，“宽基础”的课程设置对全面推进素质教育，树立以能力为本位的新观念，增强学生的发展后劲具有极大的促进作用。

“活模块”就是从分析岗位所需的职业能力入手，以能力为本位，以技术训练为重点，以综合能力提高为核心的课程目标。“活模块”的课程设置有较强的针对性，有利于综合能力的培养，也便于结合市场经济调整培训内容，使培养的人更贴近于市场的需求。“活模块”阶段注重专项能力、综合能力、适应市场变化的跨岗能力及个性特长的培养，着眼于就业适应性的培养，立足于市场经济和人才的需求。

我国的国情和所处的历史阶段决定了经济建设和社会发展对人才的需求是多样化的，不仅需要高层次创新人才，而且需要在各行各业进行技术传播和技术应用、具有创新精神和创业能力的高素质劳动者。

四、从课程内容上看应考虑课程内容的现代化

所谓课程内容现代化主要指为适应现代化的发展，删除课程内容的陈旧部分，将现代科技新成果纳入学校课程体系之中，以体现现代社会的发展。为此，中等职业学校今后应在课程设置的公共课和选修课中，增设多媒体技术、电子

商务工程、信息管理技术、商业自动化、网络技术等一批新课程；要解决好实现教育目标的各课程门类、课时及其相互关系问题，特别是一般能力与关键能力在整个课程结构中的地位问题。职业学校应注重培养学生独立自主的学习能力和职业能力，重视学生为适应科技进步和信息化发展所必需的综合创造能力。培养学生在于对学生以上这些能力的培养，因此，教师在教学中必须根据各课程内容特点，精心设计教学活动，重视学生体验性学习和解决问题的学习，让学生体会到学习的乐趣和成就感，增强学生不断进取的学习欲望和提高其适应社会变化的能力。

五、从课程范畴上看要处理好几种关系

职业教育课程范畴中存在几种关系，即基础课程与专业课程、理论教学与实践教学、课堂教学与课外活动、显性课程与潜在课程的关系。要处理好上述几种关系就必须进行职业教育课程改革从知识技能的灌输式教育到自我教育能力提高的问题。因为职业认知的发展、职业情感的培养、职业能力的获得都要求职业教育改灌输式教育为创造性教育，改给予性学习为学生自主解决问题的学习。在这种背景下，学校在各专业中都应提出专业课程的课程设计和专业方向的毕业设计的要求，因为课程设计和毕业设计是一种发现性学习。学生可以结合相关专业课程，进行调查、研究、实验，应用既学知识、技能去构思制作作品；并可通过专业实习或以取得某种职业资格为目的的各种学习活动，结合自己的专业和兴趣，去发现问题和设定课题，围绕设定的课程，主动地开展一系列学习活动，从而达到自我实现的境界，以在未来职业岗位上能成为一个有灵活适应能力和开拓精神的人。

六、从课程形态上看要解决好几个问题

从课程形态上看，职业教育课程改革要解决好以下几个问题：分科课程与综合课程乃至核心课程、社会实践活动的相互关系问题。

美国著名教育家赫德认为，科学技术的发展已打破了学科间的分野，而学校课程仍依旧如初，学生学到的是一些相互分离的学科知识，而且他们不知道如何把这些知识放到综合体系中去领会运用。进入社会后，他们学到的这些知识往往变成无用的东西。随着当代科学技术高度分化和高度综合的发展趋势，开设专业科目综合课程，不仅可以适应当代科学综合化的趋势，而且可以减少课程门类，从而解决了各科内容重复的问题；不但可以为学生提供较为完整的

知识结构，而且有助于培养学生综合思维能力和创造能力。在课程实施中，我国各职业院校逐步扩展了综合课的广度。

（一）将不同课程的相近部分进行综合

例如，职业院校可以将物理课程中的电学及实验部分与电工基础课程综合起来，等等。

（二）将相近课程进行综合

例如，职业院校可以将语文课程与口才演讲进行综合，将公共关系与现代礼仪进行综合，将收录机原理、影碟机原理及音响设备进行综合，等等。

（三）将专业课和工艺课进行综合

例如，职业院校可以将机床控制与维修电工进行综合，将服装制图与服装工艺进行综合，将家电设备原理与维修工艺进行综合，将会计基础与会计实务进行综合，等等。但是要成功的设置综合课，我国职业院校还缺乏实践经验，在教师或其他各方面还要做许多准备工作，因此影响着课程综合化的进程。这里值得一提的是，职业院校在强调综合课程的时候，不能取消分科教学，不能把现有的学科课程都进行综合化，否则会使教学内容变得空泛和笼统。

七、从课程类型上看要解决好两个问题

从课程类型上看，职业教育课程改革要解决好必修课程与选修课程的比例和相互关系问题，选修课程中的分选课程和自选课程的关系。为适应现代科学技术高速发展的实际情况，解决知识无限与课时有限的矛盾，适应学生个性差异，适应社会职业需要，职业院校应重视课程设置的基础性和通用性，整编集群式的课程模块，实行“宽基础、活模块”的集群式模块课程模式，并根据集群式模块课程模式特点，将课程分必修课、分选课和自选课。在学习进程中，职业教育灵活地适应学生的实际情况和产业结构、就业结构的变化，适应学生多样化的需要。

总之，职业教育课程改革是一项系统工程。职业院校只有坚持以劳动力市场为导向，以提高等职业学校学生的综合职业能力和全面素质为培养目标，积极研究新情况，解决新问题，大胆探索，努力实践，职业教育的发展才能走上持续、稳定、健康的发展轨道。

八、职业教育课程综合化改革取得的成绩

职业教育在国家政策及各级地方职能部门的关注与扶持下，经过几十年的发展和壮大取得不少成绩。特别是近几年，我国将大力发展中等职业教育提到了正式日程上来，这为中等职业教育的发展找到了出路。同时，我国相继颁布了《中华人民共和国职业教育法》《中国教育改革和发展纲要》等法律文件。这使中等职业学校在办学思路、办学形式等各方面有据可依。与此同时，中等职业教育在满足社会主义现代化建设对多样化人才的需求，在满足人民群众日益增长的对教育多样化的需求，在满足适应社会主义市场经济体制改革和产业结构调整的需求等方面都做出了贡献。此外，中等职业学校在办学质量、办学形式等方面也取得了一些成绩。

①在办学质量上，各级中等职业学校培养了大量高素质劳动者和实用人才。改革开放以来，各级中等职业学校培养了5000多万名毕业生，他们中的大多数已经成为生产和服务第一线的骨干力量。特别是近几年，我国中等职业学校的专业门类经过调整，共形成了470多个专业门类，可以覆盖我国全部第一、二、三产业的职业岗位。

②在办学形式上，我国中等职业学校形成了各类初等、高等职业教育相互衔接，又与成人教育相互沟通，学历教育和职业培训并举的职业教育体系框架。同时，我国中等职业学校为农村进城务工人员提供了多种形式的职业教育和培训。通过培训，城乡广大新增劳动力和在岗从业人员的综合素质、就业能力、创业能力普遍提高。另外，我国中等职业学校积极开展社区教育、再就业培训等各种形式的教育培训工作。

九、职业教育课程综合化改革问题产生的原因

中等职业教育与普通教育的综合化是当今世界教育发展的一种趋势，是教育适应现代社会需要的一种反映。世界各主要发达国家纷纷采取多种举措，使中等职业教育与普通教育相互沟通、相互渗透、取长补短。例如：日本在20世纪80年代以后，政府对中等职业教育和中等教育进行改革，设立职业高中。在这种新型高中里，除必修课外，学生可根据自己的兴趣、特长和对未来发展的打算，选择相应的选修科目学习。职业高中在专业设置上打破传统的专业划分，开设诸如人文学科群、自然学科群、国际合作群、电子机械群等一系列适应时代发展的崭新的综合学科，供学生选修。

在德国，中等职业教育与普通教育本来是两个完全不相通的系统。随着国

际人才市场需求的变化，劳动力素质结构亦开始发生变化，且趋于复合型。据此，德国提出了教育改革方案，明确中等职业教育要向普通教育阶段渗透和延伸，要求普通中学增加职教内容，开设职教课程，加强职业指导，全面地、多途径地在基础教育阶段培养学生的职业素质和职业能力。

目前，我国的中等职业教育不具备像日本和德国一样向普通教育融合的能力，原因是中等职业学校内部存在的一些问题，制约了其自身的发展。主要原因如下。

（一）在生源方面

在我国，中等职业学校的招生对象主要为城市 15 ～ 18 周岁以及农村 15 ～ 20 周岁的应往届初中毕业生。这里所讲的初中毕业生指的是经过 3 年初中教育，具有一定的基础文化知识，顺利取得毕业证的学生。但是，实际上我国初中教育阶段属于九年义务教育阶段，只要是能把 3 年初中读下来的学生，都可以获得毕业证。这就无法保证学生能按初中教学大纲的要求全面掌握基础文化知识。社会上的人们对职业教育存有偏见，并且中等职业学校又没有考试准入制度，所以实际上目前中等职业学校的生源主要有两种：一是已有初中毕业证但知识不达标的学生，二是没有读完初中的学生，包括只上到初一就辍学的学生。在这种情况下，中等职业学校不是不想在招生时有所挑选，但由于财政对职业教育的投入远远与实际需求不符，学校要想谋生存，求发展只能是靠扩大招生规模来解决。所以，用一句在中等职业学校工作者的话可以形象的概括出目前中等职业学校在招生时的窘境——“挖到篮子里的都是菜”。

下面讲一个实例用以说明目前中等职业学校在校生的学习情况。某中等职业学校的一个班级在上数学课时，教师在黑板上给学生演示计算过程，最后计算结果为 2/6，后运用约分将最终结果写为 1/3。这时，有一位学生非常不解地问为什么会得 1/3，教师就给他讲了初一的数学知识约分。课后，这位数学教师问这个班的学生有谁还能记得约分知识，结果有一部分学生居然回答不知道或者忘了如何约分。像这样的例子几乎每天在不同的中等职业学校、不同的班级里发生。如果说对于语文、数学、英语这样的基础课，学生不愿学、学不懂、学不好还情有可原的话，那么专业课是他们将来的饭碗，他们会认真努力学习。可实际上因为专业课是与基础课有一定联系的课程体系，所以学生学习起来就更加困难了。所以，许多学生在上专业基础课时不认真听讲，上实习操作课时又偷偷溜出去玩，更有甚者完全不把教师和校规校纪放在眼中，上课时为所欲为。出现上述这些现象是有一定根源的。一项有关调查研究显示：在被调查的中等职业学校的学生中，除了小部分的学生能够按要求进行学习外，许多学生因为不具备基本的初中知识甚至是初一知识，所以在目前所学的全部课程中只能听懂语文课，其他的课程学起来就如同听天书一般，就是想学也是力不从心。因为不具备学习的基础及信心，渐渐的这部分学生就放弃了学习。还有一些学生非但不努力学习，却对学习有强烈的抵触情绪，用他们自己的话说就是“上学就跟坐牢一样难受”。这部分学生在上课期间只有靠扰乱教学秩序来打发难熬的时光。就是在这样的学习状态下，每个班差不多都有四分之一的学生在期末考试中有四门课不及格（每学期各专业只开设七门课）。

中等职业教育不是婴幼儿启蒙教育，而是一种与初中阶段有一定衔接的继续教育。这就要求学生具有一定的知识基础，可是面对目前知识如此欠缺、又不努力的学生，教师即使使出浑身解数也未必能达到理想的教学效果。

（二）专业选择方面

目前，每所中等职业学校开设何种专业是根据自己的办学特色来决定的。例如：商业类的中等职业学校会开设餐饮类、酒店管理类、财会类等专业；化工类的中等职业学校会开设化工工艺、机械制造与维修、电工、焊工等专业。相应的各种专业对于学生现有的知识储备量也有一定的要求。例如，学习财会类的学生数学基础要较好，学习化工工艺的学生要有一定的化学知识基础，学习电工专业的学生要掌握一些物理知识。虽然，每所学校在招生时都有比较详细的有关各种专业的介绍资料，但是，每个学生的实际操作能力和接受能力都有很大的不同，那么在选择专业时只看这些死的资料是不行的。可是，学生或者学生家长在选择专业时，大多不是考虑学生现有的知识量，对什么专业感兴趣，将来适合从事什么工作，而是看哪个专业是热门专业。更有甚者会按性别来选择职业，例如：女学生主要会选择财会类或者是化工工艺这种将来就业时可以在室内工作的专业，男学生主要会选择汽车维修、电工、焊工这种动手性、空间性都较大的专业。

用上述非常盲目的标准选择的专业，学生在日后的学习中的矛盾就会不断凸显出来。例如，选择财会专业的女学生，虽然数学基础不错但总是粗心大意，是不适合从事财会工作的，渐渐地，学生也发现自己并不适合财会这门专业，对这门专业课学习的热情和积极性也就随之降低，学习结果也不会达到令人满意的程度。可是，到那时由于各专业人数计已经制定完毕并上交到主管部门，调专业就成为不可能。这种选择专业的方法带来的后果将是错失许多有可能在某一专业领域内取得成功的人才。

（三）课程设置方面

中等职业学校在课程设置上主要存在课时分配不合理、课程结构不合理两大类问题。

首先，看一下课时分配存在的问题。目前，中等职业学校在课程设置上主要分两大类：一是基础课，包括英语、语文、数学等；二是专业课，包括专业基础课和实习操作课等。基础课是在原有初中知识的基础上进行的再发展和再深化。新时代的工人不能只会操作、使用机械设备，还要具有一定的文化素质。因此，基础课主要是从读、写、练这几方面培养学生，但实际上因为学校不重视基础课，所以从课时分配和师资分配上都不优先考虑基础课。再加上现在中等职业学校每班的人数少则四十几人多则六十几人，利用每周两节课的时间让每位学生都能进行练习是不现实的。此外，实习课与专业基础课的课时分配也不合理。尽管专业基础课是为实习课打基础的，可是这两种课在课时的分配上也存在比例失调的问题。专业基础课往往每周有 8 课时甚至 10 课时，而实习课最多只有 4 课时。这就形成了理论课上得过多而实习课上得过少，虽有上实习课的时间但是每个班的学生又较多，从而导致每个学生可以得到锻炼的机会过少的问题。本来中等职业学校应该以培养学生实际操作能力为主，但是目前却形成了本末倒置的情况。

其次，看一下课程结构方面存在的问题。在当今社会大力提倡综合课及选修课的今天，中等职业学校在课程设置上依然只考虑主要专业课程的设置，而不考虑与之相关的其他课程设置，除一门体育课外没有促进学生全面发展的其他课程，更谈不上选修课和综合课了。并且，同一门专业知识在基础课、专业基础课、实习课中存在脱节的情况，出现了理论是理论、操作是操作的现象，无法使学生融会贯通。现以电子商务专业为例讲一下课程设置存在的问题。大多数电子商务专业仅是以计算机操作课、经济合同课为中心课程，局限性较大。电子商务专业的学生将来走上工作岗位时，面临的工作合作伙伴是多种多样的，但以目前课程设置来看，中等职业学校培养出来的该专业学生只能在办公室从事文案工作，而缺乏与客户谈判甚至是有效沟通的能力。这样的学生走入社会如果只能等着被单位被社会所淘汰。随着社会对电子商务专业人才的要求不断提高，在课程设置方面，中等职业学校应该增加一些合适的综合课或者选修课。

这样，一来可以增强中等职业学校学生在社会上的竞争力，二来还可以激发学生的学习热情。

（四）教师方面

职业学校的师资队伍建设一直以来都是备受关注的问题。目前我国中等职业学校在校教师中主要存在两类问题。

一是在从业教师构成上存在两方面问题。一方面，因为师范类院校没有设置与职业教育相关的专业体系，所以在职教师中几乎没有师范类的毕业生，绝大部分是其他类别院校的毕业生。这些没有受过专业教育和职前培训的教师，特别是新教师在如何教学、怎样教学等方面都存在问题，从而导致了教学效果的下降。另一方面，在从事教授专业课的教师中，一部分缺乏必要的专业经验，教授学生时采用“空对空”的方法，导致学生所学的理论与实习相脱节；也有一部分教师虽然专业经验较丰富，但是因为他们不具备完整的理论体系，在表述某些知识时就会有所欠缺，不能让学生从理论角度系统地掌握专业知识；还有一部分教师专业知识和技能陈旧，不能满足时代对专业技术人才的要求，从而使学生无法掌握先进的专业理论与操作技能。

二是教师数量存在问题。基础课教师与专业课教师在人数方面不平衡，教授实习操作课的教师远比实际需求量要少。这就导致了一位实习操作课教师每周带几个班学生进行实习，在上实习课期间几乎每天上 8 课时。如此这般周而复始，实习操作课教师就会陷入疲劳教学状态进而导致教学水平下降。此外，随着招生人数的不断增多，随着专业门类的不断增加，中等职业学校对教师的需求量也在不断加大，在学校内部教师无法满足这种需求时，必然会对外招聘一些临时教师。但是，学校对临时教师缺乏必要的管理制度与制约手段，从而导致这部分教师队伍的流动性过大，进而也会影响教学目标的实现。

（五）教材编写方面

中等职业学校的教材编写不像普通教育那样拥有一个庞大的编写体系，所以在教材编写方面就会存在一些问题。

首先，参与编写教材的人员中有一部分是对中等职业教育不了解或者不完全了解的人。由于这些编写人员对中等职业学校学生的现有知识水平把握不准，他们只能站在纯理论的角度上来编写教材，自然使教材的定位不准确。这种教材必然不适合学生学习，在实际操作性方面也较差。例如，在中等职业学校中，英语和数学本身就是大多数学生的软肋，可是英语教材的编写不注重它的实用性，还是与普通初中一样将重点放在语法上；数学教材的编写则与高中课程的难易程度相近。专业基础课的教材中分解图较少，解释和阐述用语过于专业化。这就让学生失去了学习的兴趣和信心。而且，同本教材前后衔接存在着漏洞，过渡性较差，前半部分过于简单而后半部分又过于复杂，与学生的接受能力不符，致使学生难以接受和学习。此外，与课程同步的习题册在编写上存在着与所学课程内容有所冲突的现象，这对学生理解和学习教材起到了阻碍的作用，自然会使学生在学习过程中产生排斥心理。

其次，教师往往没有对教材进行评价和选择的权利，在使用何种教材上只能听从上级主管部门或者学校领导的安排。这就导致了教师手中除一本与学生一样的课本外，得不到与之相匹配的教学大纲或者是参考书。这样，教师在教学中就没有一个很好的依据。在判断哪些是重点、哪些是非重点时，教师只有依靠在长期教学中不断地摸索，或者几个教师相互讨论达成共识，这样做，在教学过程中就有可能出现漏洞。缺少教学大纲与参考书还会导致不同的学校对同一门课程有不同的教学目标，进而影响同一门课程在教学目标上的统一性。

（六）教学设备方面

任何一所职业学校培养学生的最终目的都是将他们塑造成合格的专业技术工人。为了达到这个目标，加强实习课的建设，加大实习的力度是必不可少的。但就目前情况看一些中等职业学校在实习课方面的设备投入严重不足。例如，实习环境简陋、缺少教学模具、实习工具达不到人手一件等问题都比较突出。另外，有些学校开设的专业实习课形同虚设。例如：开设了汽车维修专业，但是学校却没有投入一辆汽车，所谓的实习课就是教师在黑板上画出汽车零部件的剖析图供学生学习；开设了焊工专业，但是一年到头学生能实际操作的钢板寥寥无几；开设了化工工艺专业，但实习课只是变相的化学实验课；开设了数控机床专业，却因为怕学生操作时将这些价格较高的设备弄坏，而只让学生进数控室看看就算上了实习课了。专业技术工人的专业性就体现在操作的熟练程度上，操作的熟练程度不是靠在黑板上画几张图、摸摸实习设备就能达到的，而是需要经过长期反复的实习操作练就出来的。

第二节　陶行知职业教育理论及其对我国职业教育课程改革的启示

近几年随着经济的快速发展，我国产业结构和人才配置也在不断变化。

党的十五大强调："培养同现代化要求相适应的数以亿计高素质的劳动者和数以千万计的专门人才，发挥我国巨大人力资源优势，关系到二十一世纪社会主义事业的全局。"为了实现这一战略目标，作为教育的一个重要类型，中等职业教育责无旁贷地肩负起培养高素质的劳动者和专门人才的重要使命。与此同时，国家也在政策和财政方面加大扶持中等职业教育事业力度，各地中等职业学校犹如雨后春笋般层出不穷，招生人数也在不断增加。以济南市区内某所中等职业学校为例，2002 年的招生人数为 890 人，2003 年的招生人数为 950 人，2004 年的招生人数为 1200 人，2005 年招生人数为 1500 人。一所普通的中等职业学校竟可以招收如此多的学生，这绝不是一种个别现象。目前，许多中等职业学校已经饱和状态，有的甚至在校外租用校舍用以解决新生上课和住宿的问题。尽管近几年有些地方政府为了优化资源对本区域内的中等职业学校进行了整合，但是不同办学形式的中等职业学校的数量还在呈增长趋势。

对于每位从事中等职业教育行业的人来说，上述的各种现象真是让人欣喜。这些现象不仅让人们有望看到中等职业教育辉煌的明天，而且也对中等职业教育更加有信心。一切似乎都在沿着科学的道路在发展。可是，网上的一则报道会让人们清醒不少。该报道称在某一沿海城市春季人才招聘会上，除了各种事业单位、外企，也来了不少大型的厂矿。这些厂矿在招聘时提出，只招聘懂一些电工、焊工、钳工的基本操作原理的，会使用计算机、会开车的复合型专业技术工人，月薪在二千多元。在两天的招聘时间内，许多用人单位的展台前不是人头攒动就是水泄不通，只有这几家大型厂矿的展台前一直是冷冷清清，大多数人只是看一看就走了，个别的人简单地咨询了几句后便也匆匆离去。招聘会结束后其他用人单位都招到了想要的员工，只有这几家厂矿空手而回。在接受记者采访时，这几家招聘单位的负责人说，他们这两天来之所以一无所获，是因为大多数人都被复合型人才的要求吓住了。他们进一步解释说，他们所需求的复合型技术人才并不需要样样精通，只要清楚基本原理可以边干边学。最后他们说，这主要是由于当前中等职业学校的教育思想和教学模式裹足不前，跟不上时代对技术工人的需要所造成的。有人可能认为上述的例子太片面了，毕竟改革当前我国中等职业学校的办学思路和教学模式不是一朝一夕的事。中等职业学校目前还培养不出来一专多能的复合型人才，但是中等职业学校可以让学生把本专业学好，这样学生也可以找个好工作。可事实又给我们上了严肃的一课。现在许多中等职业学校毕业生就业时存在 4 种情况：一是不参加学校的分配而自谋出路；二是参加学校分配从事与所学专业有关或者相关的工作；

三是转行做与所学专业无关的工作，例如，在校期间学化工工艺专业的学生毕业后去了某个单位当咨询电话的接听员，在校期间学电子商务专业的学生毕业后去了某个宾馆或者饭店当了前台收银员，在校期间学机械制造专业的学生毕业后去了某个大型超市当了配货员；四是不愿意“屈尊”于任何工作的学生，这部分学生自然而然地成了社会待业青年或者是闲散人员。人们都说要学以致用，可是大部分中等职业学校毕业生却学而不用。

中等职业学校学生就业难的问题，实际上从侧面反映出了当前中等职业教育中存在的一些突出问题。受传统观念的影响，社会上许多人对职业教育存有偏见，故父母一般不会将子女送入中等职业学校就读。并且，目前中等职业学校在招生时没有设置任何门槛，所以来中等职业学校上学的生源中有一大部分是学习基础比较差的学生，他们上中等职业学校主要目的是混个毕业证，将来能由学校分配个工作而已。再加上目前中等职业学校在教学思想、教学模式、教学方法上也存在问题，所以许多学生在校时要么从开始听不懂学不会到放弃学习，要么一开始就不学习。这部分学生很自然地成了分配时的“困难户”。这就形成了中等职业学校招生人数与实际分配人数比例严重失调，学校无法满足工厂需求的社会现象。这种现象又进一步加固了一些人对中等职业教育不认可的观念。许多人认为中等职业学校就是教育体系中最底层的教育形式，是那些不学无术的学生去的地方，是一个差生收容所。因而，学习成绩稍好些的学生不会选择进入中等职业学校学习。上述这些问题无形之中就使中等职业教育陷入一种潜在的恶性循环之中。中等职业教育明明是受国家大力扶持的，是为了适应不断发展的科技需要，为了向工厂输送具有专业技术水平的工人而设置的一种教育模式。

从上面的论述中可知，如果仅是国家在扶持中等职业教育事业，但是中等职业教育机制和模式还墨守成规、不求创新，那么发展中等职业教育就变成了一句空话。因此，将改革和创新中等职业教育落到实处，就成了目前我国职业教育的头等大事。人们应该能清楚地认识到，改革和创新不同模式的教育要依靠不同的理论基础和思想源泉，发展中等职业教育就要依靠职业理论基础和职业思想源泉。陶行知先生正是我国职业教育史上第一位系统提出职业教育理论的学者，他的许多有关职业教育的理论为现今我国中等职业教育的改革和创新提供了理论依据。研究陶行知先生的职业教育理论对于从事中等职业教育的人来说是非常有必要的。

一、陶行知职业教育理论

陶行知先生是出生和成长在中国土壤上的一位伟大的现代人民教育家。他在反对传统教育和洋化教育的斗争中，根据中国国情在创建新教育的实践活动中，逐步建立了一整套具有中国特色的教育理论和教育体系。在教学过程中，陶行知先生提出了培养学生创造力、发展学生个性的创造教育理论，为中国教育做出了独特贡献。陶行知先生在普及基础教育的过程中，发现农村的劳苦大众及城市里绝大多数无法继续深造的人，是国家在经济发展上可以依靠的主要力量。于是，他在当时国内时局非常混乱的情况下，开创性地提出了“职业教育”概念，并且形成了一套比较完整的职业教育理论体系和操作体系。随后，陶行知先生把职业教育理论纳入生活教育理论之中，使它们相互补充、相互完善和提高。他所提出的职业教育是知识技能的教育，更是以“生利主义”为目的的教育。在“生利主义”教育过程中，陶行知先生还融合了“教学做合一”“生活即教育”“社会即学校”等理念。随后，为了使职业教育体系更加完整，陶行知先生对职业教育中的职业学生、职业教师、职业课程、职业设备等方面都做了具体论述。这些理论为当前我国中等职业学校在办学、改革和发展等方面提供了理论和实践依据。

陶行知先生的职业教育理论与实践引起了世界上许多国家的关注，特别是欧美国家反响强烈。哈佛大学费正清教授在他的《美国与中国》一书中，对陶行知先生的有关“小先生”运动进行了说明；哈佛大学的孔斐力发表过一篇名为《陶行知，一位教育改革者》的文章，他在该文中指出：陶行知先生教育理论是对杜威学说改造的产物；美籍学者朱若潜在他的名为《陶行知与中国教育》博士论文中系统而准确的阐述了陶行知先生的职业教育理论与实践；“陶行知”已被当作一条重要条目而被收入了由哥伦比亚大学出版社出版的《民国名人传记辞典》之中。这一切都说明了陶行知先生的职业教育理论遗产日益受到西方学者的重视。正如日本著名的陶行知研究学者斋藤秋男所说：“陶行知的目标是远大的，境界是崇高的，他的心目中不仅有中国，而且有全世界。他留下的宝贵遗产不仅是中国的，也是属于全世界的。”陶行知先生的教育理论在国内经历过冷遇和批判后，近几年又开始被国人所关注。目前，我国对陶行知先生的教育理论研究主要集中在普通教育方面，有关他的职业教育理论的研究却很少，除了少量职业教师、农村职业教育等方面的研究外，其他研究大都从在宏观的角度探讨如何从国家政策、办学机制上更好地发展职业教育。下面，笔者着重论述陶行知职业教育理论提出的背景、主要内容及作用。

（一）陶行知职业教育理论的提出背景

1. 历史背景

民国初期正值第一次世界大战结束后不久，当时我国国民赖以生活的进口商品数量大幅度减少，面对这种局面，一些有头脑的实业界人士提出了本国创办工厂用以生产这些一直依赖进口的商品的观点。就当时我国的国情看，创办工厂所需的设备完全要依靠进口，要操作这些先进的进口设备必然需要一些受过教育的，有一定知识基础的技术工人。但是，我国自古便是一个农业大国，农民人数所占的比重非常大，并且，当时中学毕业生能继续深造的人数仅占毕业生总人数的 1/10，所以，有能力从事技术工作的人才非常稀缺。单靠仅有的几个懂技术的工人，采用师徒传授的方法教授技术，不足以支撑起整个国家工业发展的重担。在当时我国这种既缺少技术工人又大量浪费人才的国情下，却没有出现 1 所以培养技术工人为教育目标的学校。与此同时，世界上一些工业发达的国家早已开始了职业教育，并已形成了科学的、系统的职业教育体系。这些国家的职业技术学校在为社会输送了大量专业技术工人的同时，也将国家的经济发展提升到了一个更高的层次上。基于这些原因，黄炎培先生等进步教育工作者开创性地提出了职业技术教育。1915 年 4 月，黄炎培先生专程去美国考察了美国的职业技术教育状况。在美国期间，黄炎培先生与陶行知先生相遇，他们经常在一起研讨如何开展职业技术教育。随后，陶行知先生对国外职业教育进行了系统的研究。回国后，陶行知先生针对当时我国的情况结合西方先进的职业技术教育经验，提出了一系列有关职业教育的理论并将之运用于实践。

2. 思想背景

陶行知先生的有关职业教育的理论是从他的教育理论延伸来的。要谈陶行知先生的教育理论就不能不提两个人，即杜威和孟禄。杜威和孟禄是陶行知先生在美国求学期间，对他日后职业教育理论的形成产生深远影响的两位教师。在求学期间，陶行知先生接受了杜威的实用主义教育思想以及孟禄的资产阶级民主主义教育思想的熏陶，从而使他在国外就萌生出了学成回国后立志为平民教育的发展而奋斗的决心。杜威“教育即生活”“学校即社会”的教育思想和孟禄的科学主义教育思想，让回国后的陶行知先生对推动平民教育的发展更加不遗余力。随后，杜威与孟禄先后来华对当时我国的教育进行了指导，为陶行知先生在教育改革和教育制度建设方面提供了参考。尔后，陶行知先生从当时我国国情出发，将杜威与孟禄的一些教育思想理论在实验与实践的基础上进行了整合与超越，逐步提出了有中国特色的教育理论思想。在此基础上陶行知先生又进一步提出了“劳力上劳心”“教学做合一”“社会即学校”“生活即教育”等职业教育理念。

（二）陶行知职业教育理论主要内容

1. 职业教育的作用

（1）职业教育是学生为适应生活所必须接受的教育

任何人要想生活下去就必须有赖以生存的手段，这种手段就是从事某种职业。职业教育正是为了满足学生这种生活的基本需求而产生的。正如陶行知先生指出，生活范围之广，实与教育等。有关于职业之生活，即有关职业的教育。所以，人人都应该接受职业教育以适应生活，任何轻视或鄙视职业教育或者劳动者的观点都是轻率和错误的。

既然职业对于人的生存如此重要，职业教育就应能使人适应生活、满足生存的需要。陶行知先生曾说过：“千万不要空谈教育，千万不要空谈生活；只有发明工具，制造工具，运用工具是真教育，是真生活。”由此可见，职业教育的内容首先要以生活为基础，然后再使学生掌握 技能，最后还要使学生将技能用于实践之中。只有这样的职业教育才能称得上是好的教育、真正的教育。

（2）职业教育能促进劳动者全面发展

职业教育应“侧重发舒内力以应群需”。所谓“发舒内力”是说，职业教育不只是指教师传授学生技能，更重要的是将学生的个性和才能全部挖掘出来。如果只是单纯传授技能就会让人发展得过于片面了，这与传统形式上的老师傅带小徒弟就没有什么分别了。社会不是停滞不前的，它几乎每分每秒都在向前发展。只有使学生的个性和才能都能得到充分的发展，才能更好地提高学生的工作效能。但是，职业教育教师只“发舒内力”是不够的，还要使学生“应群需”。所谓“应群需”，就是让自己成为对社会、对大众有用的人。只有当学生充分发挥自己的才能，尽最大限度满足社会需要之时，才能被大众所接受，在社会上才能有一席之地。在这里，陶行知先生把挖掘人的“内力”与“群需”结合起来。他认为，职业教育不仅能让学生得到一技之长，更让学生学会如何做人，使学生成为德、智、体等全面协调发展的具有良好素质的劳动者。

2. 职业教育的培养目标

陶行知先生认为，职业教育的培养目标应具有职业特点。那么职业教育的培养目标到底是什么呢？陶行知先生曾说过：“职业教育苟以衣食为主义，则衣食充足者不必他求，可以不受职业教育矣。”这句话的意思是，如果职业教育是以培养人具有解决温饱的能力为最终目标的话，那么已获得温饱的人就不用接受职业教育了。他还指出：“且以衣食主义为职业教育之正的，则一切计划将趋于温饱之一途，此衣食主义亦不适于职业教育也。”因为仅仅为了以解决温饱为培养目的的职业教育不是真正的职业教育，所以，陶行知先生进一步提出职业教育的培养目标是将学生培养成能够“生利”之人。“生利有两种：一曰生有利之物，如农产谷，工制器是；二曰生有利之事，如商通有无，医生治病是。前者以物利群，后者以事利群。生产者虽有事物之不同，然其有利于群则一。故凡生利之人，皆谓之职业界中人，不能生利之人，皆不得谓之职业界中人。凡养成生利人物之教育，皆得谓之职业教育；凡不能养成生利人物之教育，皆不得谓之职业教育”。由这段话可知，陶行知先生认为，能让大家知道凡是能对人、对社会有用的物或者事都是可以“生利”的；凡是能生产“生利”之物或者能做“生利”之事的人都是“生利”之人。并且“生利”之人除了具有一定的学识，拥有某一种或者某几种技能以外，还能在自己安居乐业的同时，为人们创造财富，为大众谋幸福，为社会进步做贡献。

当前我国职业教育培养目标是指各级各类职业教育机构培养的人才及其规格和质量要求。这些人才培养的规格和质量的要求主要涵盖知、技、意三方面。“知”即知识，“知”这方面的要求是指对培养对象在知识掌握程度方面的要求，包括对文化基础知识、现代科技知识、专业基础知识及专业知识上的要求；“技”即技能，“技”方面的要求是指对培养对象在操作技术能力方面的要求，包括对本专业技术能力、工作能力、社会能力和创新能力等的要求；“意”则指的是态度和情感，“意”方面的要求即对培养对象在思想意识方面的要求。这三方面的要求共同构成了当前职业人才培养目标的整体要求，与陶行知先生提出的职业教育培养目标有些方面是不谋而合的。

3. 职业教育的课程

陶行知先生认为：“职业学校之课程应以一事之始终为一课。每课有学理，有实习，两者联络无间，然后完一课，即成一事。成一事再学一事，是谓升课。自易至难，从简入繁，所定诸课，皆以次学毕，是谓毕课。定课程者必使每课为一生利单位，俾学生毕一课，即生一利；毕百课则生百利，然后万无愧职业之课程。”上述这段话的大体意思是，职业学校的课程要以理论与实习相结合，由浅入深的方式设置，学生学完一个部分的理论和操作，再学下一个部分的理论和操作。学生将各个部分的理论与操作都学完后，这门专业也就随之学完了。与此同时，学生所学的每种专业技能应有利于社会和人民，以及自身的发展。这样的职业课程设置需要教师逐个进行指导教学所以“不得不采用小班制”。小班制的班级教学模式要求每班人数最多不要超过 20 人，这样才能使每个学生都有充分获得教师指导的机会和操作的时间。职业教育的目的是让学生所学的技能达到“生利”目的最大化，那么只教学生学习一种专业技能是不够的。“故职业课程之配置，须以充分生利为标准，事之可附者附教之，事之可兼者兼教之。正业之外，苟能兼附相当之业，则年无废月，月无废日，日无废时矣。此之谓充分之生利。根据此旨以联络各课，是为充分生利之课程”。上述这段话的意思是，职业学校在设置一些主要专业课的同时，还要设置一些可供学生进行选择学习的选修课，以此使学生在上学期间可以充分利用时间学到多种技能，以实现“生利”目的最大化。

4. 职业教育的师资

陶行知先生认为，“职业教育既以养成生利人物为其主要之目的，则其直接教授职业之师资，自必以能生利之人为限。盖己立而后能立人，己达而后能达人，天下未有无生利经验之人而能教育人生利者。由是以推，无治病之经验者，不可以教医；无贸易之经验者，不可以教商。百凡职业，莫不皆然。故职业教师之第一要事，即在生利之经验”。上述这段话意为，成为职业教师的第一条件是要具备一定“生利”的经验，否则不可以教学生。“然职业教师不徒负养成生利人物之责，且负有改良所产事物之责。欲求事物之改良，则非于经验之外别具生利之学识不可。无学识以为经验之指导，则势必故步自封，不求进取。”这段话的大体意思为，成为职业教师的第二个条件是要有一定的学识，并且要不断地自我学习，自我完善。“兼有生利之经验学识尚不足以尽职业教师之能事”的意思是，并不能说具备了“生利”经验和知识的教师就能算作一个合格的职业教师。“为职业教师者自宜熟悉学者之心理，教材之性质，使所教所学皆能浃洽生利之方法，而奏事半功倍之效。故职业教师之第三要事，为生利之教授法”。上述这段话表明，成为职业教师的第三个条件是要熟悉学生心理及教材的内容，向学生传授“生利”的方法。只有当同时具备上述 3 个条件的教师才能被称为职业教师。他还指出：“三者不可得兼，则宁舍教法学术而取经验。”意思是，在 3 个成为职业教师的条件中，经验是最为重要的，知识和教法有所欠缺可以通过各种途径加以弥补，但是教师没有“生利”经验是不行的。

随后，陶行知先生又进一步提出培养职业教师的方法有 3 种，即“收录普通学子教以经验学术与教法；收录职业界之杰出人物教以学术与教法；延聘专门学问家与职业中之有经验者同室试教，使其互相砥砺补益，蔚为职业教师”。上述这段话意为，普通院校的毕业生有一定的学识，并且已有二三年教学工作经验，掌握了一定的教学方法，但是缺乏“生利”经验。学校可以采用第一种方法对其加以培养。对于本身从事农工商等工作的人，因已有一定的“生利”经验，学校可以采用第二种方法培养他们。等他们掌握系统的学识和教学方法后，方可成为职业教师。第三种方法是让本身有学识无经验，或者有经验无学识的人在一起共同学习、共同生活、相互取长补短，经过几年后，他们便可成为职业教师。

5. 职业教育的学生

职业教育虽然是一种大众教育模式，但是职业教育毕竟是培养人的动脑能力与动手能力的教育，并不是每个人都能适合这种教育。因此，成为职业教育的对象是有一定的前提条件的，否则即使成为职业学校的学生，如果在校学习期间不能专心学习，毕业后也不想或者不能从事与自己所学专业相关的工作的话，长此以往职业学校的培养目标就会化为泡影。正如陶行知先生所说：“有生利之师资设备课程，遂足以尽职业教育之能事乎？曰，未也。学生择事不慎，则在校之时，学不能专，出校之后，行非所学。其弊也：学农者不归农；学商者不归商。”那么，学生要想知道是否适合职业教育，主要是看自己是否对某种职业有“兴味”，所谓“兴味”就是指对从事某种职业是否感兴趣。学生可以在做出是否接受职业教育决定之前先进行“职业试习课”的测试。“职业试习课”就是让学生先在真实的工作环境中，像一个真正的从业者一样进行工作。经过一定时间的试习后，如果学生仍感到对某种职业感兴趣的话，就可以进入职业学校接受教育。这样，学生学成后就可以为社会、为大众做出贡献，否则学生即使是勉强学习了，将来不但不能造福社会和大众，甚至自身的生存都存在问题。

6. 职业教育的条件、设备

陶行知先生认为，“必先有种种设备，以应所攻各业之需求，然后师生乃能从事于生利；否则虽有良师贤弟子，奈巧妇不能为无米之炊何！易言之，有生利之设备，方可以教职业；无生利之设备，则不可以教职业”。这就要求职业学校中的实习操作设备应与所设置的专业相辅相成，教师不能在没有实习设备的前提下空讲专业课，否则就偏离了职业教育培养学生操作技能的目标。“然职业学校之生利设备可分二种：一自有之设备；二利用职业界之设备”。据此，学校应尽可能利用自己现有实习设备，要投资建设没有的设备。现有条件不允许开设实习课的学校，可以通过使用学校周边工厂的设备来施行实习课。

（三）陶行知职业教育理论的作用

1. 对职业教育的培养目标进行重新定位

我国古代儒家提倡“劳心者治人，劳力者治于人”，这一思想理论的不合理之处十分明显，它完全割裂了劳心与劳力的辩证关系，认为少数掌握文化的“劳心者”对广大劳动人民的独裁统治，从而造成我国传统文化中对劳动者与劳动实践的极度轻视，这严重阻碍了我国职业教育、我国教育现代化，进而直接影响了职业教育的培养目标的确定。在相当长的一段时间内，职业教育的培养目标只侧重于学生的操作能力，而轻视学生对理论知识的掌握情况。这就使劳动者只是在统治阶级的统治下进行机械性的劳作，而没有创新技术的能力。正如陶行知先生所说的那样，如果“劳心的专门在心上做工夫；劳力的专门在苦力上讨生活。劳力的人只管闷起头来干；劳心的人只管闭起眼睛来想”，那么一切思想就成了空的理论，一切劳作都跟过去一样没有什么创新。将劳心与劳力割裂的结果就是不会再有发明创造。没有创新就意味着社会停止发展，甚至在后退。针对这种情况，陶行知先生提出了职业教育的培养目标应是使学生“在劳力上劳心”。“在劳力上劳心”不是简单地将劳心与劳力相结合，而是要“运用心思指挥力量以求物之变化”。陶行知先生认为只有将大脑和行为结合起来，用大脑支配行为，才能产生一切。

陶行知先生认为：“中国教育之通病是教用脑的人不用手，不教用手的人用脑，所以一无所能。”但是，许多中国人“以为教育便是读书、写字，除了读书、写字之外，便不是教育”。所以自古以来我国的劳动人民不曾接受过什么实用教育，他们只是辛苦地付出劳力，为生活而奔波。因此，陶行知先生提出“中国教育革命的对策是使手脑联盟”，他曾经以通俗的语言说：“人生两件宝，双手与大脑”。陶行知先生所说的手脑并用，正是实现职业教育培养目标的途径。

陶行知先生的这些论述，对职业教育有很大的指导意义。职业教育并非单纯地教学生一点技能，而是用科学理论来指导学生所学课程。职业教育者首先要武装学生的大脑，才能让大脑支配双手去实践。结合陶行知先生关于职业教育培养目标的观点，我国可将职业教育的目标定为，让学生掌握理论知识与操作技能，把学生培养成为善思考、能操作的人才。

2. 对职业教育的教学手段进行改革

针对当时教、学、做相脱节的情况，陶行知先生提出了“教学做合一”的教育思想，他把它作为办学的校训，曾经反复地论述过这一思想。什么叫作“教学做合一”呢？陶行知先生这样解释，“教学做合一是：事怎样做就怎样学，怎样学就怎样教；教的法子要根据学的法子，学的法子要根据做的法”“先生拿做来教，乃是真教；学生拿做来学，方是实学”。在陶行知先生看来，教、学、做是一件事的三个方面，而不是三件事，因为它们是融合在一起，难以分开。在“教学做合一”的模式中“做”是重中之重。陶行知先生还认为，在旧教育中，教师教的是伪知识，学生学的也是伪知识，只有思想与行为结合而产生的知识是真知识，真知识的根是在经验里的。陶行知先生的这些论述非常符合职业教育。在当今的职业教育的教学过程中，很多课程是在实习车间完成的。对教师而言，教中有做，做中有教；对学生而言，学中有做，做中有学。教师的教、学生的学，以及师生共同的做构成了一个统一的、完整的过程。在整个过程中，职业教育要体现“做”的重要性，要让学生掌握“做”的方法。并且，学生通过思考并参与实践后产生的知识才是真正的知识，因为这些知识扎根在已获得的经验之中，所以不容易被遗忘。“教学做合一”这一教育思想的哲学基础是理论与实践相结合，突出了实践对于认识的意义。因此，技能与知识是分不开的。

3. 对职业教育的教学范围进行扩展

为了使教学更加生动，为了使教授的知识更加易于学生学习，为了使知识不与时代脱节，陶行知先生提出了“生活教育”理论。

陶行知先生指出：生活教育是生活所原有，生活所自营，生活所必需的教育；教育的根本意义是生活之变化；生活无时不变，即生活无时不含有教育的意义。既然生活教育是人类社会本来就有的，那么生活便是教育，正所谓过什么生活便是受什么教育。过好的生活，便是好的教育；过坏的生活，便是坏的教育。他还指出，“生活教育与生俱来，与生同去。出世是破蒙，进棺材才算毕业”。可见，“生活即教育”的基本含义：第一，教育是人类社会原来就有的，自有人类生活产生便有生活教育，生活教育随着人类生活的变化而变化。第二，是与人类对自身将来的期望值相一致的教育。第三，教育是具有终身性的，是与人生共始终的。

既然生活与教育、生活与人生的关系如此密切，那么职业教育就应该是“生活教育”的一部分。所以，职业教育不能脱离生活而空谈理论，否则这种教育模式培养出来的学生根本无法适应生活的节奏，很快就会被时代所淘汰。时代在不断发展，生活在不断变化，新时期的职业教育更应以生活为基础。既然教育的内容与生活中的现象是相对应的关系，那么应将学生在日常生活中处处可以见到的事例引入到教材中，使之贯穿到教学方法中去，让学生始终能在一种类似于生活化的模式中进行学习，同时培养学生的学习习惯与继续学习的能力，并且使学生树立正确的职业观，这对于搞好职业教育来讲是一个很好的办法。

“社会即学校”是陶行知先生“生活教育”理论的另一个重要命题。陶行知先生认为，自有人类以来，社会就是学校，从大众的立场上看，社会是大众唯一的学校，社会是大众唯一的教育。陶行知先生反对特殊的不平等的教育，提出“社会即学校”，以此来推动大众教育的普及。陶行知先生提出“社会即学校”的目的是扩大教育的对象、学习的内容范围，让更多的人受教育。他指出:在“学校即社会”的主张下，学校里的东西太少，不如反过来主张“社会即学校”，这样，教育的材料、教育的方法、教育的工具、教育的环境，都可以极大地增多，学生、教师也可以多起来。陶行知先生提出“社会即学校”的主张和“生活即教育”一样，也是为了解决传统教育与生活、学校与社会相脱节、相隔离的问题。他认为，“学校即社会”教育要以一个小的学校去把社会所有的一切东西都吸收进来不现实的。而且，这种教育在学校与社会中间筑起了了一道高墙，把学校与社会生活隔开了。陶行知先生提出“社会即学校”是为了“要把笼中的小鸟放到天空中去，使他能任意翱翔”，是为了拆除学校与社会之间的高墙，使学校里的一切延伸到社会中去。因此，职业学校在教材编写、课程设置方面要尽量做到与生活很好地衔接起来，在教学方法方面要让学生的个性得以发展，特长得以施展，尤其是在实习课方面要让学生放开手脚大胆尝试。社会是一所大的学校，学生在社会中可以学到许多在学校里、在书本上学不到的知识。所以，学校可以开设一些社会实践课程，给学生提供一些到社会中去锻炼的机会，一方面可以让学生接触一下社会，另一方面可以让学生在社会实践中进行学习、开阔眼界。

尽管陶行知先生在职业教育方面做出了巨大的贡献，但是任何一种理论都有它的历史局限性，陶行知先生的职业教育理论也不例外。陶行知先生是在当时的国家背景下创建的职业教育理论，该背景与我国现行的政治、经济、文化有很大的差别。以现在的国情和角度来看陶行知先生的职业教育理论，它确实存在着一些不足。有关学者在研究陶行知先生的职业教育理论时要分清优劣，并与当今我国国情结合起来。

二、陶行知职业教育理论对我国中等职业教育的几点启示

纵观我国中等职业教育在形成和发展的几十年间，确实在办学规模、办学形式、办学质量上都取得了很大的成绩，特别是近几年为了适应经济结构的发展与建设速度，国家大力扶持中等职业教育体系，各地区都建成了几所甚至是十几所中等职业学校，其中不乏国家或者省部级重点中等职业学校。这些学校每年都能向社会输送数以万计的技术人才。然而，大家在看到中等职业教育所取得的成绩时，也要清楚地意识到当前我国中等职业教育中存在的问题：生源素质较差，不能被培养成为合格的中等技术人员；师资薄弱特别是实习教师严重缺乏；教材编写与学生实际情况不符；课程设置与现实脱节；教学设备投入不足，无法将理论与实践结合起来。上述这些问题已成为阻碍中等职业教育继续发展与创新的因素。笔者在深入地学习了陶行知先生教育思想的基础上，立足当前我国中等职业教育的现状，以自身从事中等职业教育多年的实践经验为依据，总结出了陶行知职业教育理论对我国中等职业教育的几点启示。

（一）增加招生数量，严把学生素质关

从我国目前的状况来看，对于中等职业学校来讲，教育质量是与学生的就业率以及从业力有关的。换言之，作为学校主要构成要素之一的学生，他们的自身基础是很重要的。陶行知先生曾经说过："学"字的意义，是要自己去学，不是坐而受教，教师说什么，学生也说什么，那便如学戏，又如同留声机一般了；"生"字的意义，是生活或者是生存，学生所学的是人生之道；教育是继续经验的改造。这就要求学生除具备相应的基础知识外，在学习时，将"要我学"变为"我要学"。学生学的是人生之道，"学习"与"生活"是统一体。并且，只有学生将心思全部放在学习上，才不会有违纪行为出现，才会有利于教学的顺利进行及学校管理。但是，目前我国中等职业教育在学生入学上不设什么限制，这使得许多习惯于考试入学的人认为，中等职业学校是不正规的学校，故父母一般不会考虑将学习较好的学生送入中等职业学校就读。这就导致中等职业学校招收的学生的素质参差不齐。也是因为没有入学限制，学生本身对在校学习的机会也不珍惜。另外，这些学生中大部分自身基础知识水平就较差，学习的主动性及自律性也较差。这些因素随之导致学校管理和教学及就业分配困难，最后直接影响了中等职业学校在社会上的地位和形象。

提升中等职业学校在社会上的地位及形象的办法就是制定入学考试制度。当然，这种考试制度与传统意义上的考试制度有着根本上的区别。传统的考试制度主要考查学生对所有科目的掌握程度，而这里提到的考试制度是依据学生选择的不同专业而被制定的。正如陶行知先生所说的那样："我到店里去要一件东西，他拿了别的东西给我，我就不答应了，怎么我要这件，你偏与我那件呢？教育的事，也是这样。要按照目的去考成，方才不会枉费了精神和财力。"所以，笔者认为，学什么考什么是最好的选择学生的办法。譬如，中等职业学校要选择化工工艺专业的学生首先要通过考试来看一下他的化学知识到底能达到什么程度。又如要选择电工专业的学生，就要考查一下他的物理知识怎么样。当然考试的形式不应只局限于卷面答题，还应包括一定的实验操作课。这样，学生的理论和实践水平就可以一并被考查出来。通过考试并且成绩不错的学生可以留下来进行将来的学习，否则只能被刷掉。通过这种考试途径不仅可以把那些愿学、能学、乐学的学生选拔出来，而且可以给中等职业学校设上一个门槛，改变社会对中等职业学校固有的偏见，把中等职业教育从低层次、非正规的现状中解脱出来。这样无形之中又能刺激社会上更多的学生来报考中等职业学校，随之一些学习基础不错的学生也会进入中等职业学校就读。进而，一来中等职业学校可以保证生源的优良，二来可以赢得社会声誉，招生人数也会随之增加，所追求的培养目标就能得以顺利实现。

（二）指导学生科学选择专业

前面刚刚提到学生入校时，中等职业学校要按所学专业来考查一下学生的实际水平。但是，通过考查的学生未必都能在今后本专业的学习中得心应手，取得好成绩也未必能在以后的实际工作中表现出色。所以，对于专业的选择是学生走进学校大门所做出的人生第一个重要决定，也是将来能否迈向成功的关键一步。陶行知先生曾认为，"大凡选择职业科目之标准，不在适与不适，而在最适与非最适。所谓最适者有二，一曰才能；二曰兴味""吾人对于一业，才能兴味皆最高，则此业为最适；因其最适而选之，则才能足以成事，兴味足以乐业，将见学当其性，用当其学，群与我皆食无穷之益矣"。凡是在某一领域内取得骄人成绩、做出突出贡献的人，一般都是有能力从事该专业并且对该专业非常喜爱的人。从这一点上也就说明了，除了通过考试成绩评定学生是否具有学习某门专业的能力外，学生对一门专业的兴趣程度是选择专业的重要标准。可是，处在这个年龄阶段的学生在兴趣爱好、思想意识方面的可变性非常强，更何况从理论到实践存在着一定的差距，一旦学生在学习过程中对自己所学的专业课失去兴趣，就会荒废了学业；或者将来走上工作岗位后不能学以致用，到那时候再重新选择专业或者后悔就来不及了。

选择专业时仅靠某门课的成绩或者兴趣爱好来判断是不可靠的。陶行知先生认为，学校应该开设“职业试习科是也”。“职业试习科”在我国的职业教育史上可谓是一个新概念，是由陶行知先生首次提出的。他说过：“职业试习科包含农工商及其他业之要事于一课程，凡学生皆使躬亲历试之。试习时期可随遇伸缩，多至半载，少至数星期皆可。但试习之种种情形，必与真职业无异，始可试验学生之真才能真兴味。一参假面具则试验科之本指失矣。试习之后，诸生于各业之大概既已备尝，再择其最近才能最有兴味之一科专习之。”通过让学生先进入真实的工作环境中进行操作，在这个短则数星期长则半年的“试习”过程中，学生可以像一个真正的从业者一样进行工作和劳动。同时在“试习”期间，学生不仅可以尝试自己最感兴趣的工种，还可以尝试不同工种。“试习”期满后，学生自然可以比较准确地判断出自己是否适合该专业，或者自己到底适合哪种专业。

同时，科学合理地设置专业既可以满足社会经济和中等职业学校发展需要，又是实现中等职业教育教学目标的重要基础工作。中等职业学校在设置专业时，要根据社会需求、经济结构、劳动力市场变化、新兴产业的发展、当地产业结构等因素进行社会市场调研，科学论证，及时调整，使专业设置科学合理，使设置的专业具有市场前瞻性，减少中等职业学校培养周期与经济快速发展之间的矛盾，并加强专业现代化建设，要形成专业优势，办出专业特色，以重点骨干专业现代化建设来带动其他相关专业发展，努力提高专业教育资源利用率和整体效益。另外，中等职业学校还应尽量在职业分析的基础上设置专业，通过概括对职业群建立宽口径专业。

参考文献

[1] 常江江. 职业教育课程改革 [J]. 新课程学习（学术教育），2009（7）.

[2] 马成荣. 职业教育课程改革的若干问题分析 [J]. 中国职业技术教育，2009（9）.

[3] 姜大源. 基于教育类型定位的中国职业教育课程改革探究 [J]. 广州番禺职业技术学院学报，2009（1）.

[4] 赵志群，林来寿，张志新. 高等职业教育课程改革学习效果评价：一项实证研究 [J]. 国家教育行政学院学报，2014（7）.

[5] 李召旭. 试论技能大赛对职业教育课程改革的促进作用 [J]. 清远职业技术学院学报，2009（5）.

[6] 吴建新. 职业教育课程改革的制约因素及对策 [J]. 职业技术教育，2009（11）.

[7] 叶肇芳. 关于职业教育课程改革的思考 [J]. 江苏教育，2011（Z3）.

[8] 李晓燕. 我国高等职业教育课程改革面临的问题与对策 [J]. 职业教育研究，2011（1）.

[9] 齐红阳，周乐瑞，徐涵. 我国中等职业教育课程改革研究的回顾与思考 [J]. 职教论坛，2014（30）.

[10] 范雪蕾，钱坤. 高等职业教育课程改革存在问题及对策 [J]. 教育与职业，2011（17）.

[11] 王国川. “微课”推动职业教育课程改革 [J]. 中国培训，2014（10）.

[12] 景滨杰. 关于高等职业教育课程改革的思考 [J]. 山西经济管理干部学院学报，2009（1）.

[13] 沈化. 高职教育：从专业技能到综合素质的跨越——德国的职业教育课程改革趋势之借鉴 [J]. 广东技术师范学院学报（社会科学），2012（1）.

[14] 程云燕. 高等职业教育课程改革的四个阶段及特点 [J]. 广西职业技术学院学报，2012（3）.

[15] 许丹雅. 关于高等职业教育课程改革的思考 [J]. 成都纺织高等专科学校学报，2009（2）.

[16] 方成智. 高等职业教育课程改革研究综述 [J]. 长沙民政职业技术学院学报，2010（1）.

[17] 王坤，谢长法. 中等职业教育课程改革研究综述 [J]. 成人教育，2013（9）.

[18] 崔淑鑫，杨兆辉. 高等职业教育课程改革的路径探索 [J]. 教育探索，2013（6）.

[19] 陈云川. 遵循高职教育规律　推进四川烹专课程改革——兼论高等职业教育课程改革要点 [J]. 四川烹饪高等专科学校学报，2009（1）.

[20] 张健. 对高等职业教育课程改革的审视与抉择 [J]. 滁州职业技术学院学报，2011（3）.

[21] 黄培池，王娟. 技能大赛背景下职业教育课程改革探究——基于江苏省化学检验技能大赛 [J]. 新疆职业教育研究，2011（4）.

[22] 吴小瑞. 关于职业教育课程改革的思考 [J]. 现代交际，2011（9）.

[23] 周效凰. 谈基于“工作过程”的高等职业教育课程改革 [J]. 张家口职业技术学院学报，2009（2）.

[24] 于申申. 关于学分制下中等职业教育课程改革的探索与思考 [J]. 辽宁农业职业技术学院学报，2011（1）.

[25] 杨玉泉. 关于高等职业教育课程改革的若干思考 [J]. 职业时空，2011（2）.

[26] 张维英，张海钟. 高校特殊教育与职业教育专业教师教育课程设计问题——基于普通教师教育专业课程改革的视角 [J]. 西北成人教育学院学报，2016（5）.

[27] 李绿波. 技能大赛促进职业教育课程改革的探讨 [J]. 广西农业机械化，2012（5）.

[28] 罗君. 高等职业教育课程改革探讨 [J]. 继续教育研究，2011（3）.

[29] 王丽萍. 基于 CDIO 模式下的计算机专业职业教育课程改革 [J]. 计算机教育，2010（24）.

[30] 石爱勤. 高等职业教育课程改革体系构建探讨 [J]. 交通职业教育，2009（4）.

[31] 钟华林. 高等职业教育课程改革探讨 [J]. 中小企业管理与科技（下旬

刊），2013（7）.

[32] 祝洪海，王鹏. 对中等职业教育课程改革的思考 [J]. 职业，2013（21）.

[33] 田刚. 中等职业教育课程改革与构建 CES 课程体系的思考 [J]. 当代教育论坛（综合版），2010（1）.

[34] 杨咏梅. 我国高等职业教育课程改革分析 [J]. 济南职业学院学报，2016（2）.

[35] 王康美，周德慧，答百洋. 对国外职业教育课程改革评价的研究和反思 [J]. 新西部，2010（22）.

[36] 金本能. 生态观：高等职业教育课程改革的理念选择 [J]. 池州学院学报，2010（2）.

[37] 王罗强，童孟良. 对高等职业教育课程改革的理性思考 [J]. 化工高等教育，2010（1）.

[38] 马永祥. 陶行知课程思想对职业教育课程改革的启示 [J]. 泰州职业技术学院学报，2009（4）.

[39] 王行刚. 职业教育课程改革中教师阻力的分析 [J]. 内江科技，2011（7）.

[40] 高波，李敏，于星胜. 黑龙江省高等职业教育课程改革中存在的问题和不足 [J]. 科教文汇（中旬刊），2014（10）.

[41] 王霞. 浅谈职业教育课程改革 [J]. 学周刊 A 版，2010（10）.

[42] 胡恒，黄继文. 我国高等职业教育课程改革存在问题探析 [J]. 广西轻工业，2009（12）.

[43] 王建中. 关于中等医学职业教育课程改革的思考 [J]. 卫生职业教育，2009（10）.

[44] 张亮. 浅谈职业教育课程改革的新理念 [J]. 黑龙江科技信息，2009（34）.

[45] 许园芝. 试析中等职业教育课程改革的理论——美容美发专业框架初探 [J]. 考试周刊，2015（1）.

[46] 张广敬. 对物流职业教育课程改革的思考 [J]. 物流技术，2013（12）.

[47] 张超. 新职业主义理论对职业教育课程改革的启示 [J]. 天津市教科院学报，2011（6）.

[48] 孟玥. 职业教育课程改革下的手语课程教学设计 [J]. 大众文艺，2009（21）.